오피스
누적판매 **1위**

무작정
따라하기

1994년부터 시작된 《무작정 따라하기》 시리즈는
500만 명이 넘는 독자들에게 사랑받고 있는 길벗의 대표 브랜드입니다.
독자의 1초를 아껴주는 정성으로
한 권 한 권 정성 들여 책을 만들겠습니다.

SPECIAL
THANKS TO

《엑셀 2013 무작정 따라하기》에 함께해 주신
'베타테스터' 여러분께 진심으로 감사드립니다.

윤형진, 이소희, 조아람, 신성은, 김하련, 이은혜, 서우진, 오승희, 서연미, 강수빈, 김민, 이옥란, 박수인

베타테스터는 최초의 '무작정 따라하기' 시리즈인 《인터넷 무작정 따라하기》를 만들 때 시행한
제도로, 도서가 출간되기 전에 원고를 먼저 읽어보고, 오류나 개선 사항 등을 알려주거나 제목
및 표지 등의 설문 조사에 참여하는 활동을 말합니다.

여러분도 길벗의 베타테스터에 참여해 보세요!

길벗출판사는 독자의 소리와 평가를 바탕으로 더 나은 책을 만들려고 합니다. 원고를 미리 따라해 보면서 잘못된 부분은 없는지, 더
쉬운 방법은 없는지 길벗과 함께 책을 만들어 보면서 여러분의 소중한 의견을 전달해 주세요.

참여 방법

| 길벗 홈페이지(www.gilbut.co.kr) 회원 가입 후 로그인하기 | ▶ | 독자 광장 – 베타테스터 | ▶ | 베타테스터 모집 공고 확인 |

엑셀
2013
무작정 따라하기

마이크로소프트 엑셀 MVP 김철 지음

길벗

비즈니스 엑셀 실무 활용서

엑셀 2013 기본+회사실무 무작정 따라하기

The Cakewalk Series - Excel 2013

초판 발행 · 2016년 9월 30일
초판 8쇄 발행 · 2021년 11월 15일

지은이 · 김철
발행인 · 이종원
발행처 · (주)도서출판 길벗
출판사 등록일 · 1990년 12월 24일
주소 · 서울시 마포구 월드컵로 10길 56(서교동)
대표 전화 · 02)332-0931 | **팩스** · 02)322-0586
홈페이지 · www.gilbut.co.kr | **이메일** · gilbut@gilbut.co.kr

기획 및 책임 편집 · 박슬기(sul3560@gilbut.co.kr) | **표지 디자인** · 신세진 | **본문 디자인** · 이도경 | **일러스트** · 김제도
제작 · 이준호, 손일순, 이진혁 | **영업마케팅** · 임태호, 전선하, 차명환 | **영업관리** · 김명자 | **독자지원** · 송혜란, 윤정아

편집 진행 · 배호종 | **전산편집** · An Design, 예다움 | **CTP 출력 및 인쇄** · 교보피앤비 | **제본** · 경문제책 | **CD 제작** · 멀티미디어테크

ISBN 979-11-87345-97-8 03000
(길벗 도서코드 006883)

가격 18,000원

독자의 1초를 아껴주는 정성 길벗출판사

길벗 | IT실용서, IT/일반 수험서, IT전문서, 경제실용서, 취미실용서, 건강실용서, 자녀교육서
더퀘스트 | 인문교양서, 비즈니스서
길벗이지톡 | 어학단행본, 어학수험서
길벗스쿨 | 국어학습서, 수학학습서, 유아학습서, 어학학습서, 어린이교양서, 교과서

페이스북 · www.facebook.com/gilbutzigy
네이버 포스트 · post.naver.com/gilbutzigy

엑셀 2013의 기본은 탄탄하게! 현장 실무 밀착도는 높게!
《엑셀 2013 무작정 따라하기》로 '데이터 관리'와 '분석'을 시작해 보세요!

얼마 전 우연히 TV에서 저명한 수학자가 한 말을 들었습니다. 지난 2년간 스마트폰을 사용해서 주고받은 데이터의 양이 인류가 지난 2,000년 동안 사용한 데이터의 양과 비슷하다는 내용입니다. 요즘은 정말 넘쳐나는 데이터 속에서 산다고 해도 과언이 아니죠. 이런 엄청난 양의 데이터를 좀 더 쉽게 활용하고 의미 있는 결과를 만든다면……. 또 이런 데이터를 업무 비즈니스에 잘 이용한다면 너무 행복할 것 같네요.

여러분도 데이터를 자유자재로 활용할 수 있게 될 날이 그리 멀지 않아요. 엑셀을 잘 다룰 수 있게 된다면 말이죠. 엑셀만큼 데이터를 손쉽게 집계하고 시각화할 수 있는 프로그램도 없다고 생각되네요. 어느 직군의 회사에 입사하든 엑셀을 사용하지 않는 곳은 찾아보기 힘들어요. 그래서 엑셀을 제대로 다루지 못하면 반복되는 야근 때문에 스트레스를 받죠.

업무 시간도 단축하고 업무 효율도 높일 수 있는 방법은 무엇일까요?《엑셀 2013 무작정 따라하기》에서 그 해답을 제시합니다. 엑셀 데이터 때문에 골치 아픈 직장인들의 고민을 해결할 수 있도록 돕고자 쓰기 시작했기 때문이죠. 기초부터 잘 다져서 활용까지 빠르고 쉽게 익히도록 하는 데 가장 많이 고민했답니다. 엑셀을 처음 사용하는 분들을 위한 환경 설정부터 원하는 데이터만 빠르게 찾아 효과적으로 관리하고 분석, 정리하는 방법까지 알려줍니다.

물론 엑셀 프로그램이 아니더라도 데이터 분석하는 툴은 많이 있죠. 하지만 새로운 프로그램을 학습하는 데 시간과 노력을 투자해서 데이터 활용 능력을 키우는 것도 좋지만 엑셀이라는 좋은 도구를 두고서 그럴만한 이유가 없을 듯해요. 평소 엑셀을 많이 사용하는 직장인들에게 엑셀 데이터를 다루던 기존 기술보다 좀 더 다른 접근 방식을 알려드릴게요. 같은 결과를 만들지만 가장 이상적인 방법으로 시간과 노력을 줄이도록 고민해서 내용을 구성했으니 이 책을 볼 모든 독자가 잘 활용했으면 합니다.

현업에서 가장 많이 사용하고 있는 엑셀 버전이 2013인 만큼 독자에게 좀 더 친숙할 것입니다. 기초가 부족하면 고급 기술은 더더욱 사용하기 힘듭니다.《엑셀 2013 무작정 따라하기》에서 제시하는 기본기를 토대로 업무의 효율성과 생산성을 모두 높일 수 있는 기술까지 잘 배워 업무 혁신을 꽤하길 바랍니다.

항상 그렇지만 이번에도 역시 책을 쓰는 일은 새벽에 마무리되네요.
책을 마감하면서 그동안 고생한 길벗 박슬기 씨와 배호종 실장, 그리고 항상 나에게 힘을 주는 아내와 사랑하는 두 딸 하연, 서연에게 고맙다는 말을 전합니다.

저자 김철 드림

활용제안 1 일단, 『무작정』 따라해 보세요!

실제 업무에서 사용하는 핵심 기능만 쏙 뽑아 실무 예제를 중요도별로 배치하였기 때문에 **'무작정 따라하기'**만 해도 엑셀 사용 능력이 향상됩니다. **'Tip'**과 **'잠깐만요'**는 예제를 따라하는 동안 주의해야 할 점과 추가 정보를 친절하게 알려줍니다. 또한 **'리뷰! 실무 예제'**로 자신의 실력을 점검해 보고 **'핵심! 실무 노트'**로 활용 능력을 업그레이드해 보세요.

반드시 알고 넘어가야 할 주요 내용 소개!

- 학습안 제시
- 결과 미리 보기
- 섹션별 주요 기능 소개

핵심 키워드로 업무 능력 업그레이드!

- NEW/UP
- 우선순위 TOP 20

필수 기능만 쏙 뽑아 실무에 딱 맞게!

- 핵심 기능/실무 예제
- 무작정 따라하기
- Tip/잠깐만요

검색보다 빠르다!

- 탭

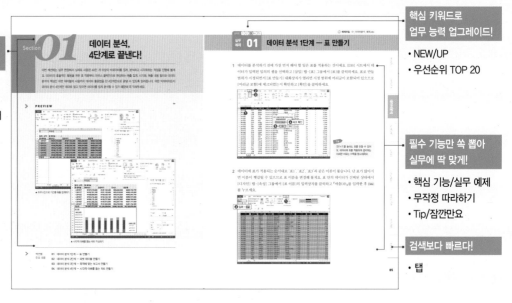

UP무 능력 향상을 위한 활용 실습

- 리뷰! 실무 예제

프로 비즈니스맨을 위한 활용 Tip!

- 핵심! 실무 노트

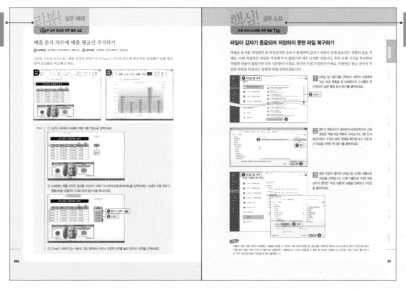

 **2** 자신의 『레벨에 맞는 학습법』을 찾아보세요!

엑셀을 최대한 쉽고 친절하게 알려주기 때문에 **초보 사용자**도 단기간에 **중급 사용자**로 **도약**할 수 있어요. **중, 고급 사용자**라도 실무에서 다루는 현장감 넘치는 예제를 접할 수 있어서 업무에 필요한 기능을 바로 적용할 수 있는 **응용력**을 높일 수 있어요! 자신의 단계에 맞는 **체계적인 학습법**을 찾아보세요.

'엑셀' 사용 수준에 따른 학습 단계는?

기초 완성	실무 핵심	프로 비즈니스
Chapter 1, 2의 예제를 통해 엑셀 데이터의 속성과 셀 참조에 대해 익혀 봅니다. 이것은 실무 보고서 작성 또는 데이터 활용을 위한 기초 토대가 됩니다.	Chapter 3, 4, 5에서는 마우스만으로 데이터 분석과 관리를 빠르게 처리하는 방법에 대해 알려줍니다. 또한 현장에서 바로 응용할 수 있는 실무 함수를 배울 수 있어 업무 능력이 향상됩니다.	Chapter 6, 7에서는 집계된 자료와 정보를 시각화하는 방법에 대해 익혀봅니다. 또한 특별부록에서 다루는 업무 기술로 엑셀 고급 실무 노하우를 단기간에 배울 수 있습니다.

단기간에 끝내는 맞춤 학습 계획

《엑셀 2013 무작정 따라하기》는 다른 사람의 도움 없이 혼자서도 공부할 수 있도록 예제를 최대한 친절하고 자세한 설명하였습니다. Chapter 1과 2는 엑셀 기본기를 다루고 있어 빠르게 따라할 수 있지만, 본격적으로 실무 예제를 다루는 Chapter 3부터는 시간 단축을 욕심내기보다는 내용을 정확하게 이해한 후 다음 과정으로 넘어가는 것이 좋습니다. 하루 30분 정도면 하나의 섹션을 끝낼 수 있기 때문에 한 달만 집중 투자하면 실무 엑셀을 완벽하게 익힐 수 있어요. 여기서는 여러 사람들과 스터디를 하거나, 엑셀 기본+실무 강의를 위한 주간 계획표를 제공합니다.

주	해당 장	주제	과제
1주		워크숍	
2주	Chapter 1	엑셀 환경 설정 및 서식 지정	Section 01~02
3주	Chapter 2	셀 참조와 표 만들기	Section 01~04
4주	Chapter 3	빅데이터 집계	Section 01~02
5주		빅데이터 분석	Section 03~05
6주	Chapter 4	업무 필수 및 활용 함수	Section 01~05
7주	Chapter 5	원하는 자료의 필터	Section 01~03
8주	Chapter 6	차트를 이용한 정보의 시각화	Section 01~04
9주	Chapter 7	데이터 변환 및 트러블 슈팅	Section 01~02
10주		가상 분석 및 매출 분석	Section 03~04
11주	특별부록	업무 기술과 온라인 설문 조사	특별부록 01~02
12주		매크로 기초 및 VBA 코딩	특별부록 01의 09~12

활용제안 **3** 『우선순위 TOP 20』과 『실무 난이도』를 적극 활용하세요!

엑셀 사용자들이 네이버 지식iN, 오피스 실무 카페 및 블로그, 웹 문서, 뉴스 등에서 **가장 많이 검색하고 찾아본 키워드를 토대로 우선순위 TOP 20**을 선정했어요. 이 정도만 알고 있어도 엑셀은 문제 없이 다룰 수 있답니다. 또한 각 예제마다 난이도를 표시하여 학습의 중요도를 살펴볼 수 있어요. 언제, 어디서든지 원하는 기능을 **금방 찾아 바로 적용**해 보세요!

순위 ▲	키워드	간단하게 살펴보기	빠른 페이지 찾기
1 ▲	피벗 테이블	마우스로 작성하는 피벗 테이블 집계 보고서	86
2 ▲	보고서 작성	목적에 맞는 보고서 만들기	91
3 ▲	보고서 필터	마우스 클릭만으로 분리되는 지역별 집계 보고서	115
4 ▲	데이터 표시 형식	다양한 통계량 표시 형식	120
5 ▲	데이터 취합	산재된 데이터의 취합 및 집계	143
6 ▲	셀 참조	보고서 작성의 기초, 혼합 참조	47
7 ▲	셀 서식	날짜 및 시간 데이터의 속성	54, 58
8 ▲	Shift	다른 열에 영향을 주지 않고 행 삽입하고 삭제하기	32
9 ▲	VLOOKUP 함수	단가 불러오기	193
10	VLOOKUP 함수	성과급 계산하기	196
11	GETPIVOTDATA 함수	피벗 테이블 집계 자료 활용법	218
12	기간 데이터 필터	특정 기간의 데이터 필터	235
13	고급 필터	또는(OR) 조건을 만족하는 데이터 필터	239
14	고급 필터 고급 기능	중복되지 않는 자료의 필터	247
15	반올림 함수	반올림, 내림(절사), 올림(절상) 함수	179
16	이중 축 차트	계열 값의 큰 차이가 있을 때 차트 생성하기	279
17	트러블슈팅	비정상적으로 입력된 날짜를 정상 날짜로 변환하기	317
18	데이터 분석	마우스만으로 분석하는 매출기여도	333
19	원형 대 원형 차트	특정 항목을 자세하게 표시하는 차트	297
20	경과 기간 계산	○년 ○개월 ○일 형태로 경과 기간 구하기	190

가장 많이 사용
현업 중요도 ↑
기본 기능
데이터 기초
실무 함수
강력한 분석 도구
데이터 정리
정보의 시각화
빅데이터 분석

활용 제안 4 직접 먼저 따라해 본『베타테스터』의 경험담을 들어보세요!

책이 출간되기 전, **베타테스터들이 원고를 직접 따라**해 보면서 **이해되지 않는 내용을 수정**하고 **잘못된 부분을 고쳐**가면서 꼭 맞는 학습 방법을 제안해 주었습니다. 자신과 비슷한 연령, 작업 환경, 성별의 베타테스터들이 엑셀을 어떻게 공부하고 활용하고 있는지 먼저 경험해 본 사람들의 이야기를 듣고 참고해 보세요!

병원 근무
윤형진

엑셀 자격증으로 채울 수 없었던 실무의 2%를 알려줍니다!

엑셀 자격증을 갖고는 있지만, 실제 업무에서 엑셀 실력을 발휘하기는 참 힘듭니다. 급하게 보고서를 작성해야 하거나 데이터를 분석해야 할 때 답답한 마음에 엑셀 좀 안다는 동료에게 부탁해도 명쾌한 답을 얻기 힘든 경우도 많습니다. 하지만 《엑셀 2013 무작정 따라하기》에는 업무 현장에서 실제로 다루고 있는 예제로 기본부터 실무까지 자세하게 설명해 주고 있어서 엑셀 업무의 부족함을 가득 채워줍니다. 이 책은 독자 수준에 따라 초보자라면 디딤돌이, 중급자라면 징검돌이 될 수 있다고 생각합니다. 돌다리를 두드려볼 필요가 없습니다. 믿고 따라하면 항상 해결되는 《엑셀 2013 무작정 따라하기》로 엑셀에 도전해 보세요!

회사원
서연미

업무 시간은 단축되고 일의 효율은 높아집니다!

누구나 알고 있는 엑셀의 필수 기능이지만 적재적소에 사용하지 못해 얼마나 좋은 기능인지 제대로 알지 못한 적이 많았습니다. 그런데 《엑셀 2013 무작정 따라하기》 베타테스터로 참여하면서 실무에 유용하게 사용할 수 있는 단축키와 기능을 접하게 되면서 엑셀 업무에 대한 자신감이 생겼습니다. 어렵다고만 생각했던 데이터 분석이나 관리도 상세한 설명과 그림 덕분에 이해하기 쉬웠고, 목차 순서대로 따라하기만 해도 엑셀 실력이 업그레이드되는 느낌이었습니다. 업무에서 엑셀이 얼마나 중요한 프로그램인지 아직 경험해 보지 못했다면 이 책을 꼭 추천합니다. 이 책에는 단시간에 업무 효율을 높일 수 있는 노하우가 무궁무진합니다!

취업준비생
이소희

실제 업무에서 사용한 예제 덕분에 생생한 실무 현장을 미리 접해볼 수 있어요!

《엑셀 2013 무작정 따라하기》 베타테스터를 노트북으로 진행했는데, 예제마다 'Tip'으로 제공되는 단축키 덕분에 자판만 사용해도 예제를 따라하는 데 전혀 어려움이 없었습니다. 또한 'Tip'과 '잠깐만요'에서는 저처럼 엑셀 초보자들이 미처 이해하지 못한 내용을 다시 한 번 언급해 주고 추가로 설명해 주고 있어서 매우 유용했습니다. 아직 취업 전이라 접하기 힘들었던 사내 문서들을 이 책의 예제를 통해 접할 수 있기 때문에 취업준비생뿐만 아니라 업무에 종사하는 분들까지도 요긴하게 활용할 수 있을 것 같습니다. 이 책 덕분에 초보자에게 막연하고 두렵기만 했던 엑셀이 가까워진 느낌입니다. 엑셀을 처음 시작하는 분들에게 이 책을 강력 추천합니다!

직장인
신성은

반복 학습으로 엑셀 실무를 제대로 익힐 수 있습니다!

엑셀 중급자들도 어려워하는 피벗 테이블을 활용한 보고서 작성의 경우 다양한 상황의 예제를 통해 반복하여 학습해 보면서 자연스럽게 업무에 녹아들 수 있도록 구성되었습니다. 하나의 함수도 두 번, 세 번에 걸쳐 응용해 보면서 실무에서 부딪칠 수 있는 어떤 상황에서도 해결이 빠른 분석이 가능하도록 도와주었습니다. 또한 예제를 따라하는 것뿐만 아니라 간단하지만 유용한 팁을 제공하여 작업 시간을 단축시킬 수 있는 노하우를 제공하였습니다. 같은 기능이라고 해도 예제마다 다르게 적용되어 업무 활용 능력이 부쩍 향상된 느낌입니다. 엑셀에 자신 없는 실무자라면 이 책으로 탄탄한 실력을 쌓아보세요!

목차

이 책의 부록 CD에는 실습을 따라할 수 있는 예제파일과 완성파일이 각 챕터의 안에 섹션별로 '예제' 폴더와 '완성' 폴더로 나뉘어 수록되어 있습니다. 부록 CD의 예제파일 및 완성파일은 내 컴퓨터에 복사하여 사용할 것을 권장합니다.

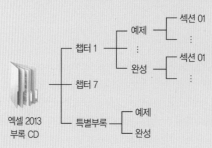

Excel 2013

목차

실무함수

CHAPTER

4 함수 검색 이제 그만! 실무 함수 제대로 익히기

목차

Excel 2013

정보의 시각화

목차

NEW	엑셀 2013의 새로운 기능
UP	엑셀 2013의 업그레이드 기능
우선순위 TOP 20	실무 중요도에 따라 TOP 01~TOP 20까지 표시

특별부록

SPECIAL 무작정 따라하기 독자를 위한 특별부록

CHAPTER 1

엑셀 2013의 필수 기본기, 탄탄하게 다지기

엑셀의 기능에 대해 알려주는 책은 많지만, 해당 기능을 왜 사용해야 하는지 이유를 제대로 알려주는 책은 거의 없습니다. 이 책은 엑셀을 시작하기 전에 사용자의 업무 환경에 적합하게 맞춤 설정을 할 수 있도록 알려주는데, 이것은 빅데이터를 관리하고 분석하는 기본 토대가 됩니다. 또한 복사하기와 붙여넣기 정도로만 사용하던 단축키의 응용 조작법을 알려주어 작업 시간을 크게 줄일 수 있도록 도와줍니다. 이번 챕터에서는 지금껏 업무에서 불필요하게 사용했던 기능을 버리고 쓸데없이 흘려보냈던 업무 시간을 다시 되돌릴 수 있도록 엑셀의 알짜 기본기만 확실하게 알려드립니다.

Excel 2013

Section

**엑셀의 시작은
환경 설정부터!**

업무의 효율성을 높일 수 있는 가장 쉬운 방법이자, 첫 번째 단계는 자신에게 꼭 맞는 엑셀 환경을 설정하는 것입니다. 이 것만 제대로 설정해도 업무 시간을 단축할 수 있으며, 작업 도중에 갑작스럽게 발생할 수 있는 오류도 최소화할 수 있어요. 이번 섹션에서는 업무 효율을 높이고, 작업 시간을 최소화할 수 있는 내 몸에 꼭 맞춘 듯한 엑셀의 최적화된 환경 설정에 대해 제대로 배워보겠습니다.

> **PREVIEW**

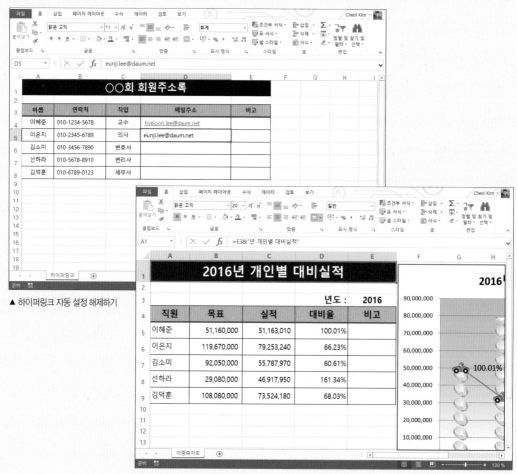

▲ 하이퍼링크 자동 설정 해제하기

▲ 워크시트에 숨겨진 개체 표시하기

엑셀 2013의 화면 구성 살펴보기

엑셀 화면을 구성하는 모든 메뉴를 다 알 필요는 없어요. 엑셀 화면의 위쪽에 펼쳐진 리본 메뉴의 구성만 제대로 이해하고 있으면 얼마든지 원하는 기능을 빠르게 찾을 수 있기 때문이죠. 리본 메뉴의 '탭'은 여러 개의 관련 '그룹'으로 구성되어 있고, '그룹'은 마우스로 클릭만 하면 실행되는 명령 단추로 이루어져 있어요. 마우스 포인터를 명령 단추의 위에 살짝 올려놓으면 이름을 확인할 수 있는 풍선 도움말이 나타나서 해당 기능이 무엇인지 쉽게 알 수 있습니다.

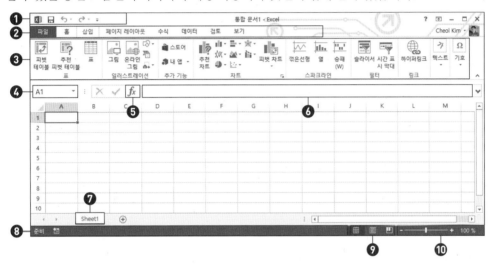

❶ **빠른 실행 도구 모음** : 자주 사용하는 도구만 모아놓은 곳으로, 도구를 추가하거나 삭제하여 사용자의 작업 환경에 맞게 설정할 수 있어요. 작업 속도를 단축시키기 위해 꼭 필요한 메뉴입니다.

❷ **탭** : 엑셀 2007 버전부터 달라진 리본 메뉴의 구성 중 하나로, 탭을 클릭하면 해당 기능이 모여 있는 그룹이 나타납니다. 기본 제공 탭 외에도 그림, 도형, 차트 등을 선택하면 [그림 도구]나 [표 도구]와 같은 상황별 탭이 추가로 표시되어요.

❸ **그룹** : 하나의 탭 안에 여러 그룹이 속해 있어요. [홈] 탭의 경우에는 [클립보드] 그룹과 [글꼴] 그룹, [정렬] 그룹 등으로 구성되어 있어요.

❹ **이름상자** : 현재 시트에서 작업중인 셀의 주소를 표시해 주는 곳으로, 조건부 서식 및 표 작업 등에서 특정 셀 범위의 정보를 제공하거나 선택할 때 유용하게 사용할 수 있어요. 이름상자에 대해서는 75쪽에서 자세히 다룹니다.

❺ **[함수 삽입] 단추** : 데이터를 입력(✓)하거나 취소(✕)할 수 있고 [함수 삽입] 단추(fx)를 클릭하여 함수 마법사를 실행해 원하는 함수를 골라 입력할 수 있어요.

❻ **수식 입력줄** : 셀에 입력한 데이터나 함수 및 계산 수식은 수식 입력줄에, 수식 결과는 셀에 표시됩니다.

❼ **시트 탭** : 각각의 시트 이름을 표시할 수 있어요. 기본 이름은 [Sheet1], [Sheet2]의 순서로 나타납니다.

❽ **상태 표시줄** : 현재 작업중인 엑셀 파일의 상태를 알려주는 곳입니다. 선택한 셀이 두 개 이상이면 평균, 개수, 숫자 셀 수, 최대값, 최소값과 같은 정보, 합계와 같은 기초 통계량을 보여주기도 합니다.

❾ **화면 보기 단추** : [기본] 보기(▦), [페이지 레이아웃] 보기(▤), [페이지 나누기 미리 보기](▥) 등 원하는 문서 보기 상태를 선택할 수 있어요.

❿ **화면 보기 비율 확대/축소** : 슬라이드바를 드래그하여 화면 보기 비율을 10~400%까지 확대 또는 축소할 수 있어요. 100% 를 클릭하여 [확대/축소] 대화상자를 열고 비율을 직접 입력할 수도 있습니다.

실무
예제 **02** # 엑셀 계산의 첫 단계, 수식 옵션 선택하기

1 셀에 수식을 제대로 입력한 것 같은데, 숫자를 바꿔도 결과값이 변경되지 않는 경우가 있어요. 이때는 [Excel 옵션] 창에서 계산 옵션을 수동 계산에서 자동 계산으로 바꾸어주어야 해요. [Sheet1] 시트에서 마우스패드의 수량이 입력된 D7셀에 아무 값이나 입력해 보세요. F7셀의 결과값이 바뀌면 자동 계산으로, 바뀌지 않으면 수동 계산으로 설정된 것입니다.

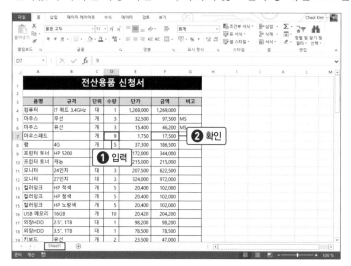

> **Tip**
>
> 엑셀 계산 옵션의 기본값이 '자동 계산'이기 때문에 해당 예제를 열고 D7셀 값을 바꾸면 F7셀 값이 자동으로 변경될 거예요. 만약 결과값이 바뀌지 않는다면 수동 계산 옵션이 선택되었는지 확인해 보고 다음 과정을 따라해 보면서 자동 옵션으로 바꿔주세요.

잠깐만요 **수동 계산으로 설정되어 있는지 확인하기**

수량이 바뀌어도 결과값이 변경되지 않으면 수동 계산으로 설정되어 있는지 확인해 보아야 합니다. F7셀을 선택하고 F2 (셀 편집)를 눌러 셀에 수식을 표시한 후 Enter 를 눌러보세요. 이때 수식의 결과가 변경되면 수동으로 계산이 설정된 상태입니다. 좀 더 간단한 방법으로 F9 (지금 계산)를 눌러 계산 상태를 확인해 볼 수도 있어요.

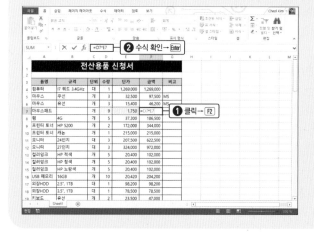

2 계산 설정이 수동으로 되어 있다면 자동으로 변경하기 위해 [파일] 탭-[옵션]을 선택하세요.

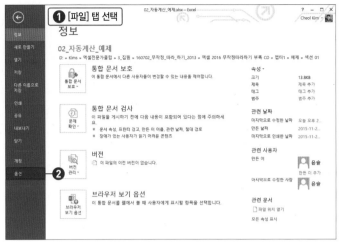

> **Tip**
>
> 사용자의 엑셀 작업 환경에 따라 계산 설정이 자동으로 되어 있을 수 있습니다.

3 [Excel 옵션] 창이 열리면 [수식] 범주를 선택하고 '계산 옵션'의 '통합 문서 계산'에서 [자동]을 선택한 후 [확인]을 클릭하세요.

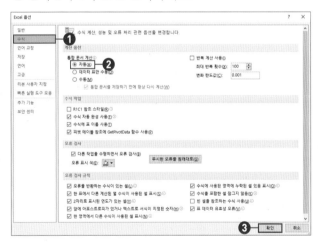

> **Tip**
>
> 옵션 설정을 완료한 후 D7셀에 아무 값이나 입력해 보세요. F7셀 값이 자동으로 변경되면 자동 계산으로 설정된 것입니다.

잠깐만요 **수동 계산은 언제 선택하면 좋을까요?**

엑셀 파일에서 다루어야 할 데이터가 엄청나게 많고 계산 수식이 복잡하다면 수동 계산으로 설정하는 것이 좋습니다. 자동 계산은 결과값이 곧바로 반영되어 편리하지만, 데이터가 많아지면 수많은 수식을 한꺼번에 계산해야 하기 때문에 작업 속도가 느려질 수 있어요. 따라서 다뤄야 할 데이터가 많지 않다면 자동 계산을 선택하여 결과를 즉시 반영할 수 있도록 작업하는 것이 좋습니다. 하지만 매크로 작업을 해야 할 정도로 데이터가 많고 복잡한 참조나 수식을 사용해야 한다면 수동 계산을 선택하세요. 단 수동 계산으로 설정하면 F9를 눌러 결과값을 반드시 새로 고침해서 수정해야 합니다. 수동 계산 선택 외에도 엑셀 파일의 저장 형식을 'Excel 바이너리 통합 문서 (*.xlsb)'로 선택하면 데이터의 연산 속도를 빠르게 할 수 있어요.

한/영 자동 고침 해제하기

1 [주요단축키] 시트에서 B3셀에 『Ctrl』을 입력하고 [Enter]를 눌러보세요. 원래 입력하려고 했던 'Ctrl'이 아닌 'Ct기'로 변경되어 입력되죠? 이것은 한글 또는 영문으로 자동으로 변경하여 고친 결과를 셀에 표시했기 때문입니다. 입력한 데이터를 그대로 셀에 표시하고 싶다면 [파일] 탭-[옵션]을 선택하세요.

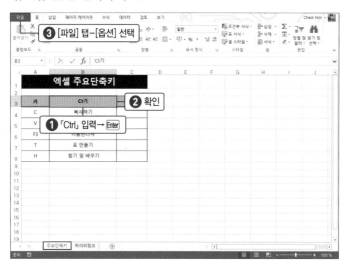

2 [Excel 옵션] 창이 열리면 [언어 교정] 범주를 선택하고 '자동 고침 옵션'에서 [자동 고침 옵션]을 클릭하세요. [자동 고침] 대화상자가 열리면 [자동 고침] 탭에서 [한/영 자동 고침]의 체크를 해제하고 [확인]을 클릭하세요.

실무
예제 | **04**

하이퍼링크 자동 설정 해제하기

1 메일 주소나 웹 사이트를 입력할 때 하이퍼링크가 자동으로 지정되어 불편한 경우가 많아요. [하이퍼링크] 시트에서 D4셀에 이메일 주소(예 hyejoon.lee@daum.net)를 입력하고 Enter를 누르면 이메일 주소가 자동으로 하이퍼링크로 지정됩니다. 하이퍼링크 지정이 아닌 입력한 값 그대로 일반 데이터로 표시하려면 [파일] 탭-[옵션]을 선택하세요.

> **Tip**
>
> 입력한 데이터가 하이퍼링크로 지정
> 되면 파란색 글자로 바뀌면서 밑줄이
> 생깁니다.

2 [Excel 옵션] 창이 열리면 [언어 교정] 범주를 선택하고 '자동 고침 옵션'에서 [자동 고침 옵션]을 클릭하세요.

3 [자동 고침] 대화상자가 열리면 [입력할 때 자동 서식] 탭을 선택하고 '입력할 때 자동으로 바꾸기'에서 [인터넷과 네트워크 경로를 하이퍼링크로 설정]의 체크를 해제한 후 [확인]을 클릭하세요. [Excel 옵션] 창으로 되돌아오면 [확인]을 클릭해 창을 닫습니다.

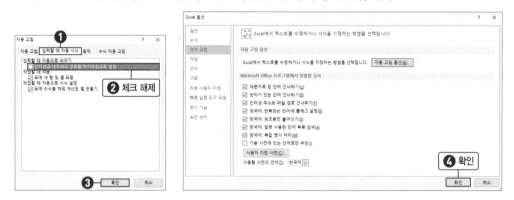

4 D5셀에 이메일 주소(예 eunji.lee@daum.net)를 입력하고 Enter 를 눌러보세요. 이제는 하이퍼링크가 자동으로 지정되지 않습니다.

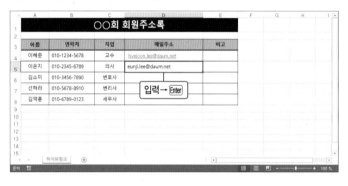

5 D4셀에 이미 입력된 메일 주소의 하이퍼링크는 삭제되지 않아요. 만약 하이퍼링크 지정을 없애려면 D4셀을 선택하고 [홈] 탭-[편집] 그룹에서 [지우기]를 클릭한 후 [하이퍼링크 제거]를 선택하세요.

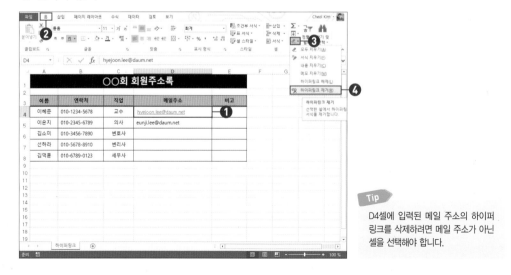

Tip

D4셀에 입력된 메일 주소의 하이퍼링크를 삭제하려면 메일 주소가 아닌 셀을 선택해야 합니다.

예제파일 : 05_개체_표시_예제.xlsx　　완성파일 : 05_개체_표시_완성.xlsx

실무
예제 **05**　**삽입한 개체를 모두 표시하기**

1 [이중축차트] 시트에는 차트가 삽입되어 있지만 워크시트에 표시되지 않았네요. 이처럼 워크
시트에 개체를 삽입하고 파일을 저장했을 때 개체가 숨겨져서 보이지 않는다면 개체 표시 옵션
을 설정해야 합니다. [파일] 탭-[옵션]을 선택하여 [Excel 옵션] 창을 열고 [고급] 범주를 선택
하세요. '이 통합 문서의 표시 옵션'의 '개체 표시'에서 [모두]를 선택하고 [확인]을 클릭합니다.

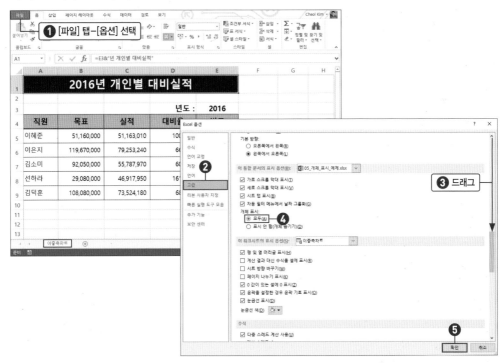

2 **1** 과정에서는 보이지 않았던 차트가 나타난 것을 확인할 수 있어요.

	A	B	C	D	E
1		2016년 개인별 대비실적			
2					
3				년도 :	2016
4	직원	목표	실적	대비율	비고
5	이혜준	51,160,000	51,163,010	100.01%	
6	이은지	119,670,000	79,253,240	66.23%	
7	김소미	92,050,000	55,787,970	60.61%	
8	선하라	29,080,000	46,917,950	161.34%	
9	김덕훈	108,080,000	73,524,180	68.03%	

25

엑셀 데이터 정확하고 빠르게 입력하기

효율적인 업무 진행을 위한 엑셀 환경 설정을 완료했다면 이제는 속도전입니다! 그러나 데이터를 빨리 입력한다고 작업이 빨리 끝나는 것은 아니에요. 데이터를 오류 없이 정확하고 빠르게 입력했을 때 비로소 퇴근 시간을 단축할 수 있어요. 업무에서 다루는 데이터의 양은 엄청나기 때문에 하나만 틀려도 문서의 처음부터 다시 검토해야 하는 불상사가 생길 수 있어요. 이번 섹션에서는 데이터의 오류를 미연에 방지하면서도 작업 속도를 빠르게 할 수 있는 특급 노하우를 소개합니다.

> **PREVIEW**

▲ 특정 범위에 행 추가하기

▲ 단축키를 이용해 빠르게 빅데이터 선택하기

> **섹션별 주요 내용**

01 │ 데이터를 정확하게 입력하자!　02 │ [Ctrl], 작업 시간을 확 줄인다!
03 │ [Shift], 데이터를 자유자재로 다룬다!　04 │ [Alt], 선택의 정확도를 높인다!
05 │ [Shift]+[Ctrl], 범위 선택을 단숨에 끝낸다!　06 │ 빠른 실행 도구 모음, 자주 사용하는 기능만 모아라!
07 │ 다양한 옵션 선택, 마우스 오른쪽 단추를 눌러라!

난이도 1 2 3 4 5

핵심기능 **01** # 데이터를 정확하게 입력하자!

1 | → 또는 Tab 이용해 열 데이터 입력하기

자재 입·출고 현황 데이터를 입력해 볼게요. 셀에 데이터를 입력하고 Enter 를 누르면 셀 아래쪽으로 커서가 이동합니다. 그래서 하나의 품목에 대한 규격, 단가, 금액 등의 데이터를 순서대로 열에 입력하려면 Enter 대신 → 나 Tab 을 눌러 커서를 오른쪽으로 이동하는 것이 효율적입니다. A5셀에 『의자』를 입력하고 Tab 을 누르면서 다음의 그림과 같이 데이터를 입력해 보세요.

> **Tip**
> 데이터를 모두 입력하여 더 이상 오른쪽 방향으로 커서를 이동할 필요가 없으면 Enter 를 누르세요. 그러면 다음 열의 첫 번째 셀로 커서가 쉽게 넘어갑니다.

2 | 키보드로 인접 셀 참조해 수식 입력하기

인접한 셀을 참조해서 수식을 입력할 때는 마우스보다 키보드를 이용하는 것이 훨씬 편리해요. 입력할 수식이 길어지면 인접한 셀을 마우스로 선택하기 힘들기 때문이죠. F5셀에 '=수량*단가' 수식을 입력하여 금액을 계산해 볼게요. F5셀에 『=』를 입력하고 ← 를 두 번 눌러 수량(D5셀)을 참조한 후 『*』를 입력하고 다시 ← 를 한 번 눌러 단가(E5셀)를 참조하세요. 마지막으로 Tab 을 눌러 다음 셀로 이동하면 수식 입력이 끝납니다.

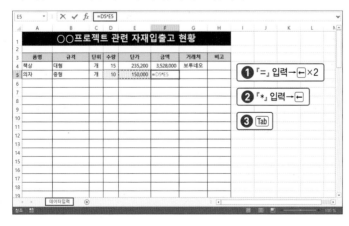

> **Tip**
> 셀 참조에 대해서는 47~48쪽, 50~51쪽을 참고하세요.

핵심
기능

02 Ctrl, 작업 시간을 확 줄인다!

흔히 알고 있는 Ctrl의 가장 대표적인 기능은 데이터를 복사하고 붙여넣는 거예요. 하지만 범위 설정을 어떻게 지정하는지에 따라 셀 서식을 포함하여 데이터를 복사, 붙여넣을 수도 있고, 수식 및 데이터를 한꺼번에 입력하거나 단숨에 자동 순번을 채울 수도 있습니다. 이와 같이 Ctrl의 기능은 알면 알수록 매우 무궁무진합니다. 특히 Ctrl은 작업 시간 단축에 꽤 효율적이므로 여기서 알려주는 일곱 가지 활용 방법을 꼭 알아두세요.

1 | 데이터 복사하고 붙여넣기

1 [Ctrl키_1] 시트에서 A5:E5 범위를 드래그하여 선택하고 Ctrl+C를 눌러 선택한 범위를 복사 하세요.

2 A11셀을 선택하고 1 과정에서 복사한 데이터를 붙여넣기 위해 Ctrl+V를 누르세요. 그러면 A5:E5 범위의 데이터가 그대로 복사됩니다.

2 | 셀 서식 복사하고 붙여넣기

이번에는 Ctrl을 이용하여 채우기 색이 지정된 범위를 복사, 붙여넣어 볼게요. [Ctrl키_1] 시트에서 A7:E7 범위를 드래그하여 선택하고 Ctrl+C를 누르세요. 복사한 데이터를 붙여넣기 위해 A13 셀을 선택하고 Ctrl+V를 누르면 채우기 색까지 그대로 데이터가 복사됩니다.

> **Tip**
>
> Ctrl+C, Ctrl+V로 복사 및 붙여넣기를 하면 채우기 색이나 글꼴 등 셀의 속성은 복사되지만, 행 높이나 열 너비가 그대로 복사되지는 않아요. 따라서 데이터를 붙여넣은 후 행 높이와 열 너비를 조정해야 합니다.

3 | 셀 서식 제외하고 데이터만 복사하고 붙여넣기

[Ctrl키_1] 시트에서 A7:E7 범위를 드래그하여 선택하고 Ctrl+C를 누릅니다. 복사할 데이터를 붙여넣을 위치인 A15셀을 선택하고 마우스 오른쪽 단추를 눌러 '붙여넣기 옵션'에서 [값](🖳)을 선택하세요. 그러면 복사할 셀 범위의 서식을 제외하고 데이터 값만 복사됩니다.

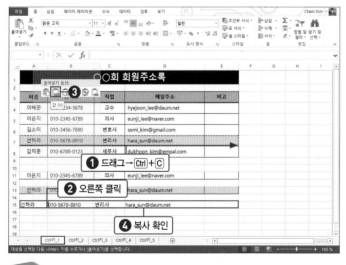

> **Tip**
>
> 복사한 셀의 데이터를 다양한 옵션으로 붙여넣을 수 있어요. 해당 셀을 선택하고 마우스 오른쪽 단추를 눌러 [선택하여 붙여넣기]를 선택하세요. [선택하여 붙여넣기] 대화상자가 열리면 특정 서식이나 값을 선택하여 데이터를 붙여넣을 수 있어요.

4 | 인접하지 않은 셀 범위 동시에 선택하기

[Ctrl키_2] 시트에서 A4:A9 범위를 드래그하여 선택하고 Ctrl 을 누른 상태에서 D4:D9 범위를 드래그하여 선택해 보세요. 이와 같이 Ctrl 을 사용하면 인접하지 않은 셀 범위를 동시에 선택할 수 있어요.

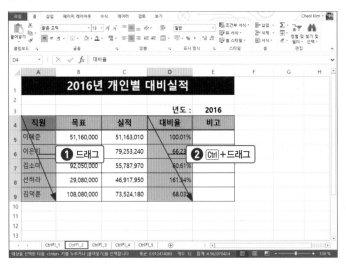

5 | 수식 또는 데이터 한꺼번에 입력하기

[Ctrl키_3] 시트에서 N4:N12 범위에 SUM 함수를 이용하여 합계를 일괄적으로 입력해 볼게요. N4:N12 범위를 드래그하여 선택하고 수식 입력줄에 『=SUM(B4:M4)』를 입력한 후 Ctrl + Enter 를 누르면 범위를 지정한 영역에 합계가 한꺼번에 표시됩니다.

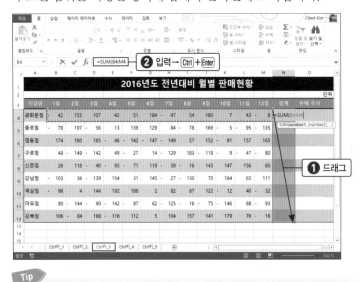

6 | 자동으로 순번 채우기

[Ctrl키_4] 시트에서 '1'이 입력된 A4셀을 선택하고 셀의 오른쪽 아래에 있는 자동 채우기 핸들에 마우스 포인터를 올려놓으세요. 마우스 포인터가 ✚ 모양으로 변경된 상태에서 Ctrl 을 누르면 ✚ 모양으로 바뀝니다. 이 상태에서 A35셀까지 드래그하면 숫자가 하나씩 증가하면서 순번이 자동으로 채워집니다.

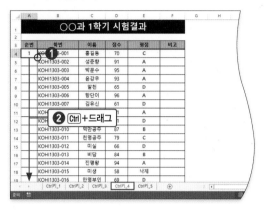
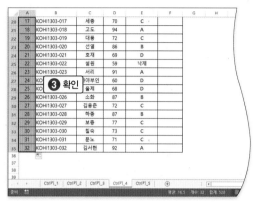

7 | 마지막 셀(열, 행)까지 빠르게 이동하기

[Ctrl키_5] 시트의 A2셀을 선택한 상태에서 Ctrl + ↓ 를 누르면 마지막 행으로 단숨에 이동합니다. 이처럼 데이터가 입력된 셀에서 Ctrl 과 원하는 방향으로 방향키(→, ←, ↑, ↓)를 누르면 해당 방향의 마지막 셀로 빠르게 이동할 수 있어요. 이 기능은 빅데이터가 포함된 파일을 작업할 때 매우 유용해요.

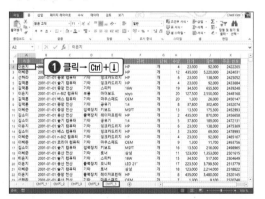
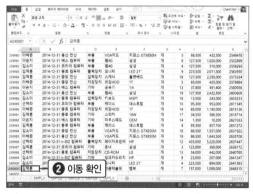

Tip

전체 데이터를 모두 선택하려면 Ctrl + A 를 누르세요. [Ctrl키_5] 시트에서 데이터가 입력된 임의의 셀을 선택하고 Ctrl + A 를 누르면 A1:K240001 범위가 한꺼번에 선택됩니다.

예제파일 : 03_Shift_키의_활용법_예제.xlsx   완성파일 : 03_Shift_키의_활용법_완성.xlsx

핵심 기능 **03**

Shift, 데이터를 자유자재로 다룬다!

1 | 연속된 셀 범위 한꺼번에 선택하기

[Shift키_1] 시트에서 B3:M3 범위에 입력된 데이터의 글꼴 색을 변경해 볼게요. 셀을 하나씩 선택하면서 글꼴 색을 바꾸면 시간이 오래 걸리겠죠? 해당 범위를 한꺼번에 선택하기 위해 B3셀을 선택하고 Shift를 누른 상태에서 M3셀을 선택해 보세요. 이렇게 하면 처음 선택한 셀부터 Shift를 누르고 선택한 셀까지 연속된 셀 범위가 한꺼번에 선택됩니다.

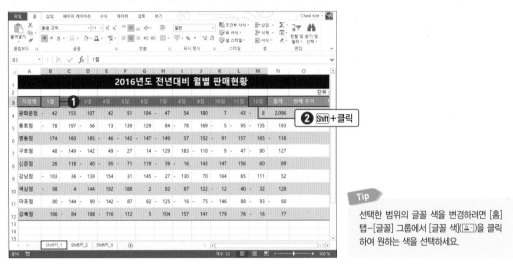

> **Tip**
> 선택한 범위의 글꼴 색을 변경하려면 [홈] 탭-[글꼴] 그룹에서 [글꼴 색](🎨)을 클릭하여 원하는 색을 선택하세요.

2 | 반대 방향으로 커서 이동하기

[Shift키_2] 시트에서 A5:G5 범위를 드래그하여 선택하고 『의지』를 입력한 후 Enter를 누르세요. 『의자』를 입력해야 하는데 『의지』로 잘못 입력했네요. 범위가 지정된 상태에서 오타를 수정하려면 Shift+Enter를 눌러 이전 셀로 커서를 다시 이동해서 『의자』로 고치세요. 이와 같이 범위를 먼저 선택한 상태에서 데이터를 입력하고 Shift+Enter를 누르면 반대 방향으로 커서를 이동할 수 있어요.

> **Tip**
> 범위를 지정한 상태에서 데이터를 입력하고 Enter를 누르면 커서가 오른쪽으로 이동하지만, 표 형식이 지정되지 않은 일반 셀에 데이터를 입력한 후 Enter를 누르면 커서가 아래쪽으로 이동해요. 이때 Shift+Enter를 누르면 커서를 위쪽으로 이동시킬 수 있어요.

3 | 행 삽입하기

[Shift키_3] 시트에서 1학기말 시험 결과를 살펴보면 '학번' 항목에서 'KOHI1303-004'가 누락되었습니다. 이때 Shift를 사용하면 다른 열에 입력한 데이터에 영향을 주지 않고 데이터를 삽입할수 있어요. 'KOHI1303-004'를 삽입할 이전 행의 데이터 범위인 A6:E6 범위를 드래그하여 선택하고 셀의 오른쪽 아래에 마우스 포인터를 올려놓으세요. 자동 채우기 핸들(➕)이 표시되면 Shift를 누르세요.

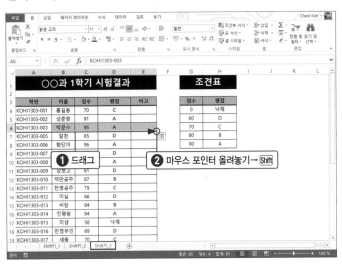

마우스 포인터가 ⬍ 모양으로 변경되면 행을 삽입하고 싶은 만큼 아래쪽으로 드래그하세요. 그러면 다른 데이터에 영향을 주지 않고 선택한 범위에 한해서 행이 삽입됩니다.

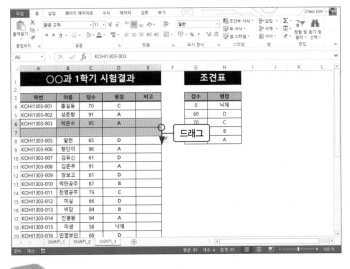

> **Tip**
>
> Shift를 이용해 선택한 범위에 있는 행을 삭제할 수도 있어요. 범위를 드래그하여 선택하고 셀의 오른쪽 아래에 마우스 포인터를 올려놓은 후 자동 채우기 핸들(➕)이 표시되면 Shift를 누른 상태에서 위쪽으로 드래그하세요. 그러면 선택한 범위만큼 행이 삭제됩니다. 자세한 실습은 353쪽에서 다룹니다.

핵심 기능 04 **Alt, 선택의 정확도를 높인다!**

1 | 단축키 표시하기

리본 메뉴에서 원하는 기능을 선택해도 되지만, 자주 사용하는 기능은 단축키를 익혀두면 작업 속도를 높일 수 있어요. Alt 를 눌렀다 떼면 화면에 단축키가 표시됩니다. 이때 Alt 와 단축키를 동시에 누르면 해당 탭으로 이동해서 해당 탭의 단축키를 확인할 수 있어요. 이처럼 단축키를 사용하면 해당 기능을 정확하게 적용할 수 있어서 오류도 줄어듭니다.

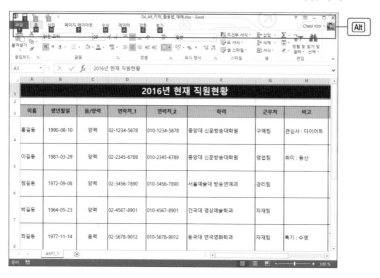

2 | 셀 크기에 맞춰 이미지 삽입하기

[Alt키_1] 시트에서 I4셀에 입력된 사진을 선택하고 사진 오른쪽 아래의 모서리에 마우스 포인터를 올려놓으면 ⬉ 와 같이 대각선 모양으로 바뀝니다. 이때 Alt 를 누른 상태에서 오른쪽 아래로 드래그하면 해당 셀의 높이와 너비에 맞게 사진 크기가 자동으로 조정됩니다.

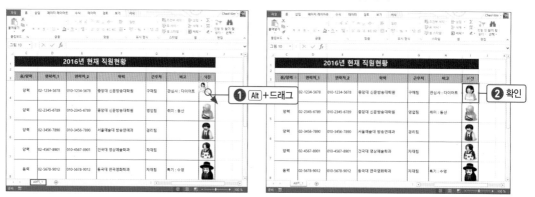

① Alt +드래그   ② 확인

● 예제파일 : 05_키조합_활용법_예제.xlsx   ● 완성파일 : 05_키조합_활용법_완성.xlsx

핵심
기능 **05**   **Shift + Ctrl, 범위 선택을 단숨에 끝낸다!**

연속 범위 선택하기

[키조합] 시트의 N1셀에 매출금액의 합계를 표시해 볼게요. N1셀을 선택하고 『=SUM(』을 입력한 후 첫 번째 합계 범위인 J2셀을 선택합니다. 이 상태에서 Ctrl + Shift + ↓를 누르면 처음 선택한 J2셀부터 아래쪽으로 연속된 셀 범위의 마지막까지 한 번에 선택됩니다. Enter를 눌러 N1셀에 합계를 구하세요.

데이터기초
데이터분석
데이터관리
실무함수
데이터필터
정보와시각화
데이터활용
특별부록

> **Tip**
>
> 함수식을 입력할 때 마지막 과정에서 닫는 괄호(())만 남았다면 괄호를 입력하지 않고 Enter만 눌러도 함수식이 정상적으로 계산됩니다.

잠깐만요   **열 너비보다 셀 입력값의 길이가 길어서 '#####'으로 표시된다면?**

N1셀의 결과값이 열 너비보다 길면 '######'으로 표시됩니다. 열 너비를 데이터의 길이에 맞추기 위해 N열 머리글과 O열 머리글 사이에 마우스 포인터를 올려놓고 ✛ 모양으로 바뀌면 더블클릭하여 자동으로 열 너비를 조절하세요.

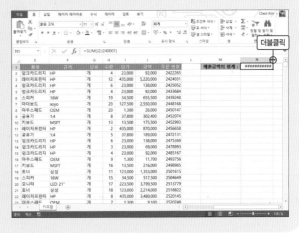

핵심
기능 **06**   ## 빠른 실행 도구 모음, 자주 사용하는 기능만 모아라!

빠른 실행 도구 모음에 명령 추가하기

1 리본 메뉴의 명령 단추를 빠른 실행 도구 모음에 도구로 추가하면 좀 더 빠르게 작업할 수 있어요. 추가되는 데이터가 많아 행을 반복해서 삽입한다면 빠른 실행 도구 모음에 [시트 행 삽입] 도구(⊞)를 추가하는 것이 좋아요. [빠른 실행 도구 모음 사용자 지정] 단추(▼)를 클릭하고 [기타 명령]을 선택하세요.

2 [Excel 옵션] 창이 열리면 [빠른 실행 도구 모음] 범주가 선택되었는지 확인하고 '명령 선택'에서 [시트 행 삽입]을 선택한 후 [추가]를 클릭하세요. '빠른 실행 도구 모음 사용자 지정'에 해당 명령이 추가되면 [확인]을 클릭하세요.

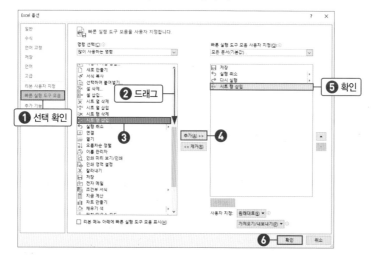

3 빠른 실행 도구 모음에 추가한 명령으로 행을 삽입해 볼까요? 5행 머리글을 클릭하거나 A5셀을 선택하고 빠른 실행 도구 모음에서 [시트 행 삽입] 도구(▤)를 클릭하세요.

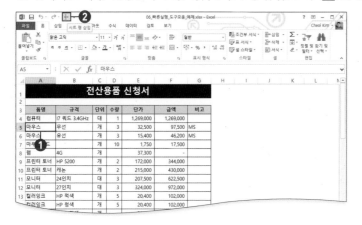

4 5행에 새로운 행이 추가되었습니다.

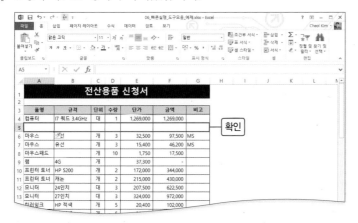

잠깐만요 **빠른 실행 도구 모음의 명령 단축키로 실행하기**

빠른 실행 도구 모음에 추가한 명령을 단축키로 실행하려면 Alt 를 눌러보세요. 그러면 도구와 메뉴의 아래쪽에 해당 단축 번호가 표시됩니다. 빠른 실행 도구 모음에 추가한 명령을 더 빠르게 실행하고 싶다면 단축키를 사용하세요. 단축키를 사용해 행을 삽입하기 위해 A8셀을 선택하고 빠른 실행 도구 모음에서 [시트 행 삽입] 도구(▤)에 해당하는 번호를 확인하세요. 여기서는 4 가 표시되므로 Alt 를 누른 상태에서 단축 번호 4 를 눌러 행을 삽입하세요.

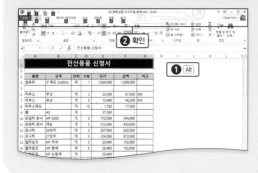
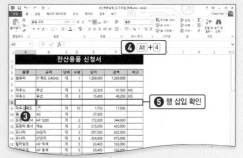

환경설정

데이터기초

데이터분석

데이터관리

서식설정

데이터편집

워드아시각화원

데이터정렬

특별부록

핵심
기능 **07**

다양한 옵션 선택, 마우스 오른쪽 단추를 눌러라!

1 │ 빠른 실행 도구 모음에 명령 추가하기

엑셀에서는 특정 셀이나 개체에서 명령을 실행할 때 마우스 오른쪽 단추를 누르면 다양한 옵션을 확인할 수 있어요. 예를 들어 빠른 실행 도구 모음에 리본 메뉴의 명령을 추가하려면 명령 단추에서 마우스 오른쪽 단추를 눌러 [빠른 실행 도구 모음에 추가]를 선택하세요.

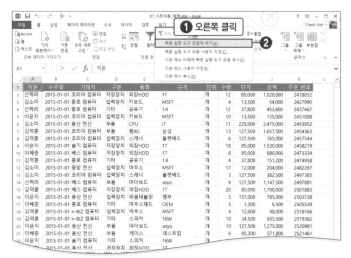

Tip

빠른 실행 도구 모음에 추가한 도구를 삭제할 때도 마우스 오른쪽 단추를 이용하세요. 삭제하려는 도구에서 마우스 오른쪽 단추를 눌러 [빠른 실행 도구 모음에서 제거]를 선택하면 도구가 바로 사라집니다.

2 │ 특정 시트로 빠르게 이동하기

시트를 이동할 때는 단축키 Ctrl+PgDn이나 Ctrl+PgUp을 많이 사용하고 마지막 시트로 이동하려면 Ctrl+PgDn을 계속 누르면 돼요. 하지만 임의의 시트로 한 번에 빠르게 이동하려면 화면의 왼쪽 아래에 있는 시트 간 이동 단추에서 마우스 오른쪽 단추를 누르세요. [활성화] 대화상자가 열리면 이동하려는 시트를 선택하고 [확인]을 클릭합니다.

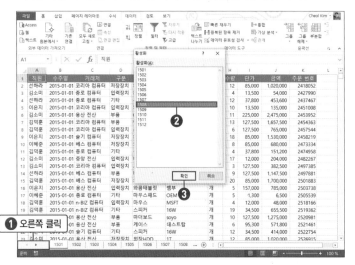

파일이 갑자기 종료되어 저장하지 못한 파일 복구하기

엑셀로 문서를 작성하던 중 비정상적인 오류가 발생하여 갑자기 파일이 강제 종료되는 경험이 있을 거예요. 이때 작업중인 파일을 저장해 두지 않았다면 매우 난처할 것입니다. 특히 오랜 시간을 투자하여 작업한 내용이 많았다면 더욱 식은땀이 나겠죠. 하지만 이제 걱정하지 마세요. 이번에는 방금 전까지 작업한 파일을 되살리는 방법에 대해 살펴보겠습니다.

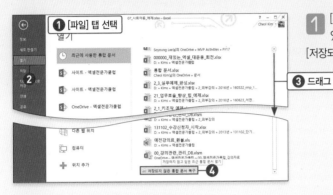

1 [파일] 탭-[열기]를 선택하고 화면의 오른쪽에 있는 파일 목록을 맨 아래쪽까지 스크롤한 후 [저장되지 않은 통합 문서 복구]를 클릭하세요.

2 [열기] 대화상자가 열리면서 비정상적으로 강제 종료된 엑셀 파일 목록이 나타납니다. [열기] 대화상자에서 '수정한 날짜' 항목을 확인해 보고 가장 최근 파일을 선택한 후 [열기]를 클릭하세요.

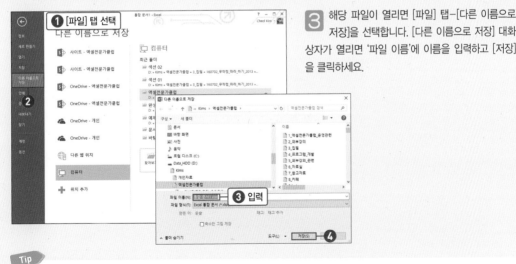

3 해당 파일이 열리면 [파일] 탭-[다른 이름으로 저장]을 선택합니다. [다른 이름으로 저장] 대화상자가 열리면 '파일 이름'에 이름을 입력하고 [저장]을 클릭하세요.

Tip

이렇게 하면 10분 전까지 작업했던 내용을 되살릴 수 있어요. 왜냐하면 [파일] 탭-[옵션]을 선택하면 열리는 [Excel 옵션] 창의 [저장] 범주에서 '자동 복구 정보 저장 간격'이 [10분]으로 설정되었기 때문입니다. 저장 간격을 좀 더 짧은 분 단위로 지정할 수도 있지만, 저장 간격이 짧으면 너무 자주 저장되어 문서 작업할 때 많이 불편합니다.

2 데이터 분석의 기초부터 실전까지, 단숨에 익히기

엑셀은 데이터 분석에 최적화된 프로그램이지만, 엑셀 데이터의 속성을 제대로 이해하지 못한다면 그림의 떡일 뿐이죠. 이번 챕터에서는 데이터를 효과적으로 활용하고 분석할 때 기본 토대가 되는 데이터 입력과 사칙연산에 대해 배워보고 각각의 데이터에 맞는 표시 형식을 지정해 봅니다. 엑셀만큼 기본기를 잘 다져야 발전 속도가 빠른 프로그램도 드물기 때문에 이번 챕터의 내용은 꼭 제대로 익혀두세요. 이미 알고 있는 내용이라도 쉽게 넘기지 말고 차분히 정독하면서 실습해 보세요. 이제 데이터 분석 전문가의 지름길로 여러분을 안내합니다.

Excel 2013

기본 중의 기본, 엑셀 연산자

수학에서 다루는 더하기, 빼기 등의 사칙연산이 엑셀에서도 그대로 사용됩니다. 이번 섹션에서는 연산자와 데이터 활용을 위한 속성 및 참조에 대해 배워봅니다. 엑셀에서 반드시 익혀야 하는 데이터 속성과 참조의 개념만 제대로 알고 있어도 단한 번의 수식 입력으로 나머지 영역을 빠르게 채울 수 있어서 대용량의 빅데이터도 쉽게 집계하고 정리할 수 있습니다. 이제 모든 보고서를 5분 안에 작성할 수 있는 비밀을 알려드리겠습니다.

> **PREVIEW**

▲ 혼합 참조 이용해 보고서 쉽게 작성하기

▲ 셀 서식 이용해 데이터 시각화하기

> 섹션별
> 주요 내용
>
> **01** | 가장 많이 사용하는 산술 연산자 제대로 알기   **02** | 참과 거짓을 판단하는 비교 연산자 제대로 알기
> **03** | 셀 또는 범위를 참조하는 참조 연산자 제대로 알기   **04** | 두 값을 연결하는 텍스트 연결 연산자 제대로 알기
> **05** | 셀 참조의 핵심! 혼합 참조 쉽게 이해하기

핵심
기능 | **01** 　가장 많이 사용하는 산술 연산자 제대로 알기

엑셀 연산자는 수식 입력의 기초라고 할 수 있어요. 그 중에서도 수학 계산과 관련된 산술 연산자를 가장 자주 사용하는데, 이미 우리가 알고 있는 +(더하기), −(빼기), *(곱하기), /(나누기)의 수학 개념을 그대로 쓰기 때문에 이해하기 쉽습니다.

1 [산술연산자] 시트에서 C열에 '매출누계'를 구해볼게요. 매출누계를 구하려면 B열의 매출 데이터를 가져와서 수식을 만들어야 하는데, 이렇게 다른 셀의 데이터를 가져와서 사용하는 것을 '참조'라고 합니다. C4셀에 『=』를 입력하고 ←를 눌러 B4셀을 참조한 후 Enter를 누르면 첫 번째 매출누계가 구해집니다.

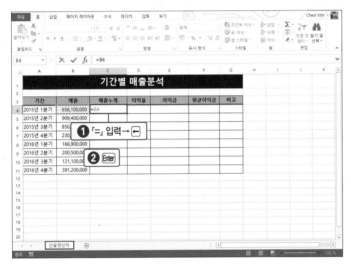

> **Tip**
>
> 인접한 셀을 참조할 때는 마우스로 선택하는 대신 방향키(→, ←, ↑, ↓)를 눌러야 더욱 빠르게 작업할 수 있어요.

2 C5셀부터는 이전 누계 값에 해당 기간의 매출을 합산해야 하므로 산술 연산자를 이용해야 해요. C5셀을 선택하고 『=』를 입력한 후 ←를 한 번 눌러 수식 '=B5'를 표시합니다. 계속 『+』를 입력하고 ↑를 한 번 눌러 '=B5+C4'가 되면 Enter를 눌러 수식을 완성하세요.

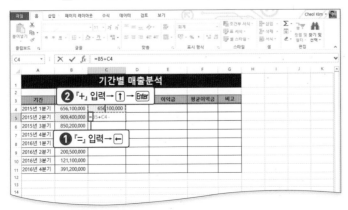

> **Tip**
>
> 엑셀에서 덧셈은 수학 기호와 같은 + 문자를 사용합니다.

3 C열의 나머지 셀에도 매출누계를 입력하기 위해 C5셀을 선택하고 C5셀의 자동 채우기 핸들(✛)을 C11셀까지 드래그하세요.

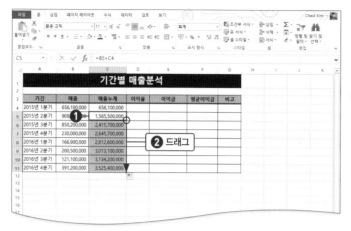

Tip

C5셀을 선택했을 때 셀의 오른쪽 아래에 표시되는 ✛ 모양을 '자동 채우기 핸들'이라고 해요. 연속된 셀 범위의 수식을 채울 때는 **3** 과정처럼 드래그할 필요 없이 자동 채우기 핸들(✛)을 더블클릭만 해도 수식을 쉽게 채울 수 있어요.

4 이익률을 13.7%라고 가정하고 D열에 이익률을 구해볼게요. D4:D11 범위를 드래그하여 선택하고 『13.7』을 입력한 후 Ctrl + Enter 를 눌러 선택한 범위에 똑같은 값을 입력하세요.

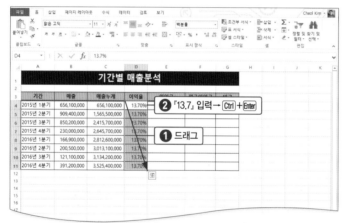

Tip

D4:D11 범위에는 백분율 스타일이 이미 적용되어 있어서 숫자만 입력하면 됩니다.

5 이익금 계산을 위해 E4셀에 『=C4*D4』를 입력하고 Enter 를 누르세요.

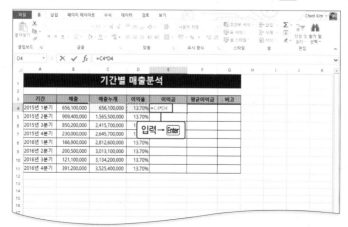

Tip

엑셀에서 곱셈은 수학 기호의 ×와 달리 * 기호를 사용해요.

6 E열의 나머지 셀에도 이익금을 입력하기 위해 E4셀의 자동 채우기 핸들(✚)을 더블클릭하세요.

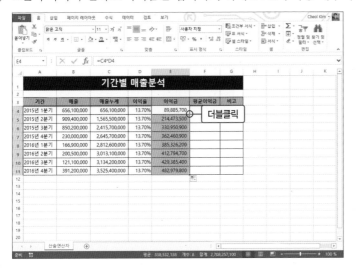

7 이번에는 평균 이익금을 계산해 볼까요? F4셀에 『=B4*D4/3』을 입력하고 Enter 를 누르면 평균 이익금이 계산됩니다. 나머지 셀의 데이터도 입력하기 위해 F4셀의 자동 채우기 핸들(✚)을 더블클릭하세요.

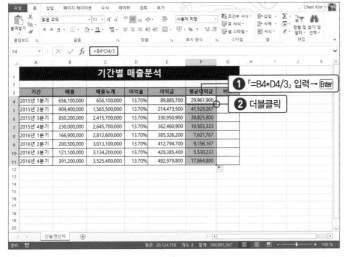

> **Tip**
> 엑셀에서 나눗셈은 수학 기호의 ÷와 달리 / 기호를 사용해요.

잠깐만요 엑셀의 산술 연산자 기호 알아보기

엑셀 산술 연산자의 계산 순서는 '괄호 → 지수 → 곱셈 → 나눗셈 → 덧셈 → 뺄셈'입니다.

예 1 2의 제곱근 수식은 =2^(1/2) 또는 =SQRT(2)

예 2 =10/2*(2+3)의 결과는 25, =10/2*2+3의 결과는 13

연산	기호	연산	기호
더하기	+	빼기	−
곱하기	*	나누기	/
제곱근	^		

핵심 기능 **02** 참과 거짓을 판단하는 비교 연산자 제대로 알기

비교 연산자는 두 개의 값을 비교하여 참(True) 또는 거짓(False)을 구분하는 연산자로, =(같다) 나 〉(크다), 〈(작다), 〉=(크거나 같다), 〈=(작거나 같다), 〈〉(같지 않다) 등의 연산자를 사용해요. 단 비교 연산자는 논리곱(AND, 그리고)의 비교는 불가능하며, 1(참)과 0(거짓)의 연산 논리합 (OR, 또는) 형태에서만 비교가 가능합니다.

1 [비교연산자] 시트에서 G열에 매출 분석 결과를 표시하려고 합니다. 평균 이익금이 2천만 원 초과이면 '우수', 미만이면 '저조'로 기준을 정하고 G4셀에 『=IF(F4〉20000000,"우수","저 조")』를 입력한 후 Enter를 누르세요.

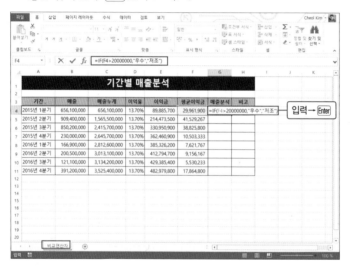

2 G4셀에 '우수'가 표시되면 G4셀의 자동 채우기 핸들(✛)을 G11셀까지 드래그하세요. 그러면 조건에 따라 '우수', '저조'와 같이 매출 분석 결과가 표시됩니다.

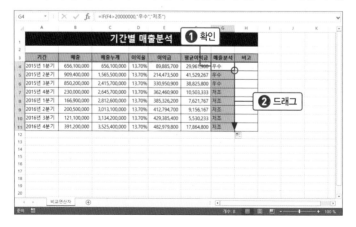

● 예제파일 : 03_참조연산자_예제.xlsx   ● 완성파일 : 03_참조연산자_완성.xlsx

핵심
기능 **03** # 셀 또는 범위를 참조하는 참조 연산자 제대로 알기

다른 셀의 데이터를 가져와서 사용하는 것을 '참조'라고 배웠죠? 이번에는 두 개 이상의 다중 셀을 활용하는 방법을 배워볼게요. 셀 참조 연산자인 콜론(:), 콤마(,), 공백( )을 사용하면 특정 셀이나 범위를 지정하여 계산할 수 있어요. 콜론(:)은 연속된 셀 범위를 참조할 때, 콤마(,)는 불연속 셀을 참조할 때, 공백(( ))은 두 개의 참조에서 공통으로 참조할 때 사용합니다. 이제 예제를 통해 제대로 배워보세요.

1 [참조연산자] 시트의 B12셀에 매출 합계를 구하기 위해『=SUM(B4:B11』을 입력하고 Enter 를 누르세요. 콜론(:)은 엑셀 참조 연산자 중에서 가장 많이 사용하는 연산자로, '어디에서 ~어디까지'로 해석됩니다. 따라서 여기서 입력한 함수식은 B4셀부터 B11셀까지의 합(SUM)입니다.

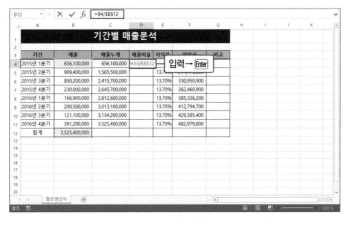

> **Tip**
>
> SUM 함수를 사용한 수식을 작성할 때 닫는 괄호())를 입력하지 않고 Enter 를 눌러도 수식이 자동으로 닫히면서 계산됩니다. 이와 같이 수식을 작성할 때 마지막으로 닫는 괄호의 입력만 남았을 때는 그냥 Enter 를 눌러도 됩니다.

2 D4셀에 매출 비율을 표시하기 위해『=B4/$B$12』를 입력하고 Enter 를 누르세요.

> **Tip**
>
> 수식을 쉽게 입력하려면『=』를 입력하고 B4셀을 선택한 후 산술 연산자인『/』를 입력하세요. 그런 다음 B12셀을 선택하고 F4 를 눌러 절대 참조로 바꾸세요.

3 D4셀의 자동 채우기 핸들(➕)을 D11셀까지 드래그하면 B12셀(합계)의 값이 고정되어 참조된 매출 비율을 구할 수 있어요.

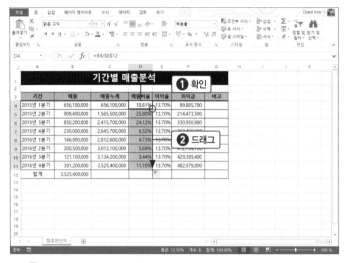

Tip

엑셀에서는 특정 셀을 참조하고 참조한 셀을 복사하면 이동한 거리만큼 참조한 셀 주소가 변경됩니다. 하지만 매출 비율을 구할 때처럼 분모(B12셀, 합계)를 고정시키는 경우에는 참조가 변경되지 않게 $ 기호를 붙여서 유형을 수정할 수 있어요. 열 앞에 $ 기호가 표시되면 열 고정이 되고 행 앞에 표시되면 행 고정이 됩니다. 셀 참조 유형에 대해서는 아래쪽의 '잠깐만요'를 참고하세요.

잠깐만요 **셀 참조 유형 살펴보기**

엑셀에서 다른 셀의 내용을 가져와서 사용하는 것을 '참조'라고 표현해요. 기본적으로 참조한 셀을 복사해서 붙여넣으면 이동한 거리만큼 열이나 행이 변경됩니다. 이때 임의의 셀 범위를 고정하려면 참조 유형을 변경해야 해요. 셀 참조 유형은 상대 참조, 절대 참조, 혼합 참조가 있는데, 기능과 표시 형태는 다음과 같고 F4 를 눌러 참조 형태를 바꿔줍니다.

참조 유형	기능	표시 형태
상대 참조 ─┐ F4	이동한 거리만큼 행, 열이 변경	=A1
절대 참조 ◀─┘ ┐ F4	절대 참조 범위가 바뀌지 않음	=$A$1
혼합 참조 ◀─┘	$ 표시가 없는 행이나 열이 이동한 거리만큼 변경	=$A1 또는 =A$1

48

난이도 ① ② ③ ④ ⑤

핵심
기능 **04** 　**두 값을 연결하는 텍스트 연결 연산자 제대로 알기**

텍스트 연결 연산자는 &를 사용해 문자와 문자, 문자와 숫자 또는 문자와 수식 결과 등을 연결하는 연산자로, 결과는 반드시 텍스트로 표시됩니다. 따라서 두 가지 이상의 조건에 합 또는 개수를 알고 싶을 때 텍스트 연결 연산자를 유용하게 쓸 수 있어요.

[텍스트연결연산자] 시트에서 셀 참조와 문자열을 혼합하는 방법을 알아볼게요. B14셀에 '어느 기간에 가장 평균 이익금이 많았고 그 금액은 얼마였다.'라고 표시하기 위해 『="평균이익금이 가장 많은 기간은 "&A6&"로, 평균이익금은 "&F6&"입니다."』를 입력하고 Enter를 누르세요. 셀을 참조하여 문자열과 연결된 내용을 나타낼 때는 텍스트 연결 연산자 &를 사용합니다.

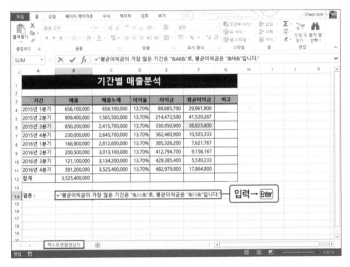

Tip

B14셀의 결과값 중에서 금액이 쉼표 스타일로 표시되지 않았습니다. 수식의 결과도 쉼표 스타일로 나타내려면 『="평균이익금이 가장 많은 기간은 "&A6&"로, 평균이익금은 "&TEXT(F6,"#,##0")&"입니다."』로 입력하세요.

잠깐만요 **텍스트 연결 연산자를 사용할 때 주의할 점**

텍스트 연결 연산자를 이용해서 숫자 데이터와 문자 데이터를 연결하면 문자 데이터로 변경되어 연산이 되지 않아요. 오른쪽 그림의 G7셀에 입력한 수식은 G4:G5 범위에 있는 값의 합을 의미하지만, G4:G5 범위에는 수량과 단위를 텍스트 연결 연산자(&)로 연결한 값이 들어있어서 연산이 제대로 이루어지지 않습니다. 따라서 연결하려는 데이터의 속성을 같게 하여 연산 수식을 입력하세요.

셀 참조의 핵심! 혼합 참조 쉽게 이해하기

엑셀에서 참조를 사용하지 않는다는 것은 고생을 감수하겠다는 뜻과 같아요. 그만큼 엑셀의 데이터 관리 및 분석에서 참조는 매우 중요합니다. 그 중에서도 혼합 참조는 상대 참조와 절대 참조가 혼합된 방식으로, 행과 열의 두 가지 방향으로 복사하여 사용할 수 있기 때문에 실무 보고서 작성 시 가장 유용한 참조 방법이죠. 혼합 참조에 대해 막연히 어려워만 하지 말고 간단한 구구단 표 만들기로 쉽게 이해해 보세요.

1 [혼합참조] 시트에서 B4셀을 선택하고 『=A4*B3』을 입력한 후 Enter를 누르세요.

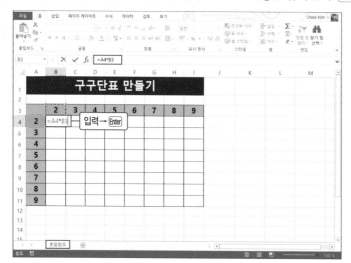

> **Tip**
>
> 셀에 입력한 수식이 길어지면 마우스로 인접 셀을 잘못 선택할 수 있기 때문에 방향키를 이용하는 것이 정확해요. 따라서 B4셀에 『=』를 입력하고 ←를 눌러 A4셀을 참조한 후 곱하기 연산자인 『*』를 입력하고 ↑를 눌러 B3셀을 참조한 후 Enter를 누르세요.

2 B4셀에 2×2의 결과값이 나타나면 4행의 다른 셀에도 데이터를 채워넣기 위해 B4셀의 자동 채우기 핸들(✚)을 I4셀까지 드래그하세요. 결과가 이상하게 나타나죠? 이때는 특정 열이나 행을 고정하는 혼합 참조를 사용해야 합니다. 참조 유형을 변경하기 위해 C4:I4 범위를 드래그하여 선택하고 Delete를 눌러 입력된 데이터를 모두 삭제하세요.

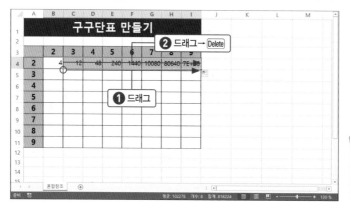

> **Tip**
>
> 방금 시행한 작업을 취소하려면 Ctrl+Z를 눌러 되돌리는 방법으로 채워넣은 데이터를 빠르게 삭제할 수 있어요.

3 B4셀을 선택하고 수식 입력줄의 'A4'를 선택한 후 F4를 세 번 눌러 혼합 참조($A4)로 바꾸세요. 다시 수식 입력줄에서 'B3'을 선택하고 F4를 두 번 눌러 혼합 참조(B$3)로 변경되면 Enter를 눌러 수식을 완성합니다.

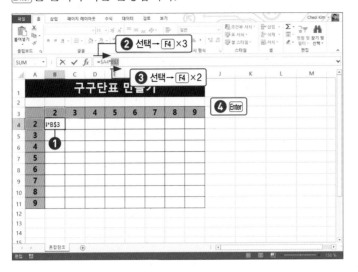

4 B4셀에 2×2의 결과값이 나타나면 B4셀의 자동 채우기 핸들(✚)을 I4셀까지 드래그하세요. I4셀의 자동 채우기 핸들(✚)을 다시 I11셀까지 드래그하여 모든 셀의 데이터를 채워봅니다.

잠깐만요 **혼합 참조에서 행과 열 중 어느 부분을 고정해야 할까요?**

실무에서는 교차 형태의 자료를 자주 작성하는데, 이때 혼합 참조를 사용하면서 행과 열 중 어느 부분을 고정시켜야 할지 고민하게 됩니다. 단순하게 참조의 고정은 데이터 나열 방향을 보고 결정한다고 생각하세요.

오른쪽 그림에서 A4셀부터 데이터가 모두 세로로 나열되어 있으므로 해당 방향의 위쪽으로 이동하면 나타나는 A열을 고정하세요. 그리고 B3셀부터 데이터가 가로로 나열되어 있으므로 그대로 왼쪽 방향으로 이동하여 나타나는 3행을 고정시키면 됩니다.

환경설정

데이터기초

데이터분석

데이터관리

실무함수

데이터필터

정보와시각화

데이터활용

특별부록

엑셀의 다양한 데이터 속성

엑셀에 사용되는 데이터의 종류는 '문자'와 '숫자'로 나눌 수 있어요. 입력한 데이터의 속성에 따라 결과값이 달라지기 때문에 다양한 데이터의 형식에 대해 제대로 알고 있어야 합니다. 특히 날짜와 시간 등의 숫자 데이터는 입력 방법이 까다로워서 실수하여 원하는 값을 표시하지 못하는 경우가 많기 때문에 이번 섹션에서 자세히 배워봅니다. 엑셀 데이터 속성을 익힌 후에는 숫자 데이터에 조건부 표시 형식을 지정하는 방법도 알아봅니다.

PREVIEW

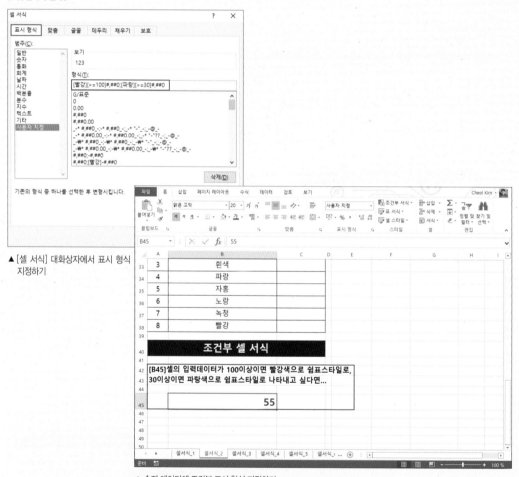

▲ [셀 서식] 대화상자에서 표시 형식 지정하기

▲ 숫자 데이터에 조건부 표시 형식 지정하기

핵심기능 01 셀 서식 지정 방법 익히기

1 | [홈] 탭-[표시 형식] 그룹에서 셀 서식 지정하기

[셀서식_1] 시트에서 서식을 지정할 B4:N13 범위를 드래그하여 선택하고 [홈] 탭-[표시 형식] 그룹에서 [쉼표 스타일]을 클릭합니다.

2 | 마우스 오른쪽 단추 눌러 셀 서식 지정하기

[셀서식_2] 시트의 G4셀에 입력된 데이터에 셀 서식을 지정하기 위해 G4셀에서 마우스 오른쪽 단추를 눌러 [셀 서식]을 선택하세요. [셀 서식] 대화상자가 열리면 [표시 형식] 탭의 '범주'에서 다양한 셀 서식을 지정할 수 있어요.

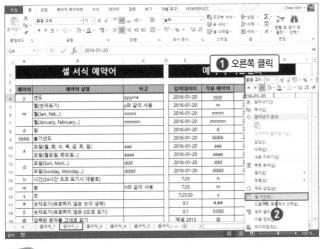

Tip

Ctrl+1을 눌러도 [셀 서식] 대화상자를 열 수 있어요.

앞의 예제에 이어서 실습하세요.

핵심
기능 **02** 날짜 데이터에 표시 형식 지정하기

1 [셀서식_2] 시트에는 예약어와 예약어에 대한 설명이 입력되어 있어요. 해당 예약어를 적용하면 셀에 입력한 데이터가 어떻게 표시되는지 알아보기 위해 G4셀에서 마우스 오른쪽 단추를 눌러 [셀 서식]을 선택하세요.

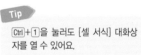

Tip

Ctrl + 1 을 눌러도 [셀 서식] 대화상자를 열 수 있어요.

2 [셀 서식] 대화상자가 열리면 [표시 형식] 탭의 '범주'에서 [사용자 지정]을 선택하고 '형식'에 『yyyy』를 입력한 후 [확인]을 클릭하세요. 그러면 G4셀에 입력한 날짜 중에서 연도만 표시됩니다.

3 이번에는 G5셀을 선택하고 [Ctrl]+[1]을 누릅니다. [셀 서식] 대화상자가 열리면 [표시 형식] 탭의 '범주'에서 [사용자 지정]을 선택하고 '형식'에 『m』을 입력한 후 [확인]을 클릭하세요. 그러면 G5셀에 입력한 날짜 중에서 월만 표시됩니다.

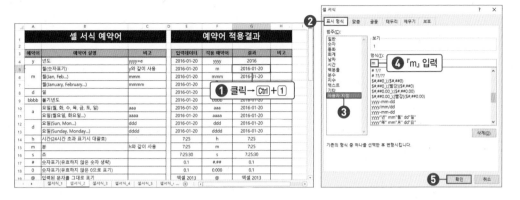

4 G6셀을 선택하고 [Ctrl]+[1]을 누릅니다. [셀 서식] 대화상자가 열리면 [표시 형식] 탭의 '범주'에서 [사용자 지정]을 선택하고 '형식'에 『mmm』을 입력한 후 [확인]을 클릭하세요. 그러면 G6셀에 입력한 날짜 중에서 월만 영문 세 글자로 표시됩니다.

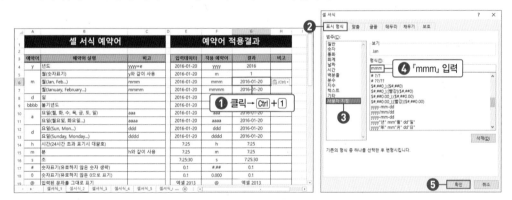

5 G7셀을 선택하고 [Ctrl]+[1]을 누릅니다. [셀 서식] 대화상자가 열리면 [표시 형식] 탭의 '범주'에서 [사용자 지정]을 선택하고 '형식'에 『mmmm』을 입력한 후 [확인]을 클릭하세요. 그러면 G7셀에 입력한 날짜 중에서 월에 해당하는 영문명이 모두 표시됩니다.

6 G8셀을 선택하고 Ctrl + 1 을 누릅니다. [셀 서식] 대화상자가 열리면 [표시 형식] 탭의 '범주'
에서 [사용자 지정]을 선택하고 '형식'에 『d』를 입력한 후 [확인]을 클릭하세요. 그러면 G8셀
에 입력한 날짜 중에서 일만 표시됩니다.

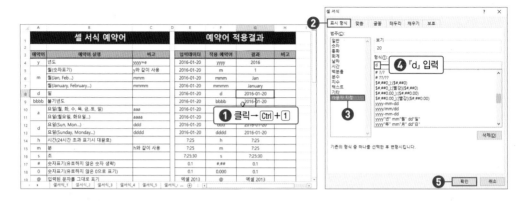

7 G9셀을 선택하고 Ctrl + 1 을 누릅니다. [셀 서식] 대화상자가 열리면 [표시 형식] 탭의 '범주'
에서 [사용자 지정]을 선택하고 '형식'에 『bbbb』를 입력한 후 [확인]을 클릭하세요. 그러면
G9셀에 석가모니가 열반한 해를 기준으로 하는 불기년도가 표시됩니다.

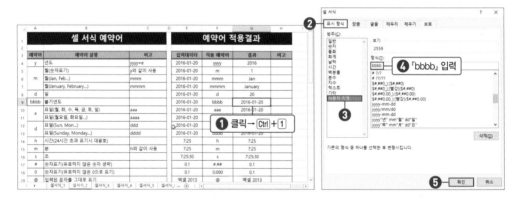

8 G10셀을 선택하고 Ctrl + 1 을 누릅니다. [셀 서식] 대화상자가 열리면 [표시 형식] 탭의 '범
주'에서 [사용자 지정]을 선택하고 '형식'에 『aaa』를 입력한 후 [확인]을 클릭하세요. 그러면
G10셀에 입력된 날짜 중에서 요일이 한 글자로 표시됩니다.

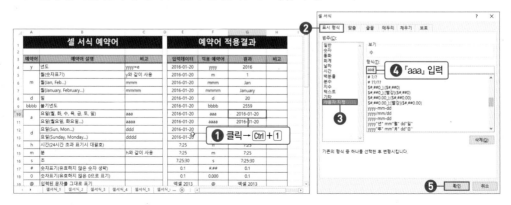

9 G11셀을 선택하고 Ctrl+1을 누릅니다. [셀 서식] 대화상자가 열리면 [표시 형식] 탭의 '범주'에서 [사용자 지정]을 선택하고 '형식'에 『aaaa』를 입력한 후 [확인]을 클릭하세요. 그러면 G11셀에 입력한 날짜 중에서 요일이 세 글자로 표시됩니다.

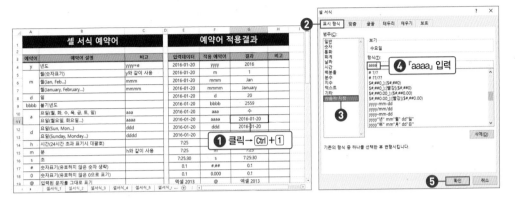

10 G12셀을 선택하고 Ctrl+1을 누릅니다. [셀 서식] 대화상자가 열리면 [표시 형식] 탭의 '범주'에서 [사용자 지정]을 선택하고 '형식'에 『ddd』를 입력한 후 [확인]을 클릭하세요. 그러면 G12셀에 입력한 데이터 중에서 요일이 영문 세 글자로 표시됩니다.

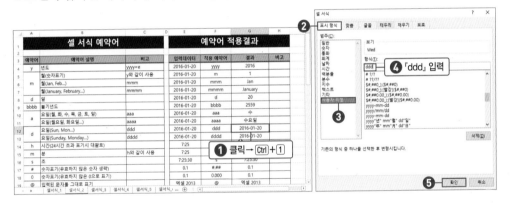

11 G13셀을 선택하고 Ctrl+1을 누릅니다. [셀 서식] 대화상자가 열리면 [표시 형식] 탭의 '범주'에서 [사용자 지정]을 선택하고 '형식'에 『dddd』를 입력한 후 [확인]을 클릭하세요. 그러면 G13셀에는 요일의 영문명이 모두 표시됩니다.

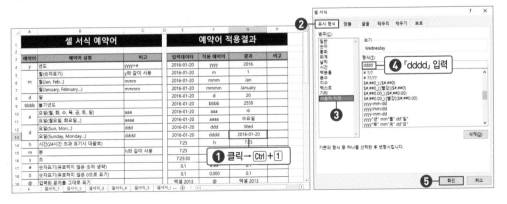

핵심
기능 **03** 시간 데이터에 표시 형식 지정하기

1 엑셀에서는 날짜 데이터 표시 형식만큼 시간 데이터의 표시 형식도 중요합니다. [셀서식_2] 시트에서 G14셀을 선택하고 Ctrl + 1 을 누릅니다.

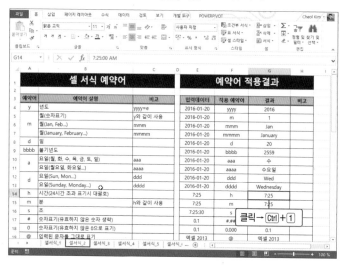

2 [셀 서식] 대화상자가 열리면 [표시 형식] 탭의 '범주'에서 [사용자 지정]을 선택하고 '형식'에 『h』를 입력한 후 [확인]을 클릭하세요. 그러면 G14셀에 입력한 시간 중에서 시간만 표시됩니다.

3 G15셀을 선택하고 Ctrl+1을 누릅니다. [셀 서식] 대화상자가 열리면 [표시 형식] 탭의 '범주'에서 [사용자 지정]을 선택하고 '형식'에 『mm:ss』를 입력한 후 [확인]을 클릭하세요. 그러면 G15셀에 입력한 시간 중에서 분과 초만 표시됩니다.

환경설정
데이터기초
데이터분석
데이터관리
실무함수
데이터필터
정보의시각화
데이터활용
특별부록

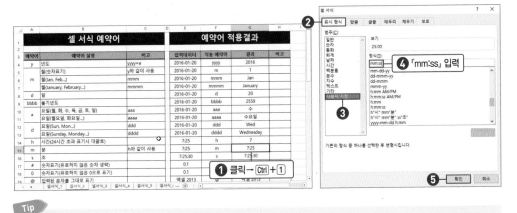

> **Tip**
>
> '형식'에 『mm』만 입력하면 m을 month로 인식하여 결과가 '01'로 표시됩니다. 따라서 ss(초)와 함께 표시하여 분이 나타나도록 만들었습니다.

4 G16셀을 선택하고 Ctrl+1을 누릅니다. [셀 서식] 대화상자가 열리면 [표시 형식] 탭의 '범주'에서 [사용자 지정]을 선택하고 '형식'에 『ss』를 입력한 후 [확인]을 클릭하세요. 그러면 G16셀에 입력한 시간 중에서 초만 두 글자로 표시됩니다.

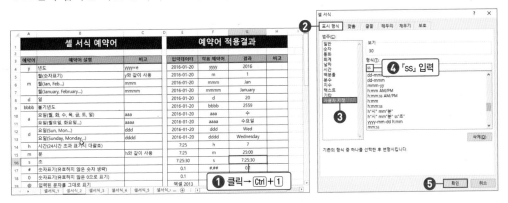

5 G14셀부터 G16셀까지 표시 형식을 적용한 시간 데이터 결과를 확인해 보세요.

	A	B	C	D	E	F	G	H	I
1		셀 서식 예약어				예약어 적용결과			
3	예약어	예약어 설명	비고		입력데이터	적용 예약어	결과	비고	
4	y	년도	yyyy=e		2016-01-20	yyyy	2016		
5		월(숫자표기)	y와 같이 사용		2016-01-20	m	1		
6	m	월(Jan, Feb...)	mmm		2016-01-20	mmm	Jan		
7		월(January, February...)	mmmm		2016-01-20	mmmm	January		
8	d	일			2016-01-20	d	20		
9	bbbb	불기년도			2016-01-20	bbbb	2559		
10	a	요일(월, 화, 수, 목, 금, 토, 일)	aaa		2016-01-20	aaa	수		
11		요일(월요일, 화요일...)	aaaa		2016-01-20	aaaa	수요일		
12	d	요일(Sun, Mon...)	ddd		2016-01-20	ddd	Wed		
13		요일(Sunday, Monday...)	dddd		2016-01-20	dddd	Wednesday		
14	h	시간(24시간 초과 표기시 대괄호)			7:25	h	7		
15	m	분	h와 같이 사용		7:25	m	25:00	확인	
16	s	초			7:25:30	s	30		
17	#	숫자표기(유효하지 않은 숫자 생략)			0.1	#.##	0.1		
18	0	숫자표기(유효하지 않은 0으로 표기)			0.1	0.000	0.1		
19	@	입력된 문자를 그대로 표기			엑셀 2013	@	엑셀 2013		

핵심
기능 | **04** | # 숫자 데이터에 표시 형식 지정하기

1 날짜와 시간 외에도 실무에서 자주 사용하는 숫자 데이터에 표시 형식을 지정하는 방법을 알아볼게요. [셀서식_2] 시트에서 G17셀을 선택하고 Ctrl + 1 을 누르세요.

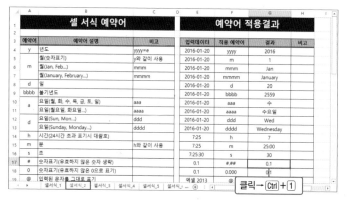

2 [셀 서식] 대화상자가 열리면 [표시 형식] 탭의 '범주'에서 [사용자 지정]을 선택하고 '형식'에 『#.##』을 입력한 후 [확인]을 클릭하세요. 셀에 입력한 데이터 중 유효하지 않은 숫자인 0은 표시되지 않습니다.

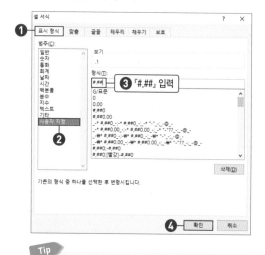

> **Tip**
>
> 0은 값의 크기가 없는 수로, '무효한 수'라고 불러요. 따라서 0.1의 경우 .1만 실제 데이터가 되고 앞에 위치한 0은 무효한 수가 됩니다.

3 G18셀을 선택하고 Ctrl+1을 누릅니다.

4 [셀 서식] 대화상자가 열리면 [표시 형식] 탭의 '범주'에서 [사용자 지정]을 선택하고 '형식'에 『0.000』을 입력한 후 [확인]을 클릭하세요. 그러면 G18셀에 입력한 데이터 중 유효하지 않은 숫자인 0을 포함해서 지정한 자릿수인 네 자리가 표시됩니다.

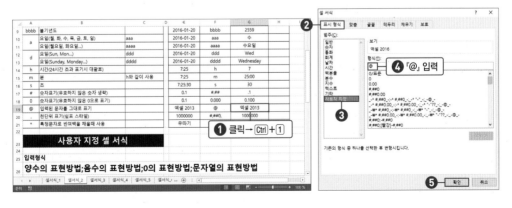

Tip

0.1, 0.12, 0.15와 같이 소수점 한 자리, 두 자리 데이터가 나열되어 있을 때 모든 데이터를 소수점 이하 둘째 자리까지 표현하고 싶다면 셀 서식을 '0.00'으로 지정하세요. 이렇게 하면 무효한 수인 0을 포함해서 '0.00'과 같은 형태로 표현됩니다.

5 G19셀을 선택하고 Ctrl+1을 누릅니다. [셀 서식] 대화상자가 열리면 [표시 형식] 탭의 '범주'에서 [사용자 지정]을 선택하고 '형식'에 『@』을 입력한 후 [확인]을 클릭하세요. 그러면 G19셀에 입력한 데이터가 그대로 표시됩니다.

6 G20셀을 선택하고 Ctrl+1을 누릅니다. [셀 서식] 대화상자가 열리면 [표시 형식] 탭의 '범주'에서 [사용자 지정]을 선택하고 '형식'에 『#,##0,』을 입력한 후 [확인]을 클릭하세요. 그러면 G20셀의 데이터에 천 단위마다 쉼표가 적용되어 표시됩니다.

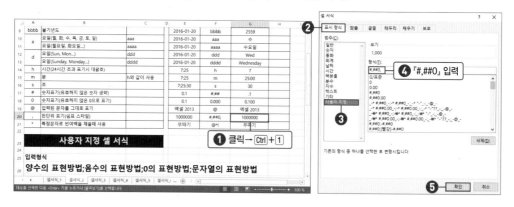

7 G21셀을 선택하고 Ctrl+1을 누릅니다. [셀 서식] 대화상자가 열리면 [표시 형식] 탭의 '범주'에서 [사용자 지정]을 선택하고 '형식'에 『@*!』를 입력한 후 [확인]을 클릭하세요.

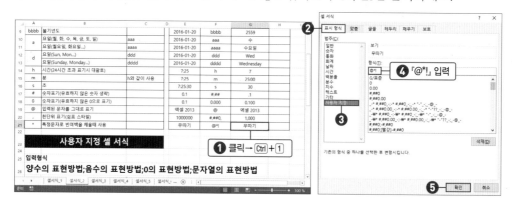

8 G21셀에 입력한 문자열은 그대로 남고 여백에는 ! 문자로 채워집니다.

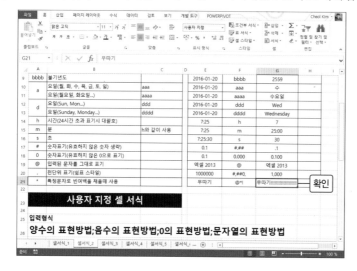

핵심
기능 **05**

숫자 데이터에 조건부 표시 형식 지정하기

1 숫자 데이터에 표시 형식을 지정할 때 특정 조건을 적용하여 나타낼 수 있어요. 여기에서는 [셀서식_2] 시트의 42행과 43행에 입력한 조건을 B45셀의 데이터에 적용해 볼게요. B45셀을 선택하고 Ctrl+1을 누릅니다. [셀 서식] 대화상자가 열리면 [표시 형식] 탭의 '범주'에서 [사용자 지정]을 선택하고 '형식'에 『[빨강][>=100]#,##0;[파랑][>=30]#,##0』을 입력한 후 [확인]을 클릭하세요.

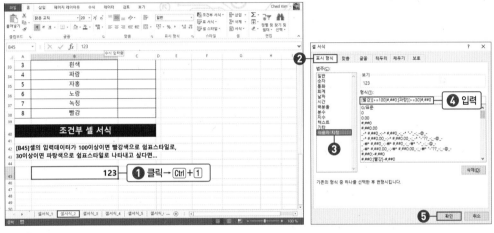

> **Tip**
> 31행부터 나열한 여덟 가지 색을 B45셀에 조건부 색으로 지정하려면 반드시 대괄호로 묶어서 표시해야 합니다. 또한 값의 크기를 조건으로 지정할 때는 서식의 순서가 매우 중요해요. 따라서 『[빨강][>=100]#,##0;[파랑][>=30]#,##0』으로 입력한 셀 서식에서 세미콜론(;) 이전과 이후의 내용이 바뀌면 100 이상의 데이터가 입력되어도 파란색으로 표시됩니다. 그러므로 반드시 큰 값의 조건을 앞에 두어 해당 조건을 만족하지 못하면 다음 조건을 검색할 수 있도록 형식을 입력하세요.

2 B45셀에 입력된 값을 『55』로 변경하여 지정한 조건이 제대로 적용되는지 확인해 보세요.

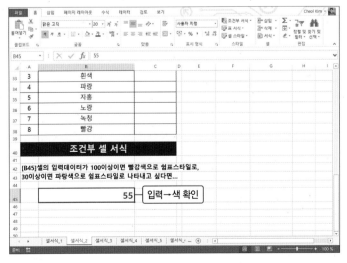

환경설정

데이터기초

데이터분석

데이터관리

실무함수

데이터편집

정보와시각화

데이터활용

특수인쇄

Section **03**

데이터 실전,
셀 서식 실무 활용

앞에서는 표시 형식에 따른 데이터의 속성에 대해 배웠으니 이번에는 실무 예제를 통해 표시 형식을 현업에서 활용하는 방법을 익혀보겠습니다. 매일 작성해야 하는 업무일지의 날짜와 요일을 오타 없이 입력하는 방법부터 주민등록번호의 일부분을 * 기호로 표시하는 방법, 그리고 하이픈 기호(-)로 여백을 채우는 방법까지 실무에서 자주 접하는 현장 밀착 예제로 데이터 표시 형식을 제대로 익혀봅니다.

PREVIEW

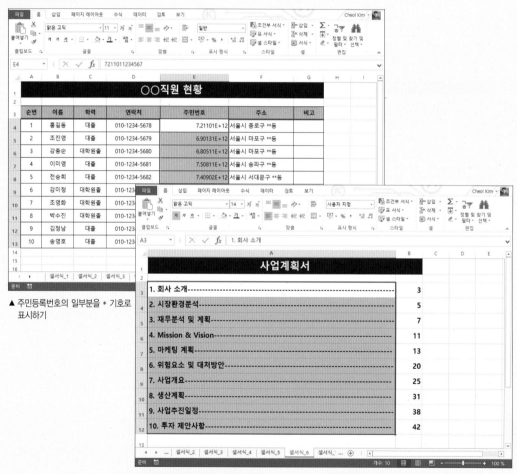

▲ 주민등록번호의 일부분을 * 기호로 표시하기

▲ 셀의 빈 여백을 하이픈 기호(-)로 채우기

실무
예제 **01**

매출 이익률을 백분율로 표시하기

1 [셀서식_3] 시트에서 매출 이익률을 백분율로 표시하기 위해 D4:D11 범위를 드래그하여 선택하고 [홈] 탭-[표시 형식] 그룹에서 [백분율 스타일]을 클릭하세요. 그러면 '0.185'가 반올림되어 '19%'로 표시됩니다.

2 [홈] 탭-[표시 형식] 그룹에서 [자릿수 늘림]을 클릭하면 소수점 이하 자릿수가 하나씩 늘어납니다. [자릿수 늘림]을 두 번 클릭해서 소수점 이하 둘째 자리까지 표시하세요.

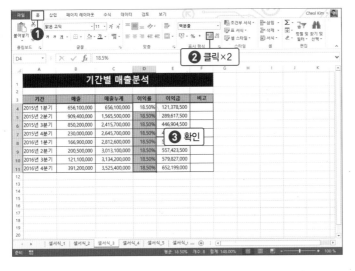

65

실무
예제 **02** **업무일지의 날짜와 요일을 정확하게 입력하기**

1 매일 입력해야 하는 업무일지의 날짜와 요일을 정확하게 입력하기 위해 [셀서식_4] 시트의 G3셀에『2016-01-19』를 입력하고 Ctrl + 1 을 누르세요. [셀 서식] 대화상자가 열리면 [표시 형식] 탭의 '범주'에서 [사용자 지정]을 선택하고 '형식'에『yyyy년 m월 d일 aaaa』를 입력한 후 [확인]을 클릭하세요.

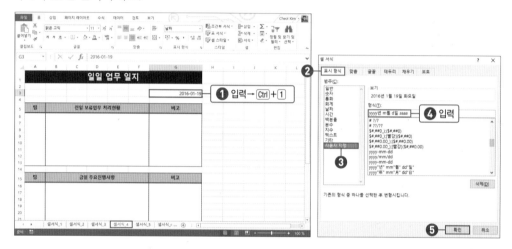

2 G3셀에『2016-01-20』을 입력하면 '2016년 1월 20일 수요일'로 요일까지 자동 변경됩니다. **1** 과정과 같이 셀에 표시 형식을 지정해 두면 날짜만 바꾸어도 요일까지 함께 변경되어 편리합 니다.

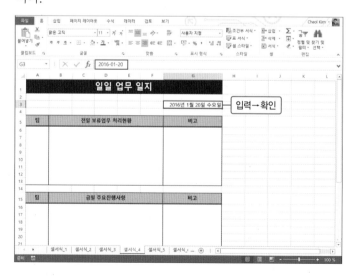

실무
예제 | **03** | # 주민등록번호 뒷자리를 * 기호로 표시하기

1 개인정보보호가 강화되어 주민등록번호 중 생년월일을 제외한 뒷자리 번호는 노출하지 않는 경우가 늘고 있어요. [셀서식_5] 시트에서 E열에 표시된 주민등록번호의 뒷자리를 * 기호로 표시하기 위해 E4:E13 범위를 드래그하여 선택하고 Ctrl+1을 누르세요.

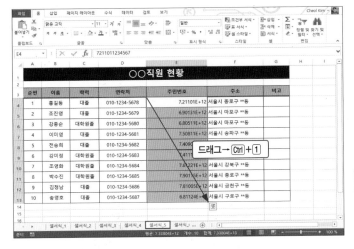

드래그→ Ctrl + 1

Tip

주민등록번호 열세 자리를 연속된 숫자 형태로 입력하면 '7,211.0E+12'와 같이 지수 형태로 나타납니다.

2 [셀 서식] 대화상자가 열리면 [표시 형식] 탭의 '범주'에서 [사용자 지정]을 선택하고 '형식'에 『000000-0,,"******"』을 입력한 후 [확인]을 클릭하세요.

③ 입력

④ 확인

Tip

쉼표는 천 단위 구분 기호(세 자리 단위 구분)로, 쉼표가 하나면 천 단위로 표시되며, 쉼표가 두 개면 백만 단위로 표시됩니다. 따라서 쉼표를 두 개 입력하면 여섯 자리를 생략할 수 있어요.

3 셀 서식이 제대로 적용되었는지 확인하기 위해 E4셀에 『7211011534567』을 입력하고 `Enter`를 누르세요. 그런데 남녀 구분 기호인 주민등록번호의 뒷자리 중에서 '1'이 '2'로 변경되었죠? 이것은 천 단위 구분 기호가 적용되어 '1'이 '2'로 반올림되었기 때문입니다. 오류를 해결하기 위해 E4:E13 범위를 드래그하여 선택하고 `Ctrl`+`1`을 누르세요.

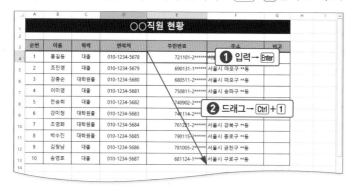

4 [셀 서식] 대화상자가 열리면 [표시 형식] 탭의 '범주'에서 [사용자 지정]을 선택하고 '형식'에 『0000,,,"**-******"』을 입력한 후 [확인]을 클릭하세요.

Tip

셀 서식에서 천 단위 구분 기호인 쉼표(,)를 세 개 입력했으므로, 9자리가 생략됩니다. 따라서 주민등록번호를 나타낼 때 천 단위 구분 기호(,)에 의해 생략된 첫 번째 숫자가 5 이상이면 반올림되어 표시되는데 여기서는 주민등록번호의 다섯 번째 날짜부터 천 단위 구분 기호(,)를 생략하게 지정하면 첫 번째 숫자가 반올림되지 않아요.

5 주민등록번호의 다섯 번째 숫자부터 아홉 자리가 * 기호로 변경되었습니다. 이제 주민등록번호의 다섯 번째 숫자는 3보다 클 수 없으므로 반올림해서 숫자가 잘못 표시되는 오류가 발생하지 않아요.

난이도 1 ②3 4 5

실무
예제 **04**

하이픈 기호(−)로 빈 여백 채우기

1 [셀서식_6] 시트에서 A열에 입력된 목차의 빈 여백을 − 기호로 채우기 위해 A3:A12 범위를 드래그하여 선택하고 Ctrl+1을 누릅니다. [셀 서식] 대화상자가 열리면 [표시 형식] 탭의 '범주'에서 [사용자 지정]을 선택하고 '형식'에 『@*-』을 입력한 후 [확인]을 클릭하세요.

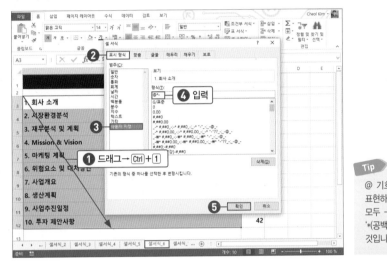

> **Tip**
>
> @ 기호는 입력되는 텍스트 그대로 표현하는 예약어입니다. 이후 공백은 모두 −(채울 문자) 기호로 채우도록 *(공백 모두 채우기) 기호를 사용한 것입니다.

2 빈 여백이 − 기호로 채워졌어요. 이와 같이 셀 서식을 지정하면 입력한 텍스트의 길이가 바뀌어도 나머지 여백에는 하이픈 기호가 자동으로 채워져서 작업이 편리해집니다.

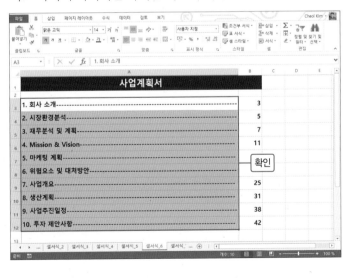

실무
예제 **05** # 양수와 음수에 서로 다른 서식 지정하기

1 [셀서식_7] 시트에서 양수에는 파란색과 쉼표 스타일을, 음수에는 빨간색과 삼각형, 쉼표 스타일을 지정하여 매출추이의 변화를 쉽게 확인하려고 해요. B4:N13 범위를 드래그하여 선택하고 Ctrl+1을 누르세요.

2 [셀 서식] 대화상자가 열리면 [표시 형식] 탭의 '범주'에서 [사용자 지정]을 선택하고 '형식'에 『[파랑]#,##0,;ㅁ』까지 입력한 후 한자를 누릅니다. 한글 자음 'ㅁ'으로 입력할 수 있는 특수 문자 목록이 표시되면 Tab을 눌러 목록을 확장하고 [▲]을 선택하세요.

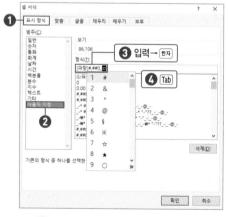

> **Tip**
>
> 특수 문자를 입력할 때는 한글 자음을 입력한 후 한자를 누르세요. 찾는 특수 문자가 곧바로 표시되지 않으면 Tab을 누르거나 목록에서 오른쪽 아래에 있는 [보기 변경] 단추(»)를 클릭하여 목록을 확장하세요.

3 특수 문자 ▲이 입력되면 나머지 형식인 『[빨강]#,##0,』을 입력하고 [확인]을 입력하세요.

Tip
셀 서식에서 색을 표현할 때는 반드시 대괄호([ ]) 안에 입력하세요.

4 양수에는 파란색과 쉼표 스타일이, 음수에는 마이너스 기호 대신 ▲가 표시되고 빨간색과 쉼표 스타일이 적용된 것을 확인할 수 있어요.

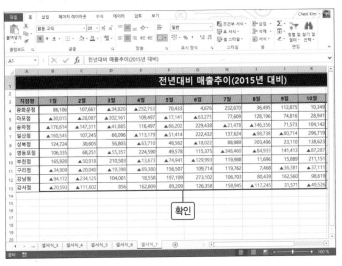

환경설정

데이터기초

데이터분석

데이터관리

실무함수

데이터필터

정보와시각화

데이터활용

특별부록

Section **04**

효율적인 데이터 관리 & 분석을 위한 사전 작업

입력한 데이터에 적합한 표시 형식을 적용했다면 이제 본격적으로 데이터를 관리하고 분석하기 위해 데이터를 일관성 있게 입력하는 방법과 수식을 직관적으로 해석할 수 있게 작성하는 방법에 대해 배웁니다. 또한 특정 데이터만 선택하여 원하는 결과를 도출하는 방법에 대해서도 배워봅니다. 이번 섹션에서 익히는 내용은 실무에서 보고서를 작성하거나 데이터를 관리할 때 유용하게 사용하는 기능으로, 다음 과정으로 넘어가기 전에 꼭 알아두어야 합니다.

> **PREVIEW**

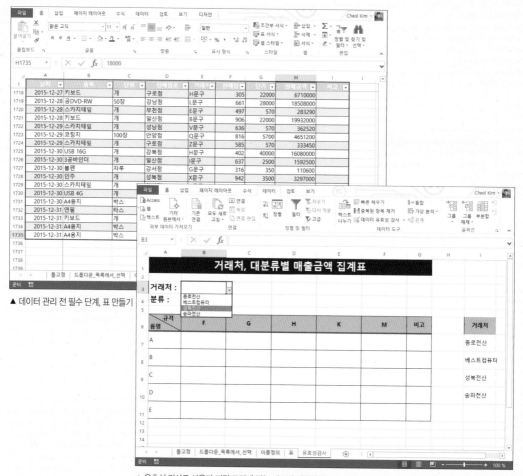

▲ 데이터 관리 전 필수 단계, 표 만들기

▲ 유효성 검사로 사용자 지정 조건에 맞는 자료만 선택하기

> 섹션별
> 주요 내용

01 │ 틀 고정으로 머리글 항상 표시하기　**02** │ 드롭다운 목록으로 데이터 일관성 있게 입력하기

03 │ 이름 정의해 수식 쉽게 입력하기　**04** │ 효율적인 데이터 관리를 위해 표 적용하기

05 │ 유효성 검사로 사용자 지정 항목만 입력하기

실무
예제 **01**　# 틀 고정으로 머리글 항상 표시하기

1 하나의 파일에 데이터의 양이 너무 많아 스크롤하여 아래쪽의 내용을 검토하다 보면 머리글이 보이지 않아 불편할 때가 많아요. 이때 '틀 고정' 기능을 사용하면 행 또는 열을 고정시켜서 계속 표시할 수 있어 편리합니다. [틀고정] 시트에서 A열과 1행을 고정시키기 위해 B2셀을 선택하고 [보기] 탭-[창] 그룹에서 [틀 고정]을 클릭한 후 [틀 고정]을 선택하세요.

2 Ctrl+↓를 눌러 데이터의 맨 마지막 행으로 이동해 보세요. 고정시킨 1행의 머리글이 항상 표시되는 것을 확인할 수 있어요.

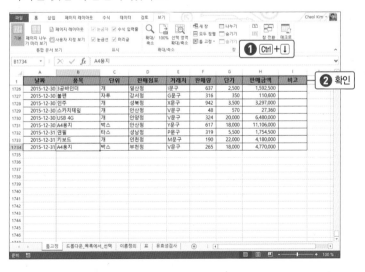

드롭다운 목록으로 데이터 일관성 있게 입력하기

1 [드롭다운_목록에서_선택] 시트의 B1735셀에 데이터를 추가하려고 해요. 만약 데이터를 입력할 때 이전 데이터를 고려하지 않고 『A4용지』나 『A4 용지』처럼 같은 의미의 다른 데이터 (가운데 공백이 포함된 텍스트와 그렇지 않은 데이터)를 입력하면 데이터 관리에 문제가 생깁니다. 따라서 품목 데이터를 일관성 있게 입력하기 위해 B1735셀에서 마우스 오른쪽 단추를 눌러 [드롭다운 목록에서 선택]을 선택하세요.

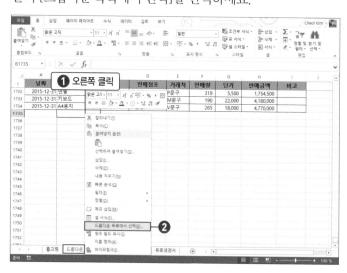

2 품목이 추가될 때마다 내용을 직접 입력할 필요 없이 셀을 선택하면 이전에 입력한 품목이 드롭다운 목록으로 자동 표시됩니다. 여기서 입력하려는 데이터를 선택하세요.

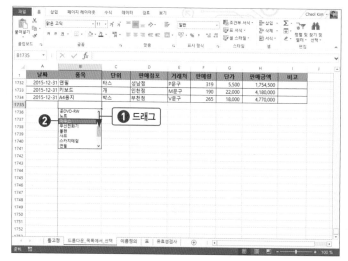

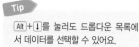

Tip

Alt + ↓를 눌러도 드롭다운 목록에서 데이터를 선택할 수 있어요.

난이도 1 **2** 3 4 5

실무
예제 **03**　　**이름 정의해 수식 쉽게 입력하기**

1 '이름 정의' 기능을 사용하면 수식을 직관적으로 이해할 수 있어요. [이름정의] 시트에서 H2
셀을 선택하고 Ctrl+Shift+↓를 눌러 H1734셀까지 한 번에 범위로 지정하세요. 이름상자에
『금액』을 입력하고 Enter를 누르면 선택한 범위의 이름이 '금액'으로 정의됩니다.

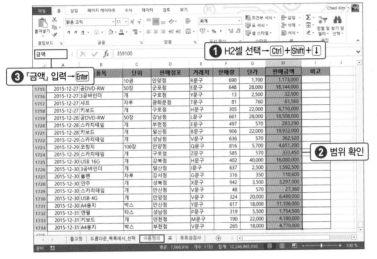

> **Tip**
> 이름을 정의해도 데이터나 화면에 변화가 생기지 않아요. 하지만 선택한 범위에 이름이 지정되어 수식을 입력할 때 편리하고 보기에도 편해요.

2 판매금액의 합계를 구하기 위해 K3셀에 『=SUM(금액』을 입력하고 Enter를 누르세요.

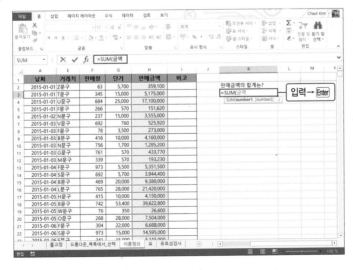

> **Tip**
> H2:H1734 범위를 드래그하여 선택할
> 필요 없이 정의한 이름인 '금액'을 수
> 식에 입력하여 빠르게 계산할 수 있
> 어요.

3 이름 정의를 이용해 수식을 쉽게 입력하는 방법에 대해 좀 더 알아볼까요? K4셀을 선택하고
『=SUM(』까지 입력한 후 F3 을 누르세요. [이름 붙여넣기] 대화상자가 열리면 삽입하려는 이
름을 더블클릭하거나 선택하고 [확인]을 클릭하여 수식에 선택된 이름을 정의하세요. 여기에
서는 Enter 를 눌러 함수식을 마무리합니다.

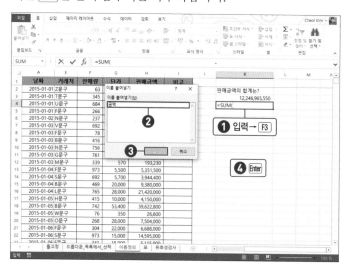

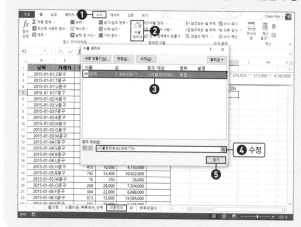

● 예제파일 : 04_표적용_예제.xlsx ● 완성파일 : 04_표적용_완성.xlsx

실무
예제 **04** ## 효율적인 데이터 관리를 위해 표 적용하기

1 대량의 데이터를 쉽게 관리하려면 표로 만드는 것이 편리해요. [표] 시트에서 데이터가 입력
된 임의의 셀을 선택하고 [삽입] 탭-[표] 그룹에서 [표]를 클릭하세요. [표 만들기] 대화상자
가 열리면 [머리글 포함]에 체크되었는지 확인하고 [확인]을 클릭합니다.

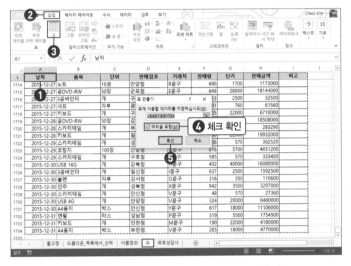

> **Tip**
>
> 예제 파일의 데이터에는 머리글이 포
> 함되어 있어 [표 만들기] 대화상자의
> [머리글 포함]에 체크되어 있어요.

2 K3셀에 판매금액의 합계를 표시하기 위해 『=SUM(』을 입력하고 H2셀을 선택한 후 Ctrl + Shift +
↓ 와 Enter 를 차례로 눌러 함수식을 완성하세요. 그러면 K3셀에 판매금액의 총합계인 '12,246,965,550'
이 표시됩니다.

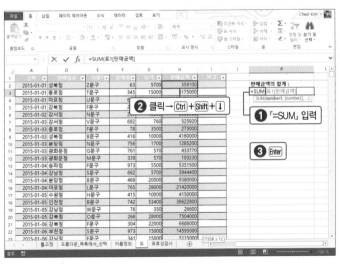

3 [Ctrl]+[↓]를 눌러 마지막 행으로 이동하고 1735행에 다음의 그림과 같이 임의의 데이터를 추가해 보세요. 그러면 데이터를 추가 입력한 행에 표 서식이 자동으로 적용되어 편리합니다.

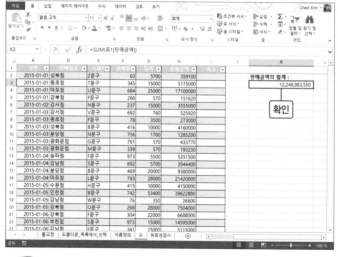

4 K3셀로 이동해서 판매금액의 합계에 추가한 데이터 값이 반영되었는지 확인해 볼까요? H1735 셀에 추가한 '18,000'원이 반영되어 합계가 변동되었습니다. 이와 같이 데이터를 표로 지정하여 관리하면 서식 적용 및 합계, 필터 등의 다양한 작업을 쉽게 할 수 있어요.

> **Tip**
>
> 데이터를 표로 지정하면 동적 범위를 지원하므로 데이터를 매우 편리하게 활용할 수 있어요. 자동 필터를 자주 사용하는 사용자라면 데이터를 표로 지정할 때 자동 필터가 자동으로 적용되므로 작업 단계가 줄어서 일석이조의 효과를 얻을 수 있어요.

실무
예제 **05** 유효성 검사로 사용자 지정 항목만 입력하기

1 [유효성검사] 시트의 B3셀에 I7:I10 범위의 '거래처' 항목을 선택하여 입력할 수 있도록 지정해 볼게요. B3셀을 선택하고 [데이터] 탭-[데이터 도구] 그룹에서 [데이터 유효성 검사]를 클릭하세요.

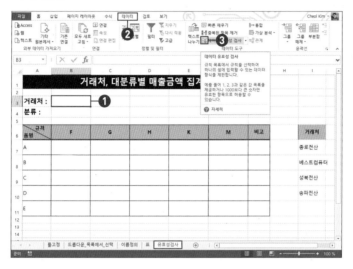

2 [데이터 유효성] 대화상자가 열리면 [설정] 탭의 '제한대상'에서 [목록]을 선택하세요. '원본'에 커서를 올려놓고 I7:I10 범위를 드래그하여 선택한 후 [확인]을 클릭합니다.

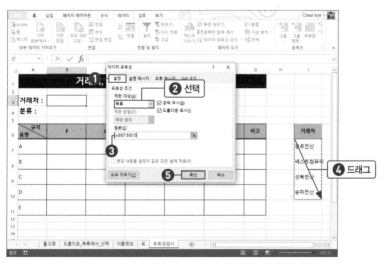

3 B3셀에 내림 단추(▼)가 나타나면 클릭해 보세요. 그러면 사용자가 지정한 I7:I10 범위에 있는 거래처 항목만 표시됩니다.

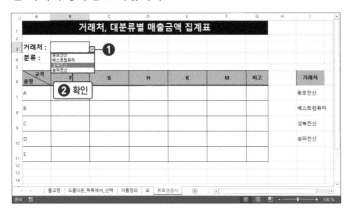

4 이번에는 B4셀에 완제품과 부품을 선택하여 입력할 수 있도록 지정해 볼게요. B4셀을 선택하고 [데이터] 탭-[데이터 도구] 그룹에서 [데이터 유효성 검사]를 클릭하세요. [데이터 유효성] 대화상자가 열리면 [설정] 탭의 '제한 대상'에서 [목록]을 선택하고 '원본'에는 콤마(,)로 구분한『완제품,부품』을 입력한 후 [확인]을 클릭하세요.

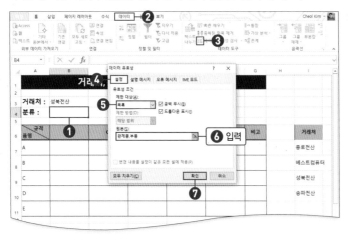

5 B4셀의 내림 단추(▼)를 클릭하면 [완제품]과 [부품]을 선택할 수 있어요.

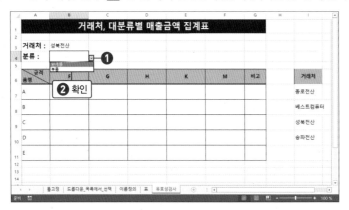

Up무 능력 향상을 위한 활용 실습

1 | 매출을 10만 단위로 표시하고 양수, 음수를 색으로 구분하기

🔵 예제파일 : 실무예제_10만단위_셀서식_예제.xlsx　　🔵 결과파일 : 실무예제_10만단위_셀서식_완성.xlsx

전년 대비 매출금액을 10만 단위로 표시하되 양수는 파란색과 쉼표 스타일로, 음수는 마이너스 기호 대신 역삼각형(▼), 빨간색, 쉼표 스타일로 표시하고 데이터의 열 너비를 자동으로 조절해 보세요.

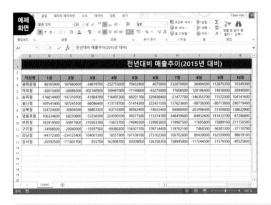 

Hint　① [Sheet1] 시트에서 B4:N13 범위의 셀 데이터 서식을 변경하세요.

② B열부터 N열까지 드래그하여 열 전체를 선택하고 열 인덱스 사이에 마우스 포인터를 올려놓은 후 ✛ 모양으로 변경되면 더블클릭해서 데이터의 크기에 맞게 열 너비를 자동으로 조절하세요.

➡ 70~71쪽 참고

2 | 셀 서식 이용해 숫자 데이터에 단위 추가하기

🔵 예제파일 : 실무예제_단위추가하기_예제.xlsx　　🔵 결과파일 : 실무예제_단위추가하기_완성.xlsx

셀 서식을 이용해서 사업계획서의 B열에 입력된 숫자 데이터에 Page(s) 단위를 추가해 보세요.

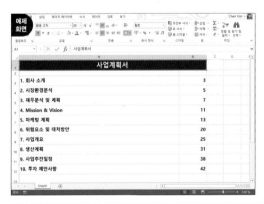 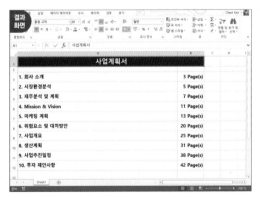

Hint　① [Sheet1] 시트에서 B3:B12 범위를 드래그하여 선택하고 Ctrl + 1 을 누르세요.

② [셀 서식] 대화상자가 열리면 [표시 형식] 그룹에서 [사용자 지정]을 선택하고 '형식'에는 [G/표준]의 뒤에 단위 『"Page(s)"』를 입력한 후 [확인]을 클릭하세요.

➡ 53쪽 참고

3 복잡한 빅데이터, 마우스 클릭만으로 분석 끝내기

데이터베이스를 활용하는 방법은 매우 다양해요. 엑셀에서 기본적으로 제공하는 함수나 데이터 통합 등의 기능을 이용하여 데이터를 관리 및 분석할 수도 있지만, 단 한 번의 마우스 클릭만으로도 40만 개 이상의 빅데이터를 단숨에 활용하고 분석할 수 있어요. 특히 챕터 3에서 배울 피벗 테이블은 많은 양의 데이터(빅데이터)를 쉽고 빠르게 처리하며 다양한 통계량 산출 및 분석을 가능하게 합니다. 자, 이제 효율적인 데이터 분석을 위한 피벗 테이블의 사용법부터 실무 예제를 통한 응용 활용법까지 제대로 학습해 보겠습니다.

Excel 2013

데이터 분석, 4단계로 끝낸다!

이번 섹션에는 실무 현장에서 실제로 사용된 40만 개 이상의 빅데이터를 집계, 분석하고 시각화하는 작업을 진행해 볼게요. 데이터의 효율적인 활용을 위한 표 적용부터 마우스 클릭만으로 완성하는 매출 집계, 시각화, 매출 내용 필터와 데이터 분석의 핵심인 피벗 테이블의 사용까지 데이터 활용법을 단 4단계만으로 끝낼 수 있도록 알려줍니다. 어떤 빅데이터든지 데이터 분석 4단계만 제대로 알고 있으면 데이터를 쉽게 분석할 수 있기 때문에 꼭 익혀두세요.

PREVIEW

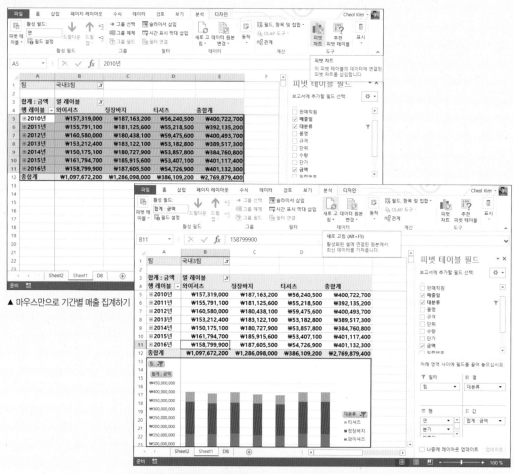

▲ 마우스만으로 기간별 매출 집계하기

▲ 시각적 이해를 돕는 차트 작성하기

실무
예제 01

데이터 분석 1단계 — 표 만들기

1 데이터를 분석하기 전에 가장 먼저 해야 할 일은 표를 적용하는 것이에요. [DB] 시트에서 데이터가 입력된 임의의 셀을 선택하고 [삽입] 탭-[표] 그룹에서 [표]를 클릭하세요. 표로 만들 범위가 지정되면서 [표 만들기] 대화상자가 열리면 지정 범위에 머리글이 포함되어 있으므로 [머리글 포함]에 체크되었는지 확인하고 [확인]을 클릭하세요.

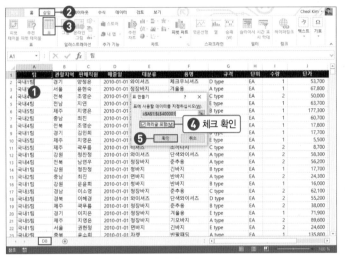

Tip

Ctrl+T를 눌러도 표를 만들 수 있어요. 데이터에 표를 적용하여 관리하는 자세한 이유는 77쪽을 참고하세요.

2 데이터에 표가 적용되는 순서대로 '표1', '표2', '표3'과 같은 이름이 붙습니다. 단 표가 많아지면 이름이 헷갈릴 수 있으므로 표 이름을 변경해 볼게요. 표 안의 데이터가 선택된 상태에서 [디자인] 탭-[속성] 그룹에서 [표 이름]의 입력상자를 클릭하고 『매출DB』를 입력한 후 Enter를 누르세요.

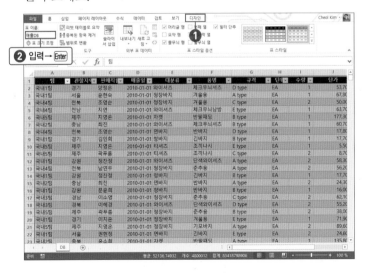

85

예제파일 : 앞의 예제에 이어서 실습하세요.

실무
예제 **02** # 데이터 분석 2단계 ― 피벗 테이블 만들기

1 이제 본격적으로 데이터를 분석하기 위해 피벗 테이블을 기능을 사용해 볼게요. [DB] 시트의 표 전체가 선택된 상태에서 [디자인] 탭-[도구] 그룹에서 [피벗 테이블로 요약]을 클릭하세요.

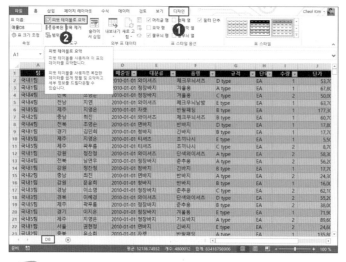

Tip

만약 표로 지정하지 않은 데이터를 집계 및 분석하는 경우에는 [삽입] 탭-[표] 그룹에서 [피벗 테이블]을 클릭하세요. [피벗 테이블 만들기] 대화상자가 열리면 '표/범위'에는 데이터가 입력된 임의의 셀을 선택하고 Ctrl + A 를 눌러 연속된 셀 범위 전체를 쉽게 지정할 수 있어요.

2 [피벗 테이블 만들기] 대화상자가 열리면 '피벗 테이블 보고서를 넣을 위치를 선택하십시오.' 에서 [새 워크시트]를 선택하고 [확인]을 클릭하세요.

Tip

표에서 임의의 범위를 선택하고 [디자인] 탭-[도구] 그룹에서 [피벗 테이블로 요약]을 클릭하면 '표/범위'에는 현재 커서가 있는 표 이름인 '매출DB'가 자동으로 지정됩니다.

3 [Sheet1] 시트가 새로 생성되면서 '피벗 테이블1'이 나타납니다.

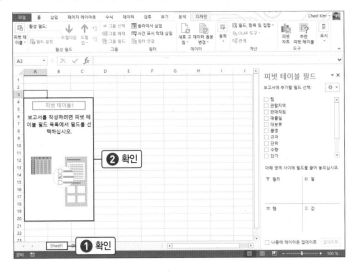

4 '국내3팀'의 기간별 대분류 매출을 표시하기 위해 [피벗 테이블 필드] 작업 창에서 [팀]을 '필터' 영역으로 드래그하세요.

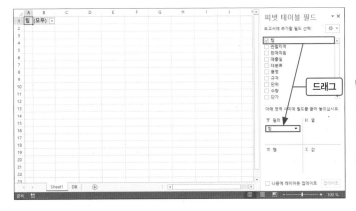

> **Tip**
>
> [피벗 테이블 필드] 작업 창에서 '필터' 영역은 대전제 조건으로 '필터'에서 선택한 부분을 보고서로 작성할 수 있어요. '열' 영역은 보고서 중 가로로 나열된 필드를 배치하고 '행' 영역은 세로로 나열될 부분을, '값' 영역은 통계량을 나타낼 때 선택하세요.

5 기간별 분석에서 기간은 보고서의 세로에 배치해 볼게요. [피벗 테이블 필드] 작업 창에서 [매출일]을 '행' 영역으로 드래그하세요.

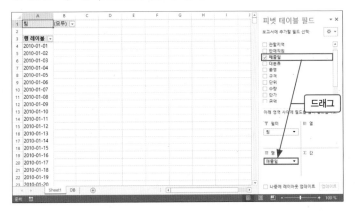

환경설정

데이터가져

데이터분석

데이터관리

실무함수

데이터필터

정보의시각화

데이터활용

특별부록

6 매출분석을 년, 분기, 월로 해 볼게요. '행' 영역에 배치된 매출일 중에서 임의의 셀을 마우스 오른쪽 단추를 눌러서 [그룹]을 선택하세요.

7 [그룹화] 대화상자가 나타나면 분석하려는 기간인 연, 분기, 월을 선택하고 [확인]을 클릭하세요.

8 대분류는 보고서의 가로에 배치해 볼게요. [피벗 테이블 필드] 작업 창에서 [대분류]를 '열' 영역으로 드래그하세요.

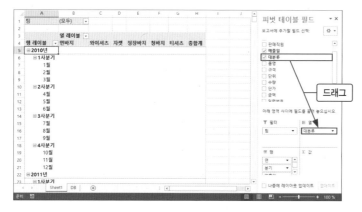

9 마지막으로 기간별 대분류의 매출 총합계를 표시하기 위해 [금액]을 '값' 영역으로 드래그합니다.

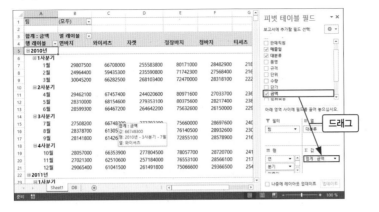

10 각 품목별 판매금액에 통화 서식을 적용해 볼게요. 피벗 테이블 보고서의 '판매금액(값)' 필드에 있는 임의의 셀에서 마우스 오른쪽 단추를 눌러 [필드 표시 형식]을 선택하세요.

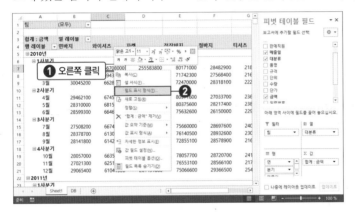

11 [셀 서식] 대화상자가 열리면 [표시 형식] 탭의 '범주'에서 [통화]를 선택하고 '음수'에서 통화 방식을 선택한 후 [확인]을 클릭합니다.

환경설정

데이터기초

데이터분석

데이터관리

실무함수

데이터필터

정보의시각화

데이터활용

특별부록

12 피벗 테이블을 만들고 판매금액에 셀 서식까지 적용한 결과를 확인해 보세요.

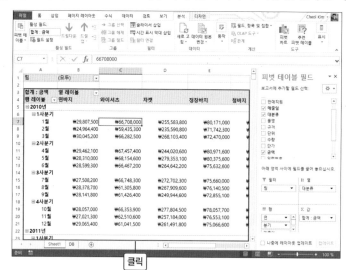

클릭

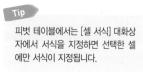

실무
예제 | **03**

데이터 분석 3단계 — 목적에 맞는 보고서 만들기

예제파일 : 앞의 예제에 이어서 실습하세요.

1 보고서 작성의 목적은 '국내3팀'의 기간별 대분류 매출 분석입니다. 따라서 [Sheet1] 시트에서 B1셀의 내림 단추(▼)를 클릭하고 [국내3팀]을 선택한 후 [확인]을 클릭하세요.

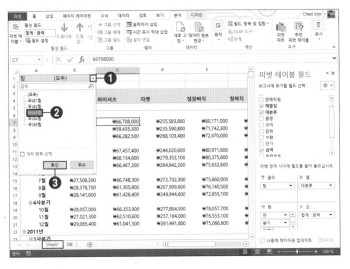

2 월별로 자료가 표시되면 '대분류' 중 '와이셔츠'와 '정장바지', '티셔츠' 매출만 확인해 볼게요. '열 레이블'이 입력된 B3셀의 내림 단추(▼)를 클릭하고 [(모두 선택)]의 체크를 해제한 후 [와이셔츠], [정장바지], [티셔츠]에 체크하고 [확인]을 클릭하세요.

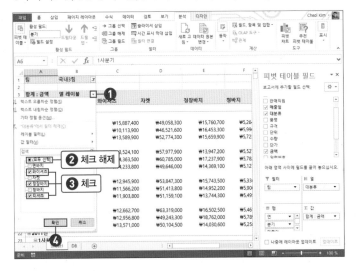

3 이번에는 피벗 테이블 보고서에서 2015년 결과를 확인해 볼게요. 아래쪽 화면으로 이동하면 '대분류' 항목이 표시되지 않으므로 B5셀을 선택하고 [보기] 탭-[창] 그룹에서 [틀 고정]을 클릭한 후 [틀 고정]을 선택하세요.

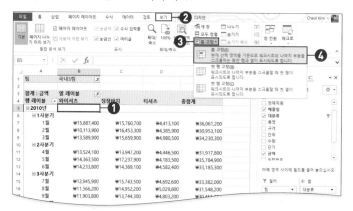

4 2015년 3분기 중에서 7월의 '와이셔츠' 매출 자료(raw data)를 확인하려고 합니다. 통계량 셀인 B100셀을 더블클릭하세요.

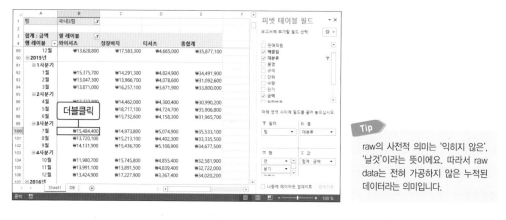

Tip

raw의 사전적 의미는 '익히지 않은', '날것'이라는 뜻이에요. 따라서 raw data는 전혀 가공하지 않은 누적된 데이터라는 의미입니다.

5 새로운 [Sheet2] 시트가 만들어지면서 더블클릭한 B100셀의 매출 자료가 필터링되어 표시됩니다.

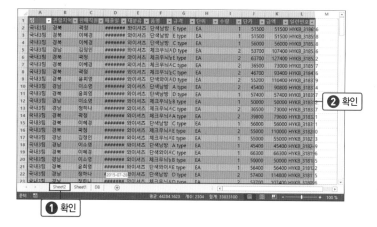

6 열 너비보다 데이터의 길이가 더 길어서 #으로 표시되면 열 너비를 데이터에 자동 맞춤해 볼 게요. A열 머리글부터 L열 머리글을 드래그하여 전체 열을 선택하세요.

7 열과 열 사이에 커서를 올려놓고 커서가 ✛ 모양으로 변하면 더블클릭하세요. 그러면 열 너비 가 데이터 길이에 맞게 자동으로 조절됩니다.

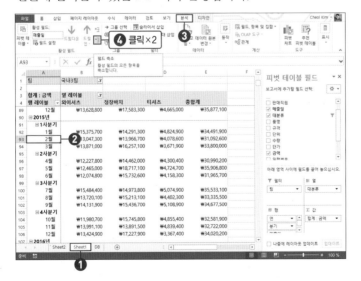

8 이제 피벗 테이블 보고서에서 데이터를 연도별로 간단하게 정리해 볼게요. 피벗 테이블 보고 서가 있는 [Sheet1] 시트를 선택하고 A열 중에서 임의의 셀을 선택하세요. [분석] 탭-[활성 필드] 그룹에서 [필드 축소]를 두 번 클릭하면 '국내 3팀'의 연도별 대분류(특정 항목) 매출을 한눈에 살펴볼 수 있는 보고서가 완성됩니다.

실무
예제 **04** 데이터 분석 4단계 — 시각적 이해를 돕는 차트 만들기

1 　데이터 분석이 완료된 피벗 테이블 보고서를 차트로 만들어 볼게요. [Sheet1] 시트에서 피벗
　　테이블에 있는 임의의 셀을 선택하고 [분석] 탭-[도구] 그룹에서 [피벗 차트]를 클릭하세요.

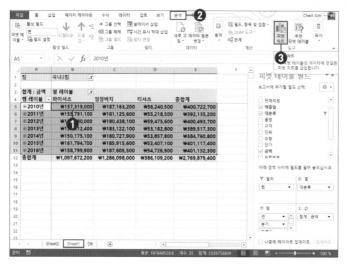

2 　[차트 삽입] 대화상자가 열리면 [모든 차트] 탭에서 [세로 막대형] 범주의 [누적 세로 막대형]
　　을 선택하고 [확인]을 클릭하세요.

3 차트가 삽입되면 적당한 위치에 배치하고 크기를 조절하세요.

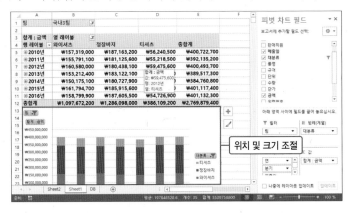

위치 및 크기 조절

4 피벗 테이블 보고서의 데이터가 변경되면 차트에도 곧바로 반영되도록 설정해 볼게요. [DB] 시트에서 K399992셀을 선택하고 『45401』을 입력한 후 Enter 를 누르세요.

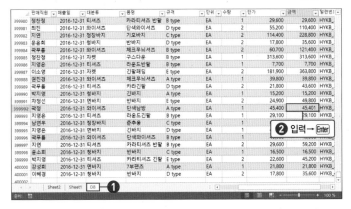

❷ 입력 → Enter

Tip

임의의 셀로 빨리 이동할 때는 이름상자를 선택하고 이동할 셀 주소(K399992)를 입력한 후 Enter 를 누르세요.

5 피벗 테이블 보고서인 [Sheet1] 탭으로 다시 되돌아와서 확인해 보면 **4** 과정에서 변경한 데이터가 반영되지 않은 것을 알 수 있어요. 변경된 데이터를 반영하기 위해 [분석] 탭-[데이터] 그룹에서 [새로 고침]을 클릭하세요. 그러면 보고서와 차트의 수치가 변경되어 있어요.

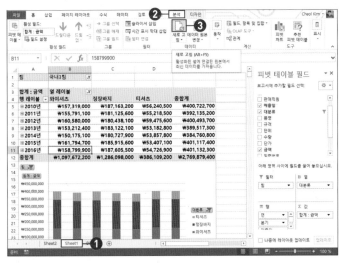

Tip

피벗 테이블 보고서에서 아무 셀이나 클릭한 후 [새로 고침]을 클릭해도 됩니다.

환경설정

데이터기초

데이터분석

데이터관리

실무함수

데이터필터

정보의시각화

데이터활용

특별부록

빠르고 쉬운
데이터 분석 기능

01 섹션에서는 피벗 테이블을 사용하여 빅데이터를 쉽게 요약하고 분석하는 방법을 익혀봤어요. 이번 섹션에서는 작성해 놓은 피벗 테이블에 슬라이서를 삽입하여 데이터를 빠르게 필터링하는 방법에 대해 배워봅니다. 또한 시간 표시 막대를 추가하면 년, 월, 일 등의 기간을 기준으로 데이터를 추출할 수 있습니다. 더불어 한 슬라이서에 두 개 이상의 다중 분석 테이블을 연결 및 연동시켜서 더 많은 옵션의 내용을 쉽게 분석하는 방법도 알아봅니다.

PREVIEW

▲ 슬라이서로 기간 및 분류별로 매출 분석하기

▲ 두 개 이상의 분석 테이블을 연동시켜서 옵션별로 분석하기

섹션별 주요 내용

01 │ 슬라이서로 데이터 분석 결과 빠르게 확인하기
02 │ 시간 표시 막대로 기간별 매출 분석하기
03 │ 슬라이서 연결해 분석 대시보드 만들기

실무
예제 **01** **슬라이서로 데이터 분석 결과 빠르게 확인하기**

1 피벗 테이블로 작성한 보고서에서 원하는 조건에 맞는 분석 결과를 직관적이고 빠르게 검토할 때 슬라이서 기능을 사용합니다. [Sheet1] 시트의 열에 슬라이서를 삽입하기 위해 A열 머리글에서 마우스 오른쪽 단추를 눌러 [삽입]을 선택하세요.

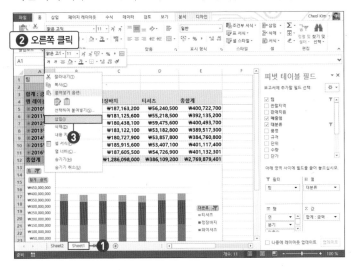

2 새로운 A열이 삽입되었으면 피벗 테이블에서 임의의 셀을 선택하고 [분석] 탭-[필터] 그룹에서 [슬라이서 삽입]을 클릭하세요.

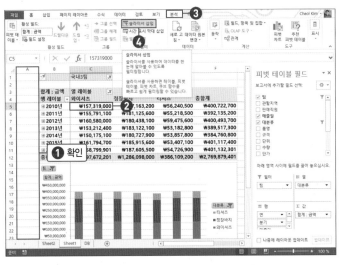

3 [슬라이서 삽입] 창이 열리면 연도별 대분류 판매 현황을 살펴보기 위해 [대분류]와 [연]에 체크하고 [확인]을 클릭하세요.

4 1 과정에서 삽입한 A열에 [연] 슬라이서를 드래그하여 배치하세요. 이때 B열에 입력된 기간과 나란히 놓일 수 있도록 [연] 슬라이서를 A3셀 위치로 이동하고 A열의 너비와 [연] 슬라이서의 크기를 다음의 그림과 같이 보기 좋게 조절하세요.

5 [대분류] 슬라이서는 B2셀 위치로 이동하고 2행의 행 높이와 [대분류] 슬라이서의 크기를 다음의 그림과 같이 보기 좋게 조절하세요.

6 분석 기간을 선택하기 위해 [연] 슬라이서에서 [2014년]을 선택하고 Ctrl 을 누른 상태에서 [2015년], [2016년]을 차례대로 선택하세요. 그러면 선택 기간에 따라 데이터와 차트가 변경됩니다.

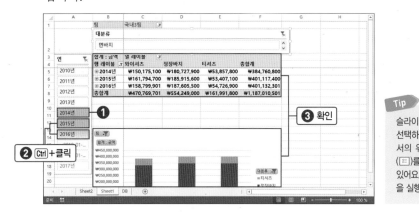

Tip

슬라이서에서 한꺼번에 여러 항목을 선택하려면 Ctrl 을 누르거나 슬라이서의 위쪽에 있는 [다중 선택] 단추 (⊞)를 클릭하여 항목을 선택할 수 있어요. Alt + S 를 눌러도 다중 선택을 실행할 수 있습니다.

7 이번에는 [대분류] 슬라이서에서 항목을 선택하기 전에 우선 항목을 쉽게 선택할 수 있게 열 개수를 조정해 볼게요. [대분류] 슬라이서를 선택하고 [옵션] 탭-[단추] 그룹에서 '열'에 『6』을 입력하세요.

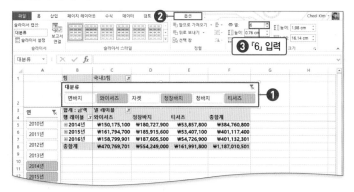

8 [대분류] 슬라이서 항목 중에서 분석하고 싶은 [면바지]를 선택하고 Ctrl 을 누른 상태에서 [자켓]과 [정장바지]를 차례대로 선택하세요. 그러면 선택 항목에 따라 데이터의 내용과 차트의 모양이 바뀌는 것을 확인할 수 있어요.

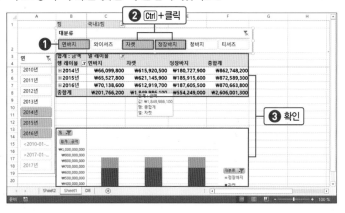

실무
예제
02

시간 표시 막대로 기간별 매출 분석하기

1 슬라이서와 함께 기간별 분석을 쉽게 할 수 있는 시간 표시 막대 기능에 대해 알아볼게요.
[Sheet1] 시트의 피벗 테이블에 있는 임의의 셀을 선택하고 [분석] 탭-[필터] 그룹에서 [시
간 표시 막대 삽입]을 클릭하세요.

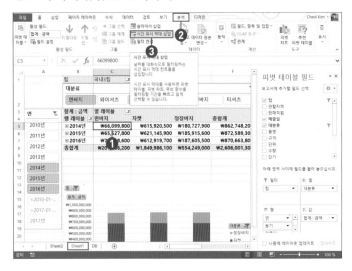

2 [시간 표시 막대 삽입] 대화상자가 열리면 기간이나 시간이 포함된 필드가 표시됩니다. 여기에
서는 '매출일' 필드가 기간에 해당하므로 [매출일]을 선택하여 체크하고 [확인]을 클릭하세요.

> **Tip**
>
> 시간 표시 막대는 엑셀 2013 버전부터 추가된 기능으로, 엑셀 2007과 2010 버전에서는 사용할 수 없습니다.

3 2013년부터 2015년까지의 매출을 분석해 볼게요. [Sheet1] 시트에 삽입된 시간 표시 막대에서 [월]의 내림 단추(⏷)를 클릭하고 [년]을 선택하세요.

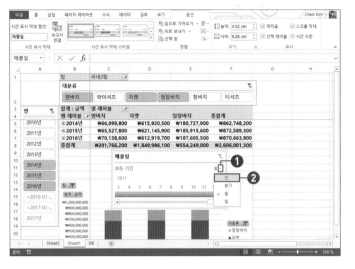

4 열거된 연도 중에서 분석하려는 연도인 2013년부터 2015년을 드래그하여 선택하면 해당 기간의 매출 데이터와 차트가 변경되어 표시됩니다.

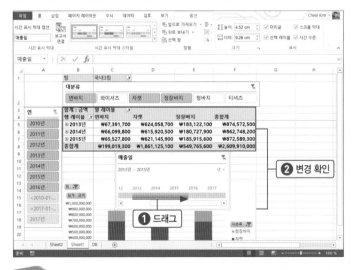

> **Tip**
>
> 시간 표시 막대에서 기간을 선택하면 [연] 슬라이서에서 선택한 기간의 필터는 해제됩니다. 따라서 슬라이서와 시간 표시 막대를 동시에 사용하기보다는 데이터 분석을 할 때 하나의 기능만 단독으로 사용하는 것이 좋습니다.

슬라이서 연결해 분석 대시보드 만들기

1 하나의 자료로 여러 개의 피벗 테이블 보고서를 작성하고 두 개 이상의 피벗 테이블을 슬라이서로 연결하면 분석 대시보드를 만들어서 쉽게 분석할 수 있어요. 데이터베이스를 표로 만들기 위해 [DB] 시트에 입력된 데이터 중 임의의 셀을 선택하고 Ctrl+T를 눌러 [표 만들기] 대화상자가 열리면 [머리글 포함]에 체크되었는지 확인하고 [확인]을 클릭합니다.

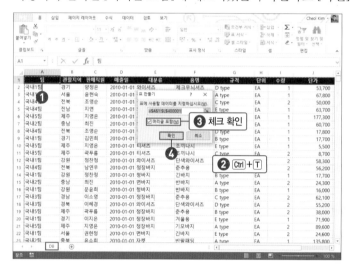

Tip

앞의 예제에서 피벗 테이블 만들기의 전 과정인 표와 피벗 테이블 만들기를 이미 배웠지만, 워낙 중요한 과정이므로 해당 과정을 예제마다 반복하여 실습할 수 있도록 구성하였습니다. 피벗 테이블 만들기에 익숙해질 때까지 놓치지 말고 계속 따라해 보세요.

2 표 이름을 변경해 볼게요. 표 안의 데이터가 선택된 상태에서 [디자인] 탭-[속성] 그룹에서 [표 이름]의 입력상자를 클릭하세요. '표 이름'이 반전되면 『매출DB』를 입력한 후 Enter를 누르세요.

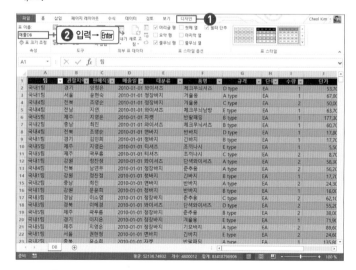

3 피벗 테이블을 만들기 위해 [디자인] 탭-[도구] 그룹에서 [피벗 테이블로 요약]을 클릭하세요. [피벗 테이블 만들기] 대화상자가 열리면 '피벗 테이블 보고서를 넣을 위치를 선택하십시오.'에서 [새 워크시트]를 선택하고 [확인]을 클릭하세요.

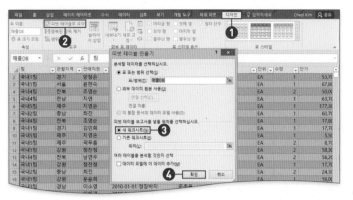

4 기간별 분석에서 기간은 보고서의 세로에 배치해 볼게요. [피벗 테이블 필드] 작업 창에서 [매출일]을 '행' 영역으로 드래그하세요.

5 매출분석을 연으로 해 볼게요. '행' 영역에 배치된 매출일 중에서 임의의 셀을 마우스 오른쪽 단추로 눌러 [그룹]을 선택하세요.

6 [그룹화] 대화상자가 나타나면 분석하려는 기간인 연을 선택하고 [확인]을 클릭하세요.

7 하나 이상의 피벗 테이블을 만들 것이므로 헷갈리지 않도록 피벗 테이블마다 이름을 정해야 해요. [분석] 탭-[피벗 테이블] 그룹에서 '피벗 테이블 이름'에 『연매출분석』을 입력하고 Enter 를 누르세요.

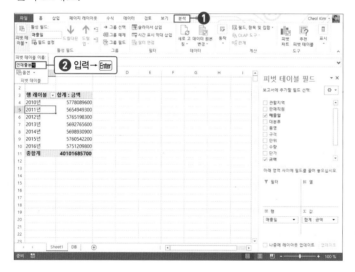

8 판매금액에 통화 서식을 지정하기 위해 B4셀에서 마우스 오른쪽 단추를 눌러 [필드 표시 형식]을 선택하세요.

> **Tip**
> B4셀 외에 판매금액이 있는 아무 셀 이나 선택하고 마우스 오른쪽 단추를 누르면 됩니다.

9 [셀 서식] 대화상자가 열리면 [표시 형식] 탭의 '범주'에서 [통화]를 선택하고 '음수'에서 통화 방식을 선택한 후 [확인]을 클릭하세요.

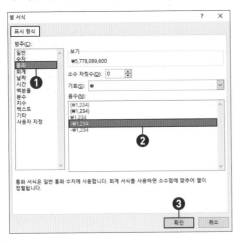

10 데이터 분석을 쉽게 도와주는 슬라이서를 삽입하기 위해 [분석] 탭-[필터] 그룹에서 [슬라이서 삽입]을 클릭하세요. [슬라이서 삽입] 창이 열리면 [매출일]에 체크하고 [확인]을 클릭하세요.

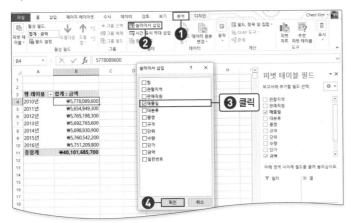

11 삽입된 [매출일] 슬라이서를 적당한 위치에 배치하고 크기를 조절하세요.

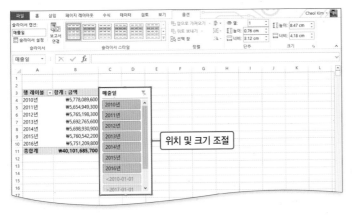

12 이번에는 데이터 분석을 한눈에 보여줄 차트를 삽입해 볼게요. 피벗 테이블에 있는 임의의 셀을 선택하고 [분석] 탭-[도구] 그룹에서 [피벗 차트]를 클릭하세요.

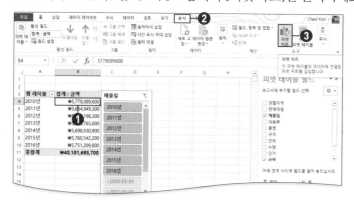

13 [차트 삽입] 대화상자가 열리면 [모든 차트] 탭에서 [세로 막대형] 범주의 [묶은 세로 막대형]을 선택하고 [확인]을 클릭하세요.

Tip

묶은 세로 막대형을 선택한 이유는 매출의 크기를 나타내는 가장 손쉬운 차트이기 때문입니다.

14 분석하려는 기간을 선택하기 위해 [연] 슬라이서에서 [2014년]을 선택하고 Ctrl 을 누른 상태에서 [2015년]과 [2016년]을 차례대로 선택하세요.

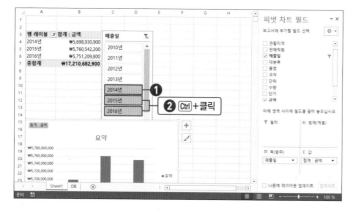

15 두 번째 피벗 테이블 보고서를 작성하기 위해 [DB] 시트를 선택하고 [디자인] 탭-[도구] 그룹에서 [피벗 테이블로 요약]을 클릭하세요.

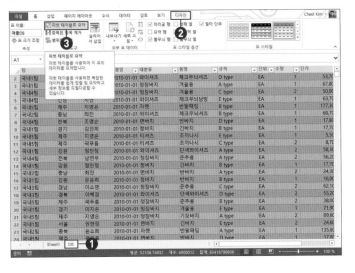

16 [피벗 테이블 만들기] 대화상자가 열리면 두 번째 피벗 테이블 보고서를 이미 작성한 피벗 테이블 보고서의 옆에 배치하기 위해 '피벗 테이블 보고서를 넣을 위치를 선택하십시오.'에서 [기존 워크시트]를 선택하세요. '위치'에 커서를 올려놓고 [Sheet1] 시트의 G3셀을 선택한 후 [확인]을 클릭하세요.

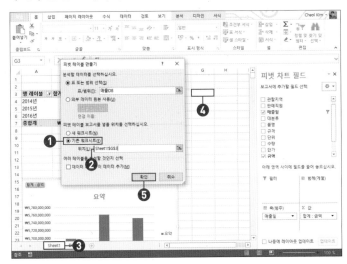

Tip

'위치'에 'Sheet1!$G$3'이 입력됩니다.

환경설정

데이터기초

데이터분석

데이터관리

실무함수

데이터필터

정보와시각화

데이터활용

특별부록 빠른길잡이

17 두 번째 피벗 테이블에서는 '관할 지역별 대분류의 매출 보고서'를 작성해 볼게요. '피벗 테이블 필드' 작업 창에서 [관할지역]은 '행' 영역으로, [대분류]는 '열' 영역으로, [금액]은 '값' 영역으로 드래그하세요.

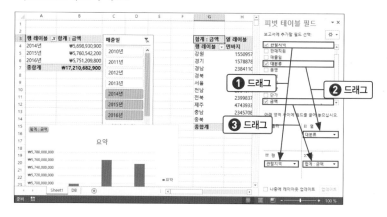

18 두 번째 생성된 피벗 테이블 보고서의 이름을 변경해 봅시다. [분석] 탭-[피벗 테이블] 그룹에서 '피벗 테이블 이름'에 『지역별매출』을 입력하고 Enter를 누르세요.

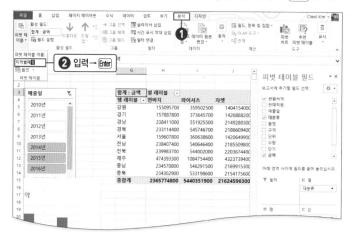

19 판매금액에 통화 서식을 지정하기 위해 값이 입력된 임의의 셀(H5셀)에서 마우스 오른쪽 단추를 눌러 [필드 표시 형식]을 선택하세요.

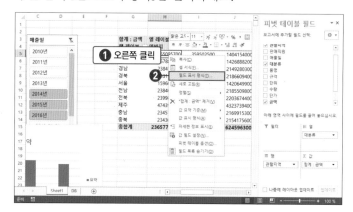

20 [셀 서식] 대화상자가 열리면 [표시 형식] 탭의 '범주'에서 [통화]를 선택하고 '음수'에서 통화 방식을 선택한 후 [확인]을 클릭하세요.

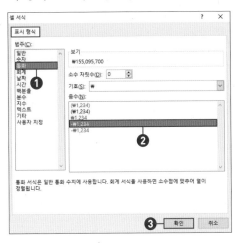

21 슬라이서를 삽입하기 위해 [분석] 탭-[필터] 그룹에서 [슬라이서 삽입]을 클릭하세요. [슬라이서 삽입] 창이 열리면 [관할지역], [대분류]에 체크하고 [확인]을 클릭하세요.

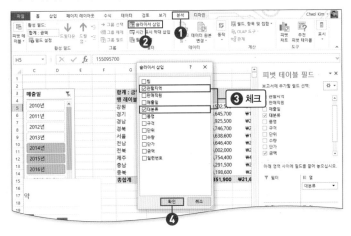

22 [관할지역] 슬라이서와 [대분류] 슬라이서가 삽입되면 다음의 그림과 같이 적당한 위치로 이동하고 크기를 조절하세요.

Tip

'관할지역' 슬라이서는 F3셀의 근처에 배치하고 F열의 너비와 '대분류' 슬라이서의 크기를 적당히 조절합니다. '대분류' 슬라이서는 1행과 2행의 행 높이를 적당히 조절하고 G1셀의 근처에 배치하세요.

환경설정
데이터기초
데이터분석
데이터관리
실무함수
데이터편집
데이터활용
정보의시각화
데이터형식
특별부록

23 [대분류] 슬라이서의 열 개수를 조정하기 위해 [대분류] 슬라이서만 선택한 상태에서 [옵션] 탭-[단추] 그룹에서 '열'에『6』을 입력하세요.

24 두 번째 피벗 테이블 보고서에 차트를 삽입하기 위해 피벗 테이블 중에서 임의의 데이터를 선택하고 [분석] 탭-[도구] 그룹에서 [피벗 차트]를 클릭하세요. [차트 삽입] 대화상자가 열리면 [모든 차트] 탭에서 [영역형] 범주의 [영역형] 차트를 선택하고 [확인]을 클릭하세요.

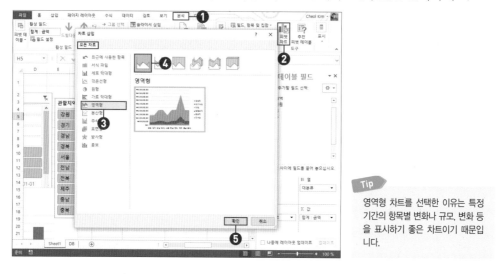

> **Tip**
> 영역형 차트를 선택한 이유는 특정 기간의 항목별 변화나 규모, 변화 등을 표시하기 좋은 차트이기 때문입니다.

25 차트가 삽입되면 크기를 조절하여 적당한 위치에 배치하세요.

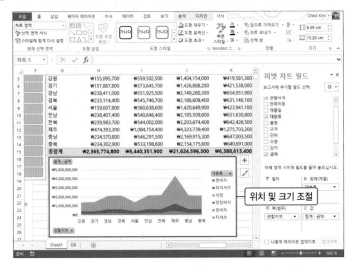

26 [매출일] 슬라이서를 다른 피벗 테이블 보고서와 연결해 볼게요. [매출일] 슬라이서를 선택하고 [옵션] 탭-[슬라이서 스타일] 그룹에서 [보고서 연결]을 클릭하세요. 현재 [매출일] 슬라이서는 '연매출분석' 피벗 테이블 보고서와 연결되어 있지만, '지역별매출' 피벗 테이블 보고서와는 연결되어 있지 않아요. [보고서 연결(매출일)] 대화상자가 열리면 [지역별매출]에 체크하고 [확인]을 클릭하세요.

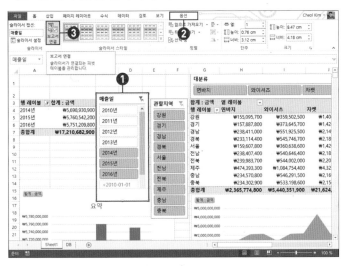

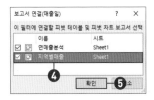

환경설정

데이터기초

데이터분석

데이터관리

실무함수

데이터필터

정보시각화

데이터활용

특별부록

27 [관할지역] 슬라이서를 다른 피벗 테이블 보고서와 연결하기 위해 [관할지역] 슬라이서를 선택하고 [옵션] 탭-[슬라이서 스타일] 그룹에서 [보고서 연결]을 클릭하세요.

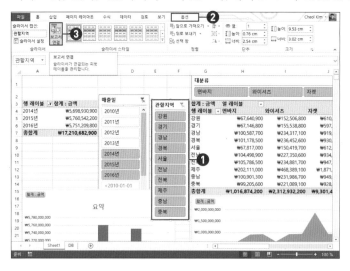

28 현재 [관할지역] 슬라이서는 '지역별매출' 피벗 테이블 보고서와 연결되어 있지만, '연매출분석' 피벗 테이블 보고서와는 연결되어 있지 않아요. [보고서 연결(관할지역)] 대화상자가 열리면 [연매출분석]에 체크하고 [확인]을 클릭하세요.

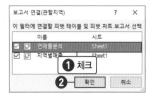

29 이번에는 [대분류] 슬라이서를 다른 피벗 테이블 보고서와 연결하기 위해 [대분류] 슬라이서를 선택하고 [옵션] 탭-[슬라이서] 그룹에서 [보고서 연결]을 클릭하세요. [보고서 연결(대분류)] 대화상자가 열리면 '연매출분석' 피벗 테이블 보고서와 연결하기 위해 [연매출분석]에 체크하고 [확인]을 클릭하세요.

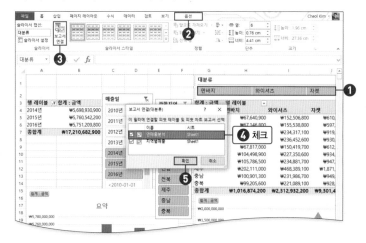

30 관할 지역과 대분류를 변경하기 위해 [관할지역] 슬라이서에서 [강원]을 선택하고 Ctrl 을 누른 상태에서 [경기], [경남], [경북], [서울], [충북]을 선택하세요. '대분류' 슬라이서에서 [면바지]를 선택하고 Ctrl 을 누른 상태에서 [정장바지], [청바지]를 선택하세요.

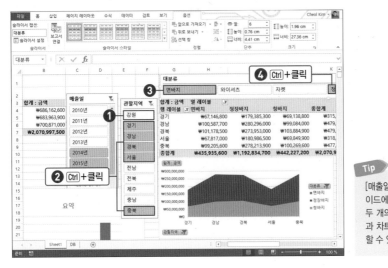

> **Tip**
>
> [매출일], [대분류], [관할지역] 슬라이드에서 항목을 선택하면 연결된 두 개의 피벗 테이블 보고서의 내용과 차트가 함께 변경되는 것을 확인할 수 있어요.

31 선택한 항목에 따라 보고서의 내용과 차트가 변경된 것을 확인할 수 있습니다.

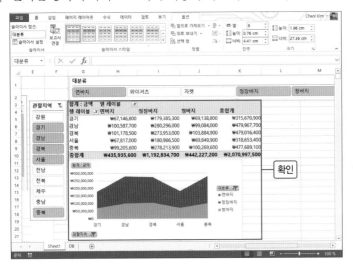

현장 예제로 익히는
실무 데이터 분석

지금까지 익힌 데이터 분석 기능만 봐도 피벗 테이블을 마우스만으로도 데이터를 쉽게 집계 및 분석할 수 있는 매우 매력적인 기능임에 틀림이 없습니다. 따라서 실무 현장에서 피벗 테이블 없이 데이터를 분석 및 관리하는 일은 상상도 할 수 없는 것이죠. 이제부터는 업무 현장에서 다루는 실무 예제를 통해 엑셀 사용자들이 깜짝 놀랄 만큼 쉬우면서도 활용도가 높은 피벗 테이블의 다양한 분석 기능에 대해 자세히 알아봅니다.

> **PREVIEW**

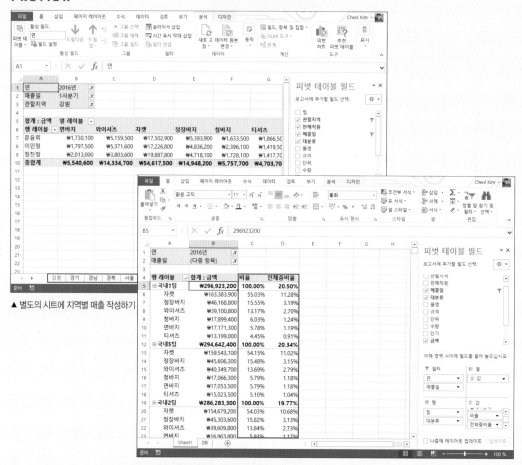

▲ 별도의 시트에 지역별 매출 작성하기

▲ 기간별 매출 분석하고 비율 표시하기

● 예제파일 : 01_지역매출집계_예제.xlsx　　● 완성파일 : 01_지역매출집계_완성.xlsx

실무
예제 **01**　# 관할 지역별로 매출 집계표 작성하기

1 지역별 판매금액 분석 보고서를 작성할 때 관할 지역을 일일이 필터링할 필요 없이 마우스 클릭 한 번으로 별도의 시트로 분리할 수 있어요. 먼저 데이터를 표로 만들기 위해 [DB] 시트에서 임의의 셀을 선택하고 [삽입] 탭-[표] 그룹에서 [표]를 선택하세요. [표 만들기] 대화상자가 열리면 [머리글 포함]에 체크되었는지 확인하고 [확인]을 클릭하세요.

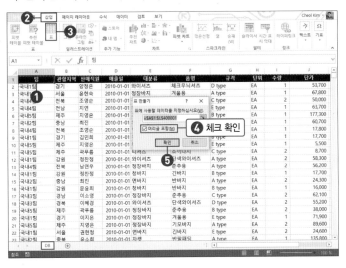

2 데이터 분석을 위해 피벗 테이블을 만들어 보겠습니다. [디자인] 탭-[도구] 그룹에서 [피벗 테이블 요약]을 클릭하세요. [피벗 테이블 만들기] 대화상자가 열리면 '피벗 테이블 보고서를 넣을 위치를 선택하십시오.'에서 [새 워크시트]를 선택하고 [확인]을 클릭하세요.

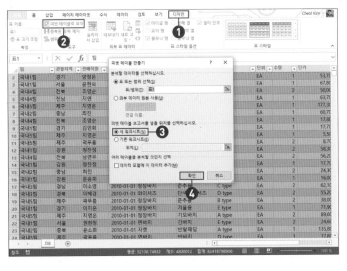

3 기간별 분석에서 기간은 보고서의 세로에 배치해 볼게요. [피벗 테이블 필드] 작업 창에서 [매출일]을 '행' 영역으로 드래그하세요.

4 매출분석을 연, 분기로 해 볼게요. '행' 영역에 배치된 매출일 중에서 임의의 셀을 오른쪽 마우스 단추로 눌러 [그룹]을 선택하세요. [그룹화] 대화상자가 나타나면 분석하려는 기간인 연, 분기를 선택하고 [확인]을 클릭하세요.

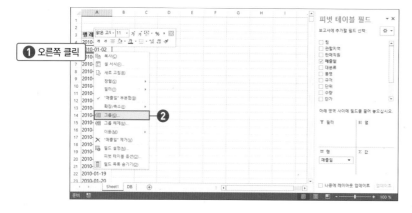

5 특정 연도와 분기로 데이터를 분석하기 위해 '행' 영역에 있는 [연]과 [분기]를 '필터' 영역으로 드래그하세요.

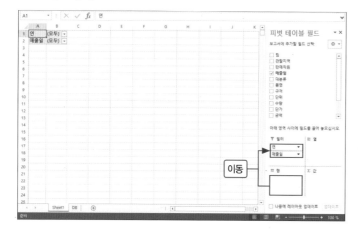

6 '연'의 내림 단추(▼)를 클릭하고 분석하려는 연도인 [2016년]을 선택한 후 [확인]을 클릭하세요.

7 '매출일'의 내림 단추(▼)를 클릭하고 분석하려는 분기인 [1사분기]를 선택한 후 [확인]을 클릭하세요.

8 [피벗 테이블 필드] 작업 창에서 [판매직원]은 '행' 영역으로, [대분류]는 '열' 영역으로, [금액]은 '값' 영역으로 드래그하세요.

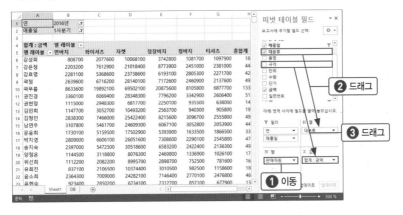

환경설정

데이터기초

데이터분석

데이터시각화

실무함수

데이터편집

정보와시각화

데이터활용

특별부록

9 판매금액의 셀 서식을 변경해 볼게요. 값 영역 데이터 중 임의의 셀(판매금액)에서 마우스 오른쪽 단추를 눌러 [필드 표시 형식]을 선택하세요.

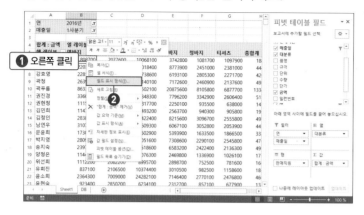

10 [셀 서식] 대화상자가 열리면 [표시 형식] 탭의 '범주'에서 [통화]를 선택하고 '음수'에서 통화 방식을 선택한 후 [확인]을 클릭하세요.

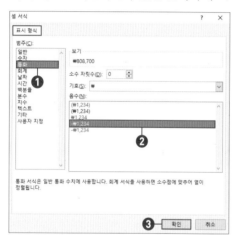

11 [피벗 테이블 필드] 작업 창에서 별도의 시트에 표시할 항목인 [관할지역]을 '필터' 영역으로 드래그하세요.

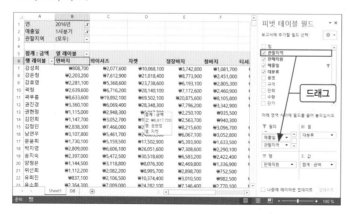

12 별도의 시트에 관할 지역별로 매출을 집계하기 위해 [분석] 탭-[피벗 테이블] 그룹에서 [옵션]의 내림 단추(▾)를 클릭하고 [보고서 필터 페이지 표시]를 선택하세요.

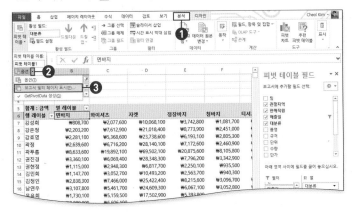

13 [보고서 필터 페이지 표시] 대화상자가 열리면 별도의 시트로 분리하려는 [관할지역]을 선택하고 [확인]을 클릭하세요.

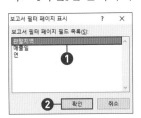

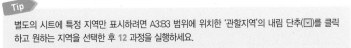

> **Tip**
> 별도의 시트에 특정 지역만 표시하려면 A3:B3 범위에 위치한 '관할지역'의 내림 단추(▾)를 클릭하고 원하는 지역을 선택한 후 **12** 과정을 실행하세요.

14 관할지역별로 '2016년'과 '1사분기' 매출 결과가 별도의 시트에 생성된 것을 확인할 수 있어요.

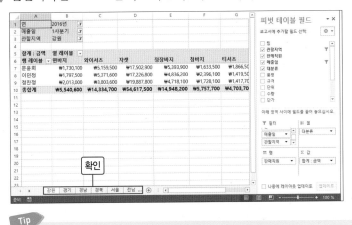

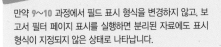

> **Tip**
> 만약 **9~10** 과정에서 필드 표시 형식을 변경하지 않고, 보고서 필터 페이지 표시를 실행하면 분리된 자료에도 표시 형식이 지정되지 않은 상태로 나타납니다.

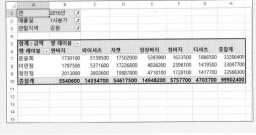

환경설정

데이터가공

데이터분석

데이터관리

실무함수

데이터필터

정보의시각화

데이터활용

특별부록

● 예제파일 : 02_기간매출비율_예제.xlsx ● 완성파일 : 02_기간매출비율_완성.xlsx

실무
예제 **02** # 특정 기간별 매출을 비율로 표시하기

1 특정 기간의 매출을 피벗 테이블 보고서로 작성하고 해당 기간의 매출 비율에 값 표시 형식을 지정해 볼게요. 값 표시 형식에 따라 전체 매출 대비 특정 항목에 대한 비율을 나타낼 수 있어요. 먼저 데이터를 표로 만들기 위해 [DB] 시트에서 임의의 셀을 선택하고 [삽입] 탭-[표] 그룹에서 [표]를 선택하세요. [표 만들기] 대화상자가 열리면 [머리글 포함]에 체크되었는지 확인하고 [확인]을 클릭하세요.

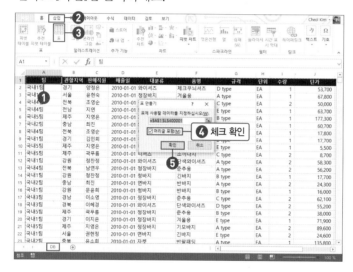

2 피벗 테이블을 만들기 위해 [디자인] 탭-[도구] 그룹에서 [피벗 테이블로 요약]을 클릭하세요. [피벗 테이블 만들기] 대화상자가 열리면 '피벗 테이블 보고서에 넣을 위치를 선택하십시오.'에서 [새 워크시트]를 선택하고 [확인]을 클릭하세요.

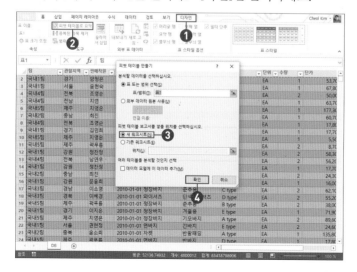

3 기간별 분석에서 기간은 보고서의 세로에 배치해 볼게요. [피벗 테이블 필드] 작업 창에서 [매출일]을 '행' 영역으로 드래그하세요. 그런 다음 연, 월로 매출분석을 하기 위해 '행' 영역에 배치된 매출일 중에서 임의의 셀을 마우스 오른쪽 단추로 눌러 [그룹]을 선택하세요. [그룹화] 대화상자가 나타나면 분석하려는 기간인 연, 월을 선택하고 [확인]을 클릭하세요.

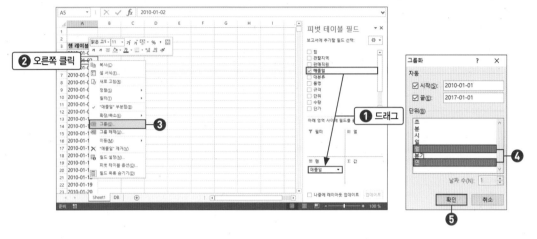

4 특정 연도와 분기로 데이터를 분석하기 위해 '행' 영역에 있는 [연]과 [분기]를 '필터' 영역으로 드래그하세요.

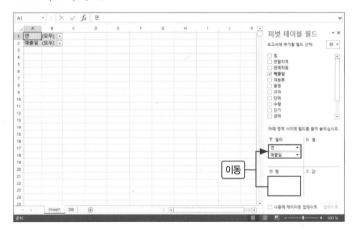

5 2016년 3월, 4월, 5월 매출을 분석하기 위해 '연'의 내림 단추(▼)를 클릭하고 분석 기간인 [2016년]을 선택한 후 [확인]을 클릭하세요.

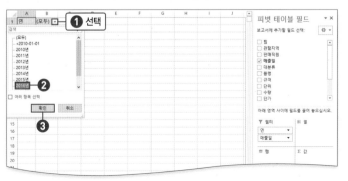

6 5 과정과 같은 방법으로 '매출일'의 내림 단추(▼)를 클릭하고 [여러 항목 선택]에 체크한 후 [3월], [4월], [5월]에 차례대로 체크하고 [확인]을 클릭하세요.

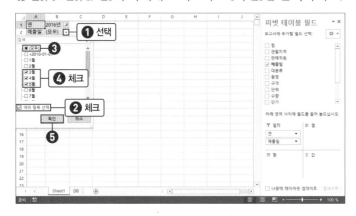

7 팀별 매출 분석을 위해 [피벗 테이블 필드] 작업 창에서 [팀]과 [대분류]는 '행' 영역으로, [금액]은 '값' 영역으로 드래그하세요.

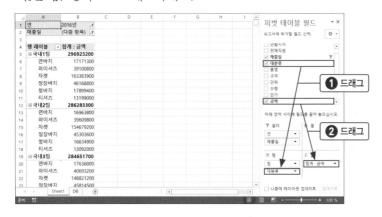

8 판매금액의 셀 서식을 변경하기 위해 값이 입력된 임의의 셀에서 마우스 오른쪽 단추를 눌러 [필드 표시 영역]을 선택하세요.

9 [셀 서식] 대화상자가 열리면 [표시 형식] 탭의 '범주'에서 [통화]를 선택하고 '음수'에서 통화 방식을 선택한 후 [확인]을 클릭하세요.

10 비율을 나타내기 위해 [피벗 테이블 필드] 작업 창에서 [금액]을 다시 한 번 '값' 영역으로 드래그하세요.

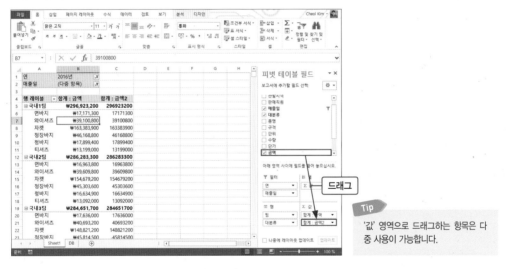

Tip

'값' 영역으로 드래그하는 항목은 다중 사용이 가능합니다.

11 C4셀의 이름을 변경하기 위해 C4셀을 선택하고 『비율』을 입력한 후 Enter 를 누르세요.

12 값 표시 형식을 변경하여 팀별 비율을 표시해 볼게요. C5셀에서 마우스 오른쪽 단추를 눌러 [값 표시 형식]-[상위 합계 비율]을 선택하세요.

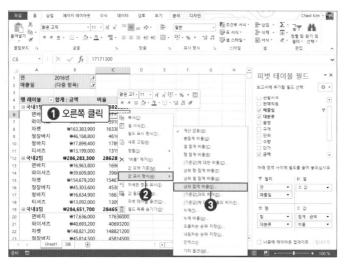

13 [값 표시 형식 (비율)] 대화상자가 나타나면 기준 필드의 값을 팀으로 선택한 후 [확인]을 클릭합니다.

14 '전체중비율'을 나타내기 위해 [피벗 테이블 필드] 작업 창에서 [금액]을 다시 한 번 '값' 영역
으로 드래그하세요.

15 D4셀을 선택하고 『전체중비율』을 입력한 후 Enter를 누릅니다.

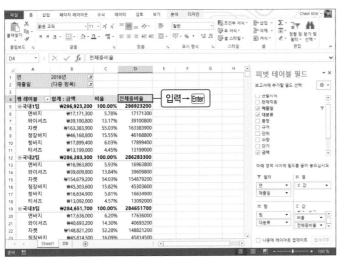

환경설정

데이터기초

데이터분석

데이터관리

실무함수

데이터필터

정보와시각화

데이터활용

특별부록

16 '전체중비율' 항목에 표시 형식을 적용하기 위해 D5셀에서 마우스 오른쪽 단추를 눌러 [값 표시 형식]-[열 합계 비율]을 선택하세요.

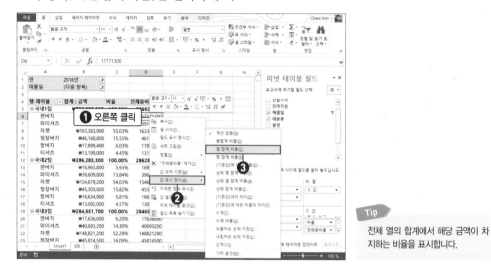

Tip

전체 열의 합계에서 해당 금액이 차 지하는 비율을 표시합니다.

17 대분류 항목 중에서 매출이 많은 항목을 위쪽에 배치하기 위해 B6셀에서 마우스 오른쪽 단추 를 눌러 [정렬]-[숫자 내림차순 정렬]을 선택하세요.

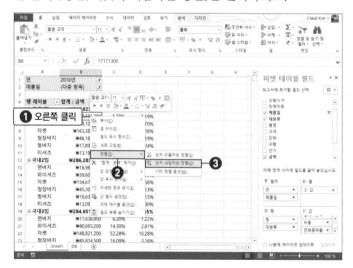

18 팀 항목 중 매출이 많은 팀을 위쪽에 배치하기 위해 B5셀에서 마우스 오른쪽 단추를 눌러 [정렬]-[숫자 내림차순 정렬]을 선택하세요.

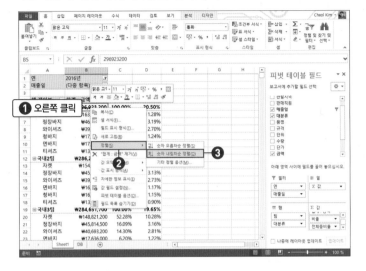

19 2016년 3월, 4월, 5월의 팀별 대분류의 항목이 나타나면서 판매금액과 비율이 높은 순서대로 팀별로 나뉘어 배치된 것을 확인할 수 있습니다.

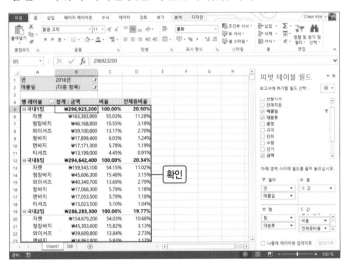

효율적인 데이터 관리를 위한 3단계

엑셀로 데이터를 작성하고 관리하면서 항상 아쉬웠던 부분은 바로 데이터의 효율적인 관리였습니다. 애써 분석한 자료를 제대로 관리하지 못하고 방치해 둔다면 엑셀을 사용하는 의미가 없겠죠? 하지만 엑셀 2013 버전부터 새로 추가된 데이터 모델을 활용하면 테이블 간 데이터의 관계 설정을 통해 효율적으로 데이터를 관리하면서 분석까지 가능하게 되었습니다. 따라서 이번 섹션에서는 데이터 모델을 통한 데이터의 관리와 활용, 그리고 분석에 대해 알아봅니다.

PREVIEW

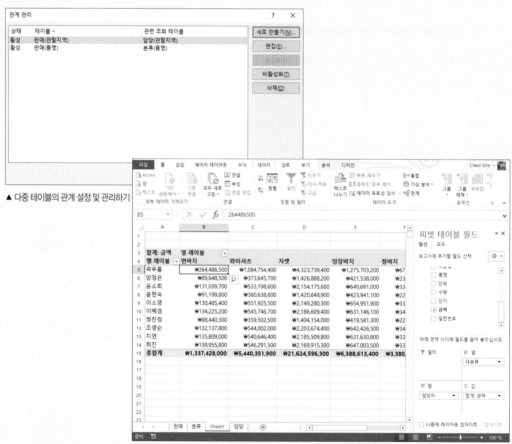

▲ 다중 테이블의 관계 설정 및 관리하기

▲ 관계 설정 및 데이터 모델을 이용해 데이터 분석하기

섹션별
주요 내용

01 | 데이터 관리 1단계 — 표 이름 지정하기

02 | 데이터 관리 2단계 — 표 관계 설정하기

03 | 데이터 관리 3단계 — 피벗 테이블 보고서 작성하기

실무
예제 **01** 데이터 관리 1단계 — 표 이름 지정하기

1 활용도 높은 데이터 관리를 위해 우선 표를 만들어 볼게요. [판매] 시트에서 데이터가 입력된 임의의 셀을 선택하고 [삽입] 탭-[표] 그룹에서 [표]를 클릭하세요. [표 만들기] 대화상자가 열리면 [머리글]에 체크되었는지 확인하고 [확인]을 클릭하세요.

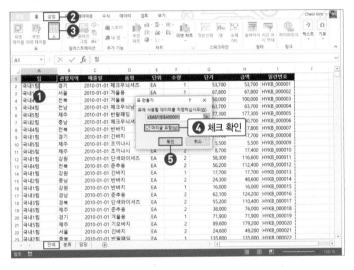

2 표에 지정된 이름이 헷갈릴 수 있으므로 표 이름을 변경해 볼게요. 표를 선택한 상태에서 [디자인] 탭-[속성] 그룹에서 '표 이름'의 입력상자에 『판매』를 입력하고 Enter 를 누르세요.

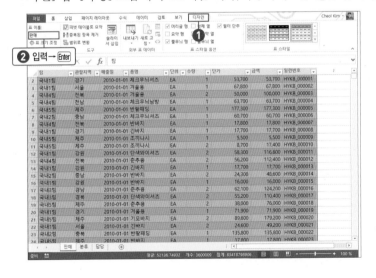

129

3 [분류] 시트를 선택하고 **1** 과정과 같은 방법으로 표로 지정해 볼게요. 데이터가 입력된 임의의 셀을 선택하고 [삽입] 탭-[표] 그룹에서 [표]를 클릭하세요.

4 [표 만들기] 대화상자가 열리면 [머리글]에 체크되었는지 확인하고 [확인]을 클릭하세요.

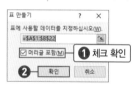

5 표의 이름을 변경하기 위해 표를 선택한 상태에서 [디자인] 탭-[속성] 그룹에서 '표 이름'의 입력상자에 『분류』를 입력하고 Enter 를 누르세요.

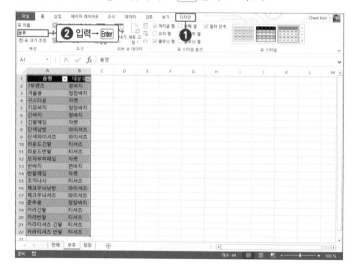

6 이번에는 [담당] 시트의 데이터베이스를 표로 지정해 볼게요. 데이터가 입력된 임의의 셀을 선택하고 [삽입] 탭-[표] 그룹에서 [표]를 클릭하세요.

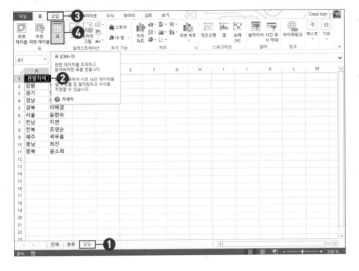

7 [표 만들기] 대화상자가 열리면 [머리글]에 체크되었는지 확인하고 [확인]을 클릭하세요.

8 표의 이름을 변경해 볼게요. 표를 선택한 상태에서 [표 도구]의 [디자인] 탭-[속성] 그룹에서 '표 이름'에 『담당』을 입력하고 Enter를 누르세요.

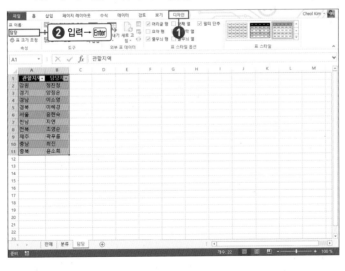

실무예제 02 데이터 관리 2단계 ─ 표 관계 설정하기

---

1 129~131쪽에서 만든 표의 관계를 설정해 볼게요. [담당] 시트에서 [데이터] 탭-[데이터 도구] 그룹의 [관계]를 클릭하세요.

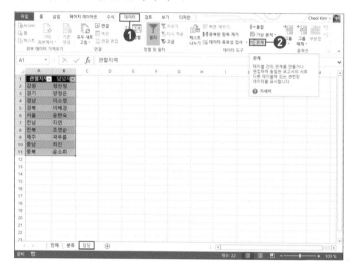

2 관계 설정을 위한 [관계 관리] 대화상자가 열리면 [새로 만들기]를 클릭하세요.

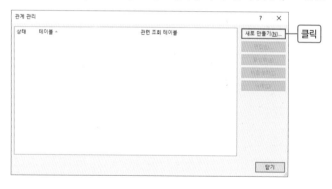

3 [관계 만들기] 대화상자가 열리면 '테이블'에서는 [판매]를, '열(외래)'에서는 [품명]을, '관련 표'에서는 [분류]를, '관련 열(기본)'에서는 [품명]을 선택하고 [확인]을 클릭하세요.

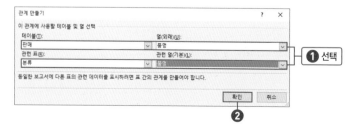

4 [관계 관리] 대화상자로 되돌아오면 두 번째 관계 설정을 위해 다시 한 번 [새로 만들기]를 클릭하세요.

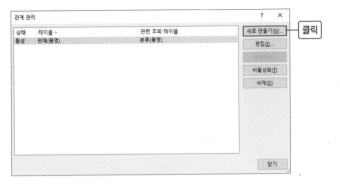

5 [관계 만들기] 대화상자가 열리면 '테이블'에서는 [판매]를, '열(외래)'에서는 [관할지역]을, '관련표'에서는 [담당]을, '관련 열(기본)'에서는 [관할지역]을 선택하고 [확인]을 클릭하세요.

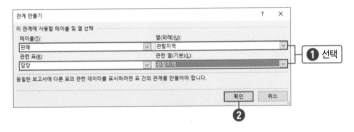

6 [관계 관리] 대화상자로 되돌아오면 더 이상 추가할 관계가 없으므로 [닫기]를 클릭하여 대화상자를 닫습니다.

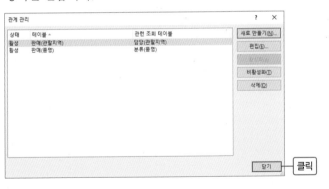

실무
예제 **03** # 데이터 관리 3단계 — 피벗 테이블 보고서 작성하기

1 [담당] 시트에서 관계 설정된 표의 피벗 테이블 보고서를 작성해 볼게요. [디자인] 탭-[도구]
그룹에서 [피벗 테이블로 요약]을 클릭하세요.

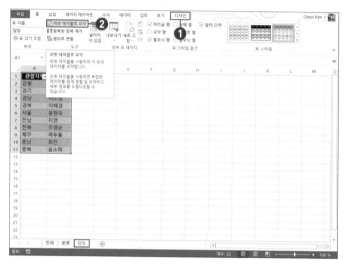

2 [피벗 테이블 만들기] 대화상자가 열리면 '피벗 테이블 보고서를 넣을 위치를 선택하십시오.'
에서 [새 워크시트]를 선택하세요. '여러 테이블을 분석할 것인지 선택'에서 [데이터 모델에
이 데이터 추가]에 체크하고 [확인]을 클릭하세요.

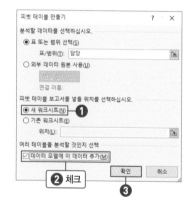

3 빈 피벗 테이블이 생성되면 [피벗 테이블 필드] 작업 창에서 [모두]를 클릭하세요. 그런 다음 [피벗 테이블 필드] 작업 창에서 관계 설정된 '담당', '분류', '판매'의 ▷ 단추를 클릭하여 하위 항목을 확장하세요.

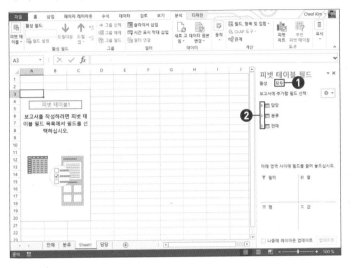

4 담당자별 특정 기간의 대분류 매출을 분석하기 위해 '담당'의 [담당자]는 '행' 영역으로, '분류'의 [대분류]는 '열' 영역으로, '판매'의 [금액]은 '값' 영역으로 드래그하세요.

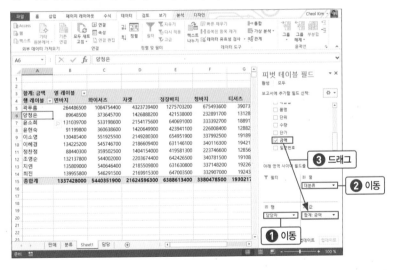

5 매출에 셀 서식을 적용하기 위해 값이 입력된 임의의 셀(B5셀)에서 마우스 오른쪽 단추를 눌러 [필드 표시 형식]을 선택하세요.

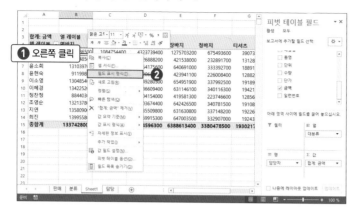

6 [셀 서식] 대화상자가 열리면 [표시 형식] 탭의 '범주'에서 [통화]를 선택하고 '음수'에서 통화 방식을 선택한 후 [확인]을 클릭하세요.

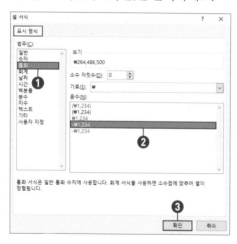

7 관계 설정한 세 개의 표와 데이터 모델을 이용하여 하나의 피벗 테이블 보고서가 완성된 것을 확인할 수 있어요.

날짜 데이터를 입력할 때 유의 사항

숫자 속성의 데이터는 모든 사용자 그룹이 가능해요. 따라서 날짜 데이터의 경우 별도의 열로 나누어 열, 월, 일을 표시할 필요 없이 하나의 열에 함께 표시하는 것이 좋습니다.

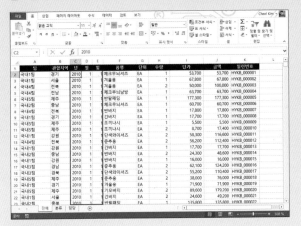

▲ 잘못 입력된 예

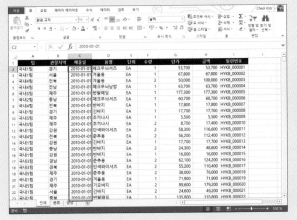

▲ 제대로 입력된 예

환경설정

데이터기초

데이터분석

데이터관리

실무함수

데이터필터

정보의시각화

데이터활용

특별부록

업무 시간 단축을 위한 실무 데이터 관리

사내에 구축된 시스템에서 잘 정리된 분석 데이터를 다운로드해서 관리하는 일은 어렵지 않지만, 대부분의 영세업자나 중소기업에서는 비용 때문에 자체 데이터 분석 시스템을 갖추고 있지 못한 경우가 많아요. 따라서 이번 섹션에서는 피벗 테이블을 활용하여 특정 다수의 데이터를 집계 및 분석해야 하는 방법에 대해 알려줍니다. 또한 지금까지 분석한 데이터의 분석 정보를 시각화하고 시각화된 결과를 출력하는 방법도 알려줍니다.

PREVIEW

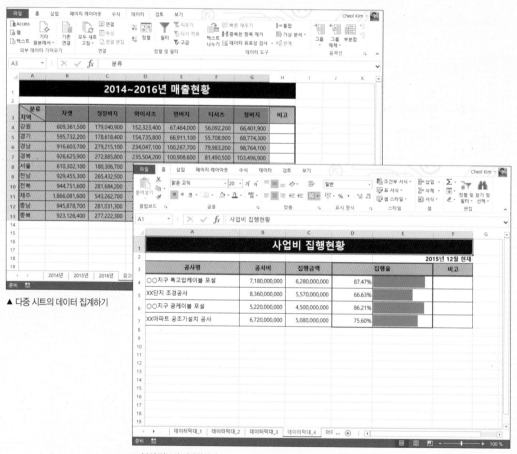

▲ 다중 시트의 데이터 집계하기

▲ 분석 정보의 시각화하기

섹션별 주요 내용

01 피벗 테이블/피벗 차트 마법사 빠르게 실행하기　　**02** 피벗 테이블로 다중 시트 데이터를 하나로 취합하기

03 조건부 서식으로 데이터 시각화하기　　**04** 아이콘 집합으로 지역별 목표 결과 표시하기

예제파일 : 새 통합 문서에서 시작하세요.

피벗 테이블/피벗 차트 마법사 빠르게 실행하기

1 | 빠른 실행 도구 모음에 피벗 테이블/피벗 차트 마법사 추가하기

1 피벗 테이블을 이용하여 여러 시트에 입력한 데이터를 하나의 보고서로 작성하려면 빠른 실행 도구 모음에 해당 메뉴를 추가하여 작업 속도를 높이는 것이 좋습니다. [파일] 탭-[옵션]을 선택하세요.

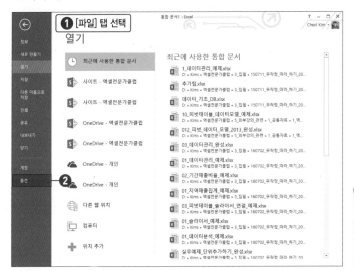

> **Tip**
>
> 피벗 테이블/피벗 차트 마법사는 엑셀 2013의 리본 메뉴에 없는 기능이기 때문에 빠른 실행 모음 도구로 직접 메뉴를 만들어 봅니다.

2 [Excel 옵션] 창이 열리면 [빠른 실행 도구 모음] 범주를 선택하세요. '명령 선택'에서 내림 단추(▼)를 클릭하여 [리본 메뉴에 없는 명령]을 선택하고 [피벗 테이블/피벗 차트 마법사]를 선택한 후 [추가]를 클릭하세요.

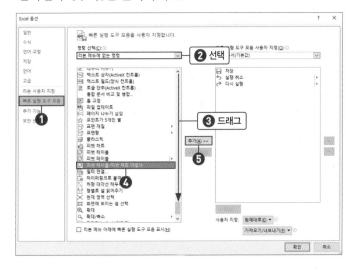

3 '빠른 실행 도구 모음 사용자 지정'에 해당 명령이 추가되면 [확인]을 클릭하세요.

4 엑셀 작업 화면으로 되돌아오면 리본 메뉴의 위쪽에 있는 빠른 실행 도구 모음의 맨 오른쪽에 [피벗 테이블/피벗 차트 마법사] 도구(⊞)가 추가된 것을 확인할 수 있어요.

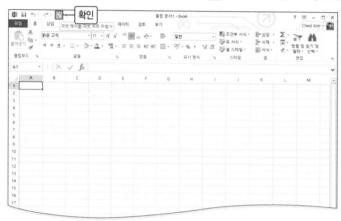

잠깐만요 **빠른 실행 도구 모음에서 피벗 테이블/피벗 차트 마법사 삭제하기**

빠른 실행 도구 모음에 삽입한 도구를 삭제하려면 도구에서 마우스 오른쪽 단추를 눌러 [빠른 실행 도구 모음에서 제거] 를 선택하세요.

2 | 리본 메뉴에 [피벗 테이블/피벗 차트 마법사] 그룹 만들기

1 [파일] 탭-[옵션]을 선택하세요.

2 [Excel 옵션] 창이 열리면 [리본 사용자 지정] 범주를 선택하세요. '리본 메뉴 사용자 지정'에서 [삽입]-[표]를 선택하고 [새 그룹]을 클릭한 후 [이름 바꾸기]를 선택합니다.

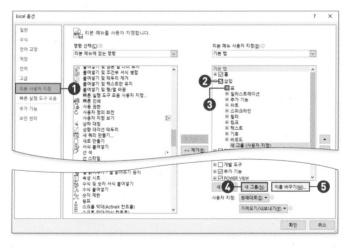

3 [이름 바꾸기] 대화상자가 열리면 리본 메뉴에 추가할 그룹의 이름을 지정하기 위해 '표시 이름'에 『다중시트 피벗테이블』을 입력하고 [확인]을 클릭하세요.

4 [Excel 옵션] 창으로 되돌아오면 '명령 선택'에서 내림 단추(▾)를 클릭해 [리본 메뉴에 없는 명령]을 선택하고 [피벗 테이블/피벗 차트 마법사]를 선택한 후 [추가]와 [확인]을 차례대로 클릭하세요.

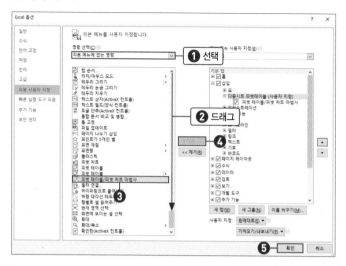

5 리본 메뉴의 [삽입] 탭에 [다중시트 피벗 테이블] 그룹이 추가된 것을 확인할 수 있어요.

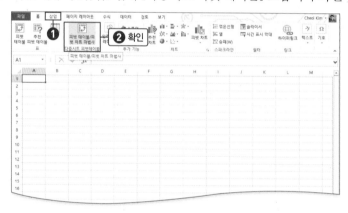

잠깐만요 **리본 메뉴에서 [다중시트 피벗테이블] 그룹 삭제하기**

삽입한 그룹을 삭제하려면 [파일] 탭-[옵션]을 선택하고 [Excel 옵션] 창의 [리본 사용자 지정] 범주의 해당 그룹에서 마우스 오른쪽 단추를 눌러 [제거]를 선택하세요.

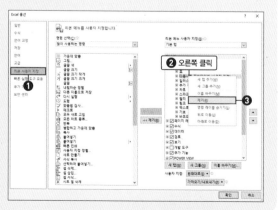

예제파일 : 02_다중시트취합_예제.xlsx　　완성파일 : 02_다중시트취합_완성.xlsx

실무
예제 | **02**

피벗 테이블로 다중 시트 데이터를 하나로 취합하기

1 [2014년] 시트에서 피벗 테이블/피벗 차트 마법사 실행 단축키인 Alt+D를 누른 후 P를 누르세요. [피벗 테이블/피벗 차트 마법사 - 3단계 중 1단계] 대화상자가 열리면 '분석할 데이터 위치를 지정하십시오.'에서 [다중 통합 범위]를 선택하고 [다음]을 클릭하세요.

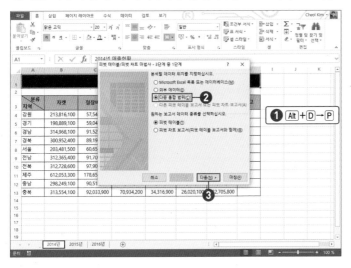

> **Tip**
>
> 139~142쪽에서 만든 빠른 실행 도구 모음의 도구나 리본 메뉴의 그룹을 선택하여 피벗 테이블/피벗 차트 마법사를 실행해도 됩니다.

2 [피벗 테이블/피벗 차트 마법사 - 3단계 중 2A단계] 대화상자가 열리면 [하나의 페이지 필드 만들기]를 선택하고 [다음]을 클릭하세요.

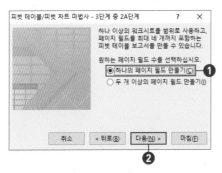

3 [피벗 테이블/피벗 차트 마법사 - 3단계 중 2B단계] 대화상자가 열리면 A3:G13 범위를 드래그하여 선택하고 [추가]를 클릭하세요.

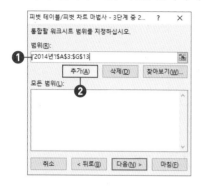

4 이와 같은 방법으로 [2015] 시트를 선택하고 A3:G13 범위를 드래그하여 선택한 후 [추가]를 클릭하세요. 마지막으로 [2016] 시트를 선택하고 A3:G13 범위를 드래그하여 선택한 후 [추가]를 클릭하세요. '모든 범위'에 데이터가 모두 추가되면 [다음]을 클릭하세요.

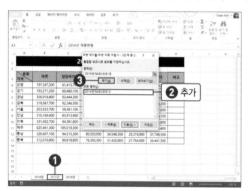
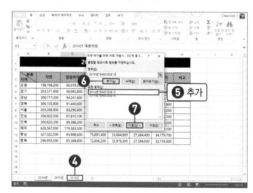

5 [피벗 테이블/피벗 차트 마법사 - 3단계 중 3단계] 대화상자가 열리면 '피벗 테이블 보고서 작성 위치'에서 [새 워크시트]를 선택하고 [마침]을 클릭하세요.

6 [Sheet1] 시트에 2014년, 2015년, 2016년 데이터가 모두 피벗 테이블로 집계되어 나타납니다. 값 영역의 셀 서식을 변경하기 위해 B5셀에서 마우스 오른쪽 단추를 눌러 [필드 표시 형식]을 선택하세요.

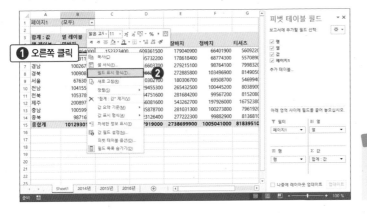

Tip

만약 합계가 아닌 개수가 표시된다면 3~4 과정에서 범위를 지정할 때 '비고' 열(H열)까지 선택했기 때문입니다.

7 [셀 서식] 대화상자가 열리면 [표시 형식] 탭의 '범주'에서 [통화]를 선택하고 '음수'에서 통화 방식을 선택한 후 [확인]을 클릭하세요.

8 값 데이터에 1000 단위 구분 기호인 쉼표가 적용된 것을 확인할 수 있어요.

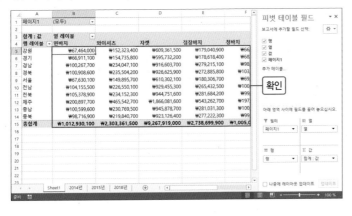

데이터 통합 기능으로 다중 시트 데이터 하나로 취합하기

🔵 **예제파일** : 02_01_데이터통합_예제.xlsx 🔵 **결과파일** : 02_01_데이터통합_완성.xlsx

피벗 테이블뿐만 아니라 데이터 통합 기능으로도 여러 시트의 데이터를 하나로 취합하여 보고서로 작성할 수 있어요.

① [결과] 시트에서 보고서를 작성할 A3셀을 선택하고 [데이터] 탭-[데이터 도구] 그룹에서 [통합]을 클릭하세요.

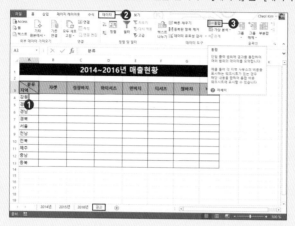

② [통합] 대화상자가 열리면 '함수'에서 [합계]를 선택하고 [2014년] 시트의 A3:G13 범위를 드래그하여 선택한 후 [추가]
를 클릭해서 '모든 참조 영역'에 추가하세요. 이와 같은 방법으로 [2015년] 시트와 [2016년] 시트의 A3:G13 범위도 '모
든 참조 영역'에 추가하고 '사용할 레이블'에서 [첫 행]과 [왼쪽 열]에 체크한 후 [확인]을 클릭하세요.

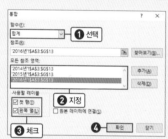

Tip

데이터 통합을 실행할 때 [통합] 대화상자의 [원본 데이터에 연결]에 체크하고 [확
인]을 클릭하면 원본 데이터가 변경되어도 [결과] 시트에 곧바로 반영되어 나타납
니다.

③ [결과] 시트의 A3셀부터 2014년, 2015년, 2016년 데이터가 취합되어 나타납니다.

실무
예제 **03** 조건부 서식으로 데이터 시각화하기

1 피벗 테이블로 분석한 보고서에 조건부 서식을 적용하면 차트를 따로 만들지 않아도 데이터를 시각화할 수 있어요. [데이터막대_1] 시트에서 D4:D7 범위를 드래그하여 선택하세요. 대비율을 한눈에 알아볼 수 있도록 데이터 막대를 적용하기 위해 [홈] 탭-[스타일] 그룹에서 [조건부 서식]을 클릭하고 [데이터 막대]를 선택한 후 '단색 채우기'에서 [파랑 데이터 막대]를 선택합니다.

2 이번에는 [데이터막대_2] 시트의 '실행공정' 항목에 100%를 기준으로 데이터 막대를 표시해 볼게요. 이 경우 '실행 공정'의 합이 100%를 초과할 수 없으므로 C8셀에 『100%』를 입력하고 Enter 를 누른 후 데이터 막대가 표시될 C4:C8 범위를 드래그하여 선택하세요.

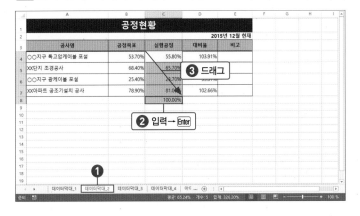

3 [홈] 탭-[스타일] 그룹에서 [조건부 서식]을 클릭하고 [데이터 막대]를 선택한 후 '단색 채우기'에서 [자주 데이터 막대]를 선택하세요.

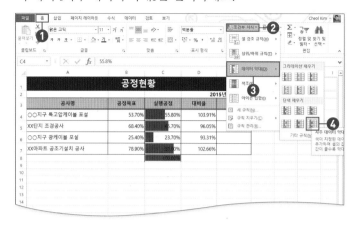

4 가장 큰 값인 가상 데이터의 행을 숨기기 위해 8행 머리글에서 마우스 오른쪽 단추를 눌러 [숨기기]를 선택하세요.

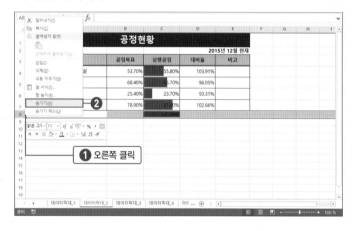

5 [데이터막대_3] 시트의 '집행율' 항목에도 100% 기준의 데이터 막대를 표시해 볼게요. 데이터 막대가 표시될 D4:D7 범위를 드래그하여 선택하고 [홈] 탭-[스타일] 그룹에서 [조건부 서식]을 클릭한 후 [데이터 막대]를 선택하고 [기타 규칙]을 선택하세요.

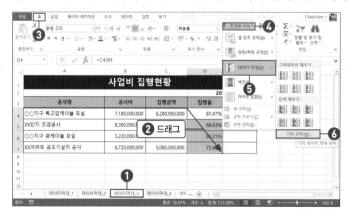

6 [새 서식 규칙] 대화상자가 열리면 '최대값'을 [숫자]로 선택하고 '값'에 『1』을 입력한 후 [확인]을 클릭하세요.

1 입력

2 확인

7 '집행율' 항목에 100% 기준의 데이터 막대가 표시된 것을 확인하세요.

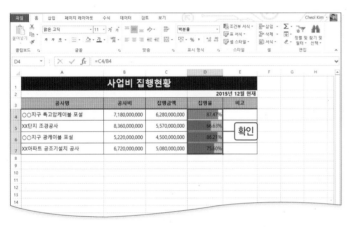

확인

8 [데이터막대_4] 시트에서는 100% 기준의 데이터 막대를 별도의 열에 표시해 볼게요. E4셀에 『=D4』를 입력하고 Enter를 누른 후 E4셀의 자동 채우기 핸들(╋)을 E7셀까지 드래그하세요.

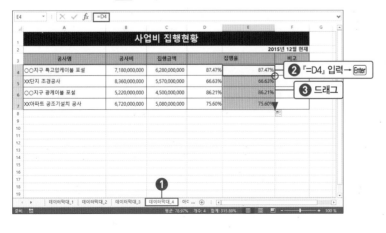

2 『=D4』입력 → Enter

3 드래그

9 [홈] 탭-[스타일] 그룹에서 [조건부 서식]을 클릭하고 [데이터 막대]를 선택한 후 [기타 규칙]을 선택하세요.

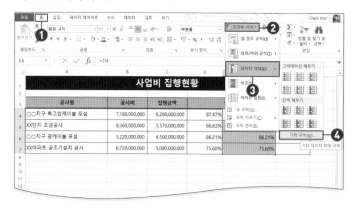

10 [새 서식 규칙] 대화상자가 열리면 '서식 스타일'의 [막대만 표시]에 체크하고 '최대값'에서 [숫자]를 선택하세요. '값'에『1』을 입력하고 [확인]을 클릭하세요.

11 E열의 '집행율' 항목에 숫자는 표시되지 않고 100% 기준 데이터 막대만 나타난 것을 확인할 수 있어요.

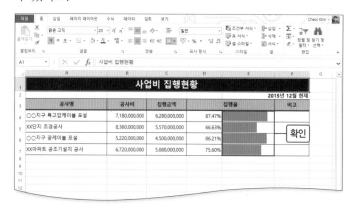

실무
예제 **04**

아이콘 집합으로 지역별 목표 결과 표시하기

1 [아이콘집합] 시트에서 B4:M13 범위를 드래그하여 선택하세요. [홈] 탭-[스타일] 그룹에서 [조건부 서식]을 클릭하고 [아이콘 집합]-[기타 규칙]을 선택하세요.

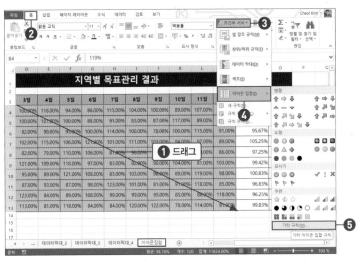

2 [새 서식 규칙] 대화상자가 열리면 다음의 그림과 같이 아이콘 스타일을 설정하고 기준을 입력한 후 [확인]을 클릭하세요.

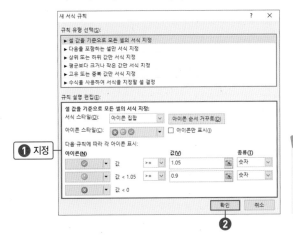

Tip

아이콘 스타일의 표시 기준은 다음과 같아요.
- 105% 이상 : 🟢 아이콘
- 90% 이상, 105% 미만 : 🟡 아이콘
- 90% 미만 : 🔴 아이콘

3 데이터가 열 너비보다 길어서 '####'으로 표시되므로 열 너비를 자동 맞춤해 볼게요. B열 머리글부터 M열 머리글까지 드래그하여 선택하세요.

4 열과 열 사이에 마우스 포인터를 올려놓고 ✛ 모양으로 바뀌면 더블클릭해서 열 너비를 자동 맞춤합니다.

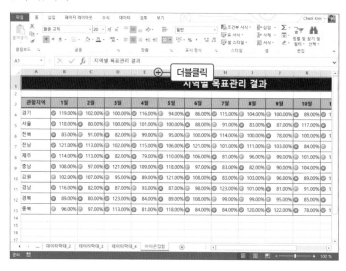

문자로 입력된 날짜를 정상 날짜로 변환하기

예제파일 : 실무예제_날짜변환_예제.xlsx　　**결과파일** : 실무예제_날짜변환_완성.xlsx

날짜가 문자 형태로 입력된 상태에서 피벗 테이블을 작성하고 날짜를 그룹으로 만들려면 '선택 범위를 그룹으로 묶을 수 없습니다.'라는 오류 메시지가 나타납니다. 이 경우 문자로 입력된 날짜를 모두 정상 날짜로 변환하고 피벗 테이블을 활용해 데이터를 빠르게 집계 및 분석해 보세요.

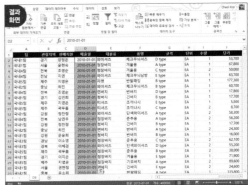

Hint

① 문자로 입력된 날짜 부분을 선택하세요. 이때 연속된 범위이므로 D2셀을 선택하고 Ctrl+Shift+↓를 누르면 D2:D400001 범위에 있는 40만 개의 데이터를 쉽게 선택할 수 있어요.

② [데이터] 탭-[데이터 도구] 그룹에서 [텍스트 나누기]를 클릭하세요.

③ 텍스트 나누기 3단계 중 1단계와 2단계는 [다음]을 계속 클릭하세요.

④ 3단계에서 '열 데이터 서식'을 [날짜]로 선택하여 [년월일]로 지정한 후 [마침]을 클릭하세요. 그러면 40만 개의 문자로 입력되었던 날짜 데이터가 정상적인 날짜로 모두 변환된 것을 확인할 수 있어요.

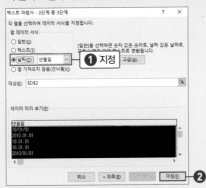

1 | 보고서 인쇄 출력 환경 설정하기

● **예제파일** : 실무노트_출력_설정_예제.xlsx　　● **결과파일** : 실무노트_출력_설정_완성.xlsx

보고서를 모두 작성했으면 회의나 미팅 준비를 위한 보고서를 출력해야 합니다. 애써 만든 작업물을 제대로 출력하지 못해서 원하는 결과를 보여주지 못한다면 업무 능력을 인정받기 어렵습니다. 그러므로 실무에서 꼭 알아두어야 할 출력 설정 방법에 대해 잘 익혀야 해요.

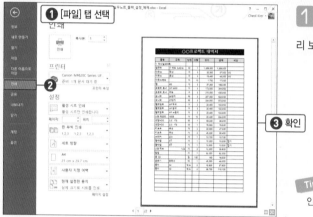

1 [출력설정_1] 시트에서 [파일] 탭-[인쇄]를 선택하고 인쇄 미리 보기를 확인하면 1페이지의 미리 보기가 나타납니다.

Tip

인쇄 미리 보기의 단축키는 Ctrl + F2 입니다.

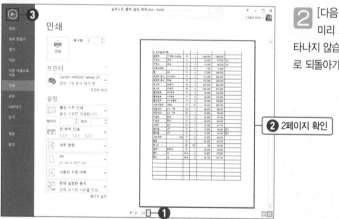

2 [다음 페이지] 단추(▶)를 클릭해서 2페이지를 미리 보기하면 1페이지에 나타났던 머리글이 나타나지 않습니다. ⊙를 클릭하여 다시 엑셀 작업 창으로 되돌아가세요.

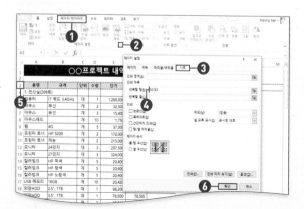

3 특정 행을 반복해서 출력하도록 설정해 볼게요. [페이지 레이아웃] 탭-[페이지 설정] 그룹에서 [페이지 설정] 대화상자 표시 아이콘(⬚)을 클릭하세요. [페이지 설정] 대화상자가 열리면 [시트] 탭에서 '반복할 행'에 커서를 올려놓고 3행 머리글을 선택한 후 [확인]을 클릭하세요.

Tip

3행 머리글을 선택하면 '반복할 행'에 '$3:$3'이 나타납니다.

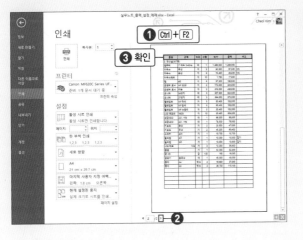

4 Ctrl+F2를 눌러 인쇄 미리 보기를 표시하고 [다음 페이지] 단추(▶)를 클릭하세요. 그러면 2페이지에도 3행의 머리글이 반복되어 출력되는 것을 확인할 수 있어요.

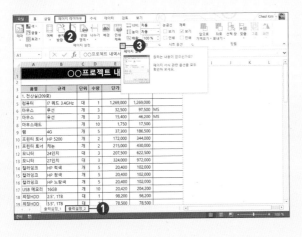

5 [출력설정_2] 시트에서 출력물의 아래쪽에 현재 시트가 있는 파일 경로와 파일명, 페이지 수를 표시하려고 합니다. [페이지 레이아웃] 탭-[페이지 설정] 그룹에서 [페이지 설정] 대화상자 표시 아이콘(⬚)을 클릭하세요.

Tip

그룹 이름의 오른쪽에 있는 대화상자 표시 아이콘(⬚)을 클릭하면 해당 그룹의 옵션을 모두 확인하여 설정할 수도 있고 특정 옵션을 선택할 수 있는 대화상자가 표시되기도 합니다.

6 [페이지 설정] 대화상자가 열리면 파일 경로와 페이지 수를 출력물의 아래쪽에 표시하기 위해 [머리글/바닥글] 탭을 선택하고 [바닥글 편집]을 클릭하세요.

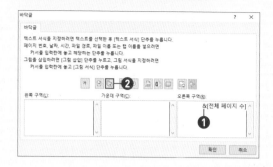

7 [바닥글] 대화상자가 열리면 '오른쪽 구역'에 있는 OO페이지 중 O페이지로 나타내기 위해 '오른쪽 구역'에 커서를 올려놓고 [전체 페이지 수 삽입] 단추(📄)를 한 번 클릭하세요.

8 '오른쪽 구역'에 나타난 '&[전체 페이지 수]'의 뒤에 『페이지중』을 입력합니다. 그런 다음 [페이지 번호 삽입] 단추(📄)를 클릭하고 마지막에 『페이지』를 입력합니다.

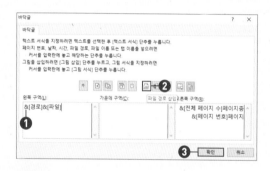

9 '왼쪽 구역'에는 파일 경로를 표시하기 위해 '왼쪽 구역'에 커서를 올려놓고 [파일 경로 삽입] 단추(📄)를 클릭한 후 [확인]을 클릭하세요. [페이지 설정] 대화상자로 되돌아오면 [확인]을 클릭하세요.

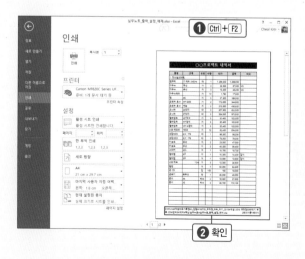

10 엑셀 작업 화면으로 되돌아와서 Ctrl + F2 를 누르세요. 인쇄 미리 보기 화면이 나타나면 왼쪽 아래에는 파일 경로가, 오른쪽에는 OO페이지 중 O페이지라고 나타나는 것을 확인할 수 있어요.

Tip

완성파일에서는 8과정까지만 보여줍니다. 9과정부터 설명하는 파일 경로 표시는 사용자의 작업 환경에 따라 다르게 표시될 수 있기 때문입니다.

2 | 주간 단위로 매출 분석하기

🔵 예제파일 : 실무노트_주간매출_예제.xlsx   🔵 결과파일 : 실무노트_주간매출_완성.xlsx

주간별로 매출 분석을 하려면 '그룹' 기능을 이용해야 해요. 그러면 사용자가 원하는 기간만큼의 날짜를 지정하여 분석할 수 있습니다.

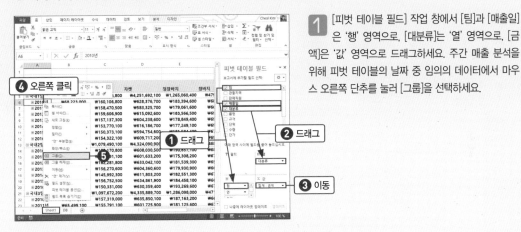

1 [피벗 테이블 필드] 작업 창에서 [팀]과 [매출일]은 '행' 영역으로, [대분류]는 '열' 영역으로, [금액]은 '값' 영역으로 드래그하세요. 주간 매출 분석을 위해 피벗 테이블의 날짜 중 임의의 데이터에서 마우스 오른쪽 단추를 눌러 [그룹]을 선택하세요.

2 [그룹화] 대화상자가 열리면 [월], [분기], [연]을 다시 클릭해서 선택을 해제하고 [일]을 선택하세요. '날짜 수'가 활성화되면 사용자가 원하는 그룹의 단위가 주간이므로 『7』을 입력하고 [확인]을 클릭하세요.

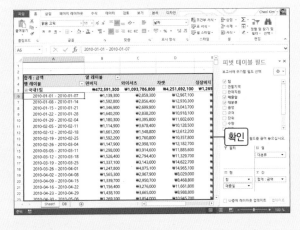

3 주간 단위로 매출 분석이 완성되었는지 확인할 수 있어요.

4 함수 검색 이제 그만!
실무 함수
제대로 익히기

챕터 3에서 배웠듯이 엑셀은 마우스만으로 데이터를 집계하고 쉽게 분석할 수 있는 프로그램이에요. 하지만 이러한 기능은 원래의 데이터(raw data)가 제대로 준비되어 있어야 효율적으로 작동합니다. 만약 사내 시스템을 통해 제공되는 데이터에 분석하려는 내용이 포함되어 있지 않거나 피벗 테이블만으로 원하는 분석을 할 수 없는 경우에는 함수를 사용해야 합니다. 그런데 많은 사람들이 함수 사용은 어렵다고만 느껴서 인터넷 검색에 의존하거나 주변 동료들의 도움을 받으려고 하죠. 따라서 이번 챕터에서는 실무에 꼭 필요한 함수만 뽑아 제대로 익힐 수 있도록 도와줍니다.

Excel 2013

꼭 알아야 할 필수 함수

엑셀에서 기본적으로 제공하는 함수만 알아도 대부분의 실무를 문제없이 해결할 수 있어요. 이번 섹션에서는 업무에서 가장 많이 사용하는 함수만 뽑아 제대로 알려줍니다. SUM 함수와 IF 함수, AVERAGE 함수 등 기본적인 사용법부터 언제, 어떻게 써먹어야 업무에 효율적인지 알아보겠습니다. 이번 섹션만 잘 따라하면 더 이상 함수 때문에 인터넷 검색을 할 필요가 없어요.

PREVIEW

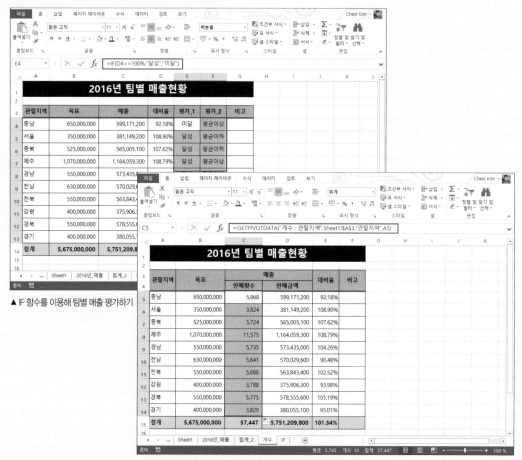

▲ IF 함수를 이용해 팀별 매출 평가하기

▲ GETPIVOTDATA 함수와 피벗 테이블을 활용해 쉽게 보고서 작성하기

섹션별 주요 내용

난이도 1 2 **3** 4 5

01 목표값과 매출액의 합계 구하기

– SUM 함수

1 [합계_1] 시트의 B15:C15 범위에 목표값과 매출 합계를 나타내려고 합니다. 우선 B15셀에 목 표값을 구하기 위해 『=SUM(』을 입력하고 B5셀부터 B14셀까지 드래그하여 선택한 후 **Enter** 를 누르세요.

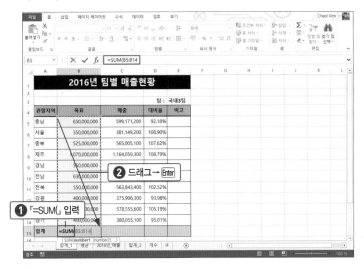

2 이번에는 이름 정의를 사용하여 매출 합계를 구해볼까요? C5:C14 범위를 드래그하여 선택하 고 이름상자에 『매출』을 입력한 후 **Enter** 를 누르세요. 이렇게 하면 C5:C14 범위의 이름이 '매 출'로 정의됩니다.

161

3 **2** 과정에서 정의한 이름을 사용하여 함수식을 입력해 볼게요. C15셀을 선택하고 『=SUM(매출』을 입력한 후 Enter 를 누르세요.

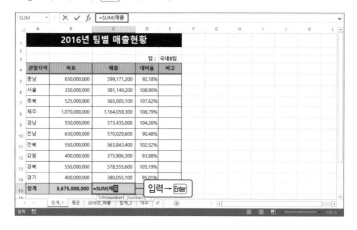

4 목표 대비 매출 비율을 나타내기 위해 D15셀을 선택하고 『=C15/B15』를 입력한 후 Enter 를 누르세요.

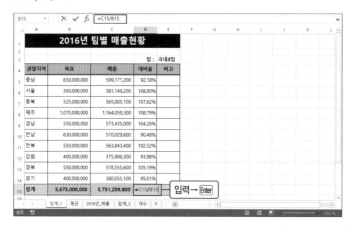

잠깐만요 **정의한 이름이 기억나지 않을 때 수식에 쉽게 적용하기**

이름 정의를 사용하면 함수식을 직관적으로 표현할 수 있어 해석이 쉬워져요. 하지만 엑셀 데이터 범위에 정의한 이름이 많아 기억이 나지 않거나 헷갈릴 수 있습니다. 이 경우 F3 을 사용하여 정의한 이름을 수식에 쉽게 적용하는 방법을 알려줄게요.

① C15셀에 『=SUM(』까지 입력하고 F3 을 누르세요.
② [이름 붙여넣기] 대화상자가 열리면 삽입하고 싶은 이름을 더블클릭하거나 선택하고 [확인]을 클릭하세요.

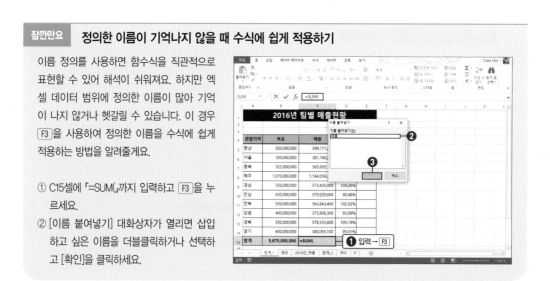

5 D15셀에 목표 대비 매출 비율까지 최종 결과가 나타난 것을 확인할 수 있어요.

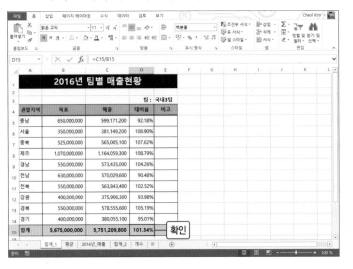

환경설정

데이터기초

데이터분석

데이터관리

실무함수

데이터필터

정보의시각화

데이터활용

특별부록

잠깐만요 **정의한 이름 범위 확인하기**

특정 범위에 정의한 이름은 [수식] 탭-[정의된 이름] 그룹에서 [이름 관리자]를 클릭하여 확인할 수 있어요. [이름 관리자] 대화상자가 열리면 정의된 이름을 선택해 보세요. 그러면 '참조 대상'에서 해당 이름 정의에 대한 참조 범위를 확인할 수 있어요.

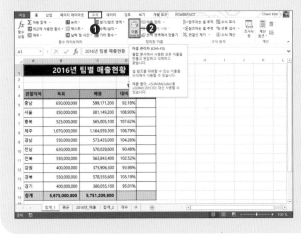

📁 **예제파일** : 01_01_서식변경_함수_예제.xlsx 📁 **결과파일** : 01_01_서식변경_함수_완성.xlsx

[합계_1] 시트에서 D5:D15 범위의 수식은 모두 [매출/목표]입니다. 그런데 D15셀은 다른 셀과 달리 셀에 채우기 색이 회색으로 지정되어 있어 162쪽에서는 수식을 D5:D14 범위까지 드래그하여 입력한 후 D15셀에는 별도로 입력했어요. 셀에 채우기 색이 지정된 상태에서 수식을 자동 채우기로 입력하면 셀 속성까지 복사되기 때문이죠. 이 경우 셀 서식과 상관없이 D5:D15 범위에 수식을 한 번에 채우려면 Ctrl + Enter를 이용해야 합니다.

① [합계_1] 시트에서 D5:D15 범위를 드래그하여 선택하세요.

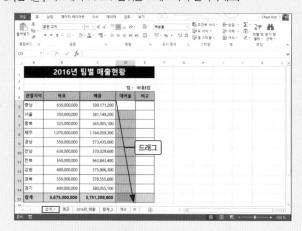

② 다음의 그림과 같이 수식을 입력해 볼게요. 수식을 입력할 때는 참조할 셀을 마우스를 이용해서 선택하지 않고 커서를 이용해야 합니다. 먼저 『=』를 입력하고 ←를 한 번 누르면 수식이 '=C5'로 변경됩니다. 이때 『/』를 입력하고 ←를 두 번 누르면 '=C5/B5'로 입력됩니다. 이 상태에서 Ctrl을 누른 채 Enter를 누르면 서식이 다른 셀 범위와 같은 수식을 한 번에 채울 수 있습니다.

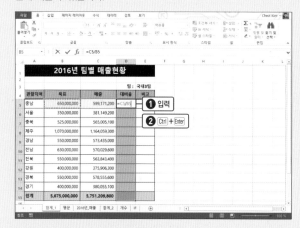

실무
예제 **02**

매출 목표값의 평균 구하기

– AVERAGE 함수

1 [평균] 시트에서 목표값의 평균을 구하기 위해 B15셀을 선택하고 『=AVERAGE(B5:B14』를 입력한 후 Enter를 누르세요.

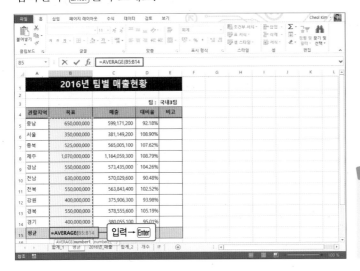

Tip

함수식의 맨 뒤에 닫는 괄호())를 입력하지 않고 Enter를 눌러도 함수식이 완성되어 결과값을 구할 수 있습니다. 이것에 대해서는 166쪽의 '잠깐만요'를 참고하세요.

=AVERAGE(B5:B14)
❶

❶은 산술 평균을 산출할 데이터 범위

➡ AVERAGE 함수는 평균을 구하는 함수로, B5셀부터 B14셀까지 입력된 데이터의 평균을 나타냅니다.

2 B15셀에 적용한 평균 수식을 매출과 대비율에도 적용해 볼게요. B15셀의 자동 채우기 핸들 (╋)을 D15셀까지 드래그하면 해당 범위에 동일한 수식이 모두 적용됩니다.

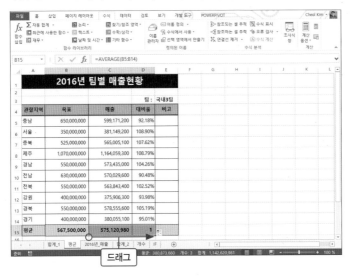

3 대비율의 서식을 변경하기 위해 D15셀을 선택하고 [홈] 탭-[표시 형식] 그룹에서 [백분율 스타일]을 클릭하세요. 대비율에 백분율 스타일을 지정했으면 [홈] 탭-[표시 형식] 그룹에서 [자릿수 늘림]을 두 번 클릭하여 소수점 이하 둘째 자리까지 표시된 백분율 스타일로 표시합니다.

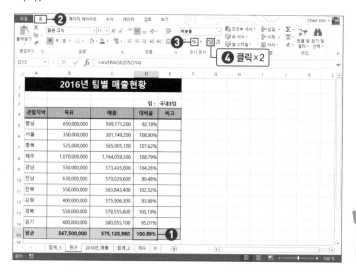

Tip
백분율 스타일을 빠르게 적용하려면 Ctrl+Shift+%를 누르세요.

잠깐만요 **함수식 쉽게 작성하고 셀 범위 빠르게 선택하기**

함수식에 적용해야 할 셀과 범위가 많아질수록 입력이 복잡해집니다. 하지만 다음의 방법을 이용하면 좀 더 빠르고 편리하게 함수식을 작성하거나 셀 범위를 선택할 수 있어요.

❶ 함수식에서 닫는 괄호(()) 생략하기

엑셀에서 함수식을 작성할 때 함수를 입력하고 맨 마지막에 닫는 괄호())만 남았다면 그냥 Enter를 누르세요. 예를 들어 『=SUM(B5:B14』까지 입력하고 마지막에 닫는 괄호를 입력하지 않은 상태에서 Enter를 눌러도 함수식은 제대로 입력됩니다. 해당 셀의 함수식을 확인해 보면 '=SUM(B5:B14)'로, 닫히는 괄호가 자동으로 생성된 것을 확인할 수 있어요.

❷ 단축키 눌러 연속된 셀 범위 빠르게 선택하기

연속된 셀 범위를 쉽게 선택하려면 B15셀 선택 → 『=AVERAGE(』 입력 → 첫 번째 셀인 B5셀 선택 → Ctrl+Shift+↓를 누릅니다. 그러면 화살표 방향으로 선택된 셀부터 연속된 마지막 셀까지 한 번에 선택되므로 함수식은 '=AVERAGE(B5:B14'로 변경됩니다. 이때 Enter를 누르면 연속된 셀 범위의 평균을 빠르게 구할 수 있어요.

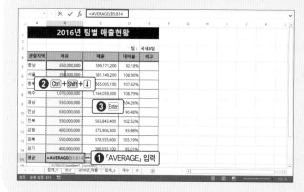

실무
예제 | **03** | # 피벗 테이블과 함수로 지역별 매출 구하기

– GETPIVOTDATA 함수

1 앞에서 배운 피벗 테이블과 함수를 동시에 사용하면 좀 더 쉽게 데이터를 집계 및 분석할 수 있어요. 데이터 분석을 위한 가장 첫 단계인 표 만들기를 위해 [2016년_매출] 시트에서 데이터가 입력된 임의의 셀을 선택하고 Ctrl+T를 누릅니다. [표 만들기] 대화상자가 열리면 [머리글 포함]에 체크한 상태에서 [확인]을 클릭하세요.

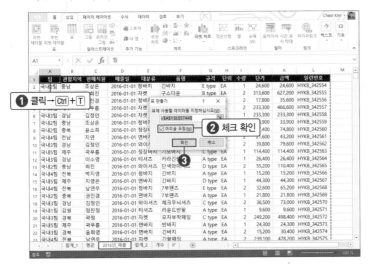

2 피벗 테이블을 삽입하기 위해 [디자인] 탭-[도구] 그룹에서 [피벗 테이블로 요약]을 클릭하세요. [피벗 테이블 만들기] 대화상자가 열리면 피벗 테이블 보고서를 넣을 위치를 [새 워크시트]로 선택하고 [확인]을 클릭하여 새로운 워크시트에 피벗 테이블을 만드세요.

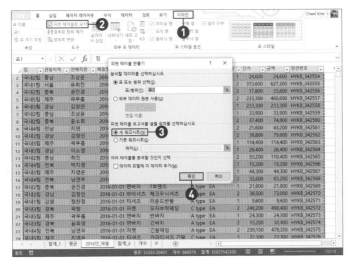

3 [Sheet1] 시트에 [피벗 테이블 필드] 작업 창이 열리면 [관할지역]은 '행' 영역으로, [금액]은 '값' 영역으로 드래그하세요. 그러면 관할 지역별 금액의 합계가 표시된 피벗 테이블이 나타납니다.

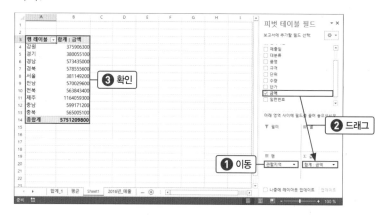

4 [합계_2] 시트를 선택하고 [Sheet1] 시트에 입력된 피벗 테이블 자료를 참조하여 C4셀에 충남 지역의 매출을 구해볼게요. C4셀을 선택하고 『=』를 입력하세요.

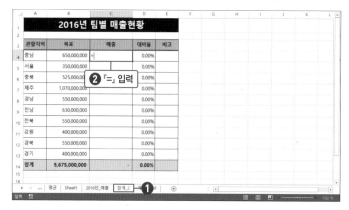

5 [Sheet1] 시트를 선택하고 충남 지역의 매출이 있는 B12셀을 선택한 후 Enter를 누릅니다. 그러면 수식 입력줄에 GETPIVOTDATA 함수의 수식이 입력되면서 [합계_2] 시트로 이동합니다.

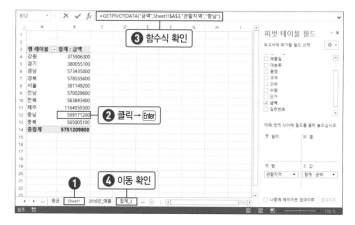

6 [합계_2] 시트에서 C4셀을 선택하면 [Sheet1] 시트의 피벗 테이블 자료에서 참조했던 GETPIVOT DATA 함수식이 자동으로 생성된 것을 확인할 수 있어요.

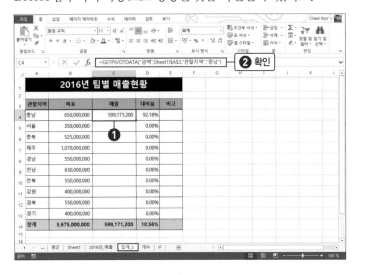

=GETPIVOTDATA("금액",Sheet1!$A$3,"관할지역","충남")
            ❶   ❷   ❸   ❹

❶ 피벗 테이블 보고서([Sheet1] 시트)의 '값' 영역에 있는 데이터 필드 이름
❷ 특정 시트의 어느 셀이 위치한 곳의 피벗 테이블에서 가져온 데이터라는 것을 명시
❸ 가져올 데이터를 지칭하는 필드 이름
❹ ❸ 필드의 항목 이름
➡ 피벗 테이블 보고서의 분석을 쉽게 나타낼 수 있는 함수식으로, [Sheet1] 시트의 A3셀이 있는 피벗 테이블에서 관할 지역 중 '충남'을 만족하는 금액의 합계를 표시합니다. GETPIVOTDATA 함수식은 세 번째 인수(❸)부터는 다음에 나오는 인수(❹)와 한 쌍으로 묶여서 구성됩니다. 즉 필드 이름과 항목 이름이 한 쌍이며, 총 126개까지 조건을 만족하는 값을 나타낼 수 있습니다.

잠깐만요 **GETPIVOTDATA 수식 활성화하는 방법**

6번 과정까지 진행하고 수식 입력줄에 작성된 수식을 확인했을 때 GETPIVOTDATA 수식이 아닌 '=Sheet1!B12'처럼 나타나면 어떻게 해야 할까요? [파일] 탭에서 [옵션]을 실행한 후 [Excel 옵션] 대화상자에서 [수식] – [수식 작업] – [피벗 테이블 참조에 GetPivotData 함수 사용]에 체크하세요.

7 이번에는 C4셀에 입력된 GETPIVOTDATA 함수식의 변수를 변경해 볼게요. C4셀을 선택하고 수식 입력줄에서 마지막 인수 부분인 "충남"을 삭제한 후 '충남' 텍스트가 들어있는 『A4』를 대신 입력하세요. 함수식이 '=GETPIVOTDATA("금액",Sheet1!$A$3,"관할지역",A4)'와 같이 변경되면 [Enter]를 누르세요.

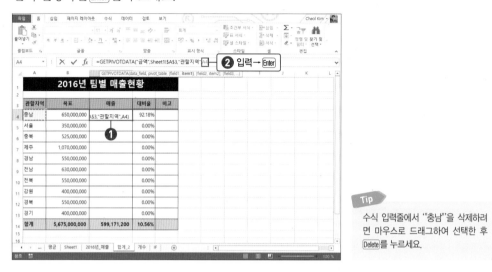

Tip
수식 입력줄에서 "충남"을 삭제하려면 마우스로 드래그하여 선택한 후 [Delete]를 누르세요.

8 다른 지역의 매출도 구하기 위해 C4셀의 자동 채우기 핸들(➕)을 C13셀까지 드래그하여 나머지 셀에도 함수식을 복사하세요.

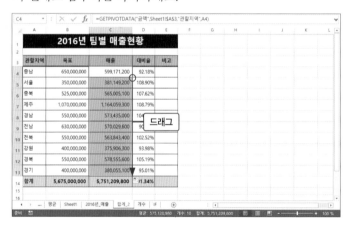

GETPIVOTDATA의 변수를 손쉽게 변경하는 방법

① 수식 표시줄에서 GETPIVOTDATA 함수식 중 변경할 부분을 클릭하여 선택하고 수식 인수 설명 중 글꼴이 굵게 변한 인수를 선택하세요.

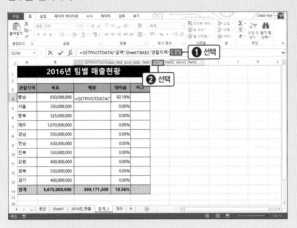

② 반전된 부분이 포함된 셀을 클릭하면 함수식의 변수가 바로 변경됩니다.

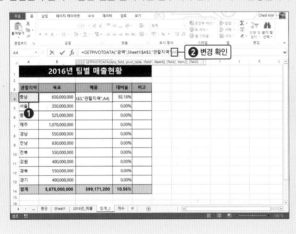

난이도 1 2 **3** 4 5

실무
예제 **04** ## 피벗 테이블과 함수로 지역별 판매 횟수 구하기

– GETPIVOTDATA 함수

1 [개수] 시트의 C열에 매출의 판매 횟수를 표시해 볼게요. 170쪽에서 설명한 것처럼 [Sheet1] 시트를 선택하고 [피벗 테이블 필드] 작업 창의 [관할지역]을 '값' 영역으로 드래그하세요. 그러면 피벗 테이블의 마지막 셀(C14셀)에 관할 지역의 개수가 표시됩니다.

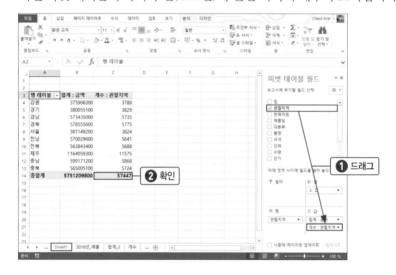

2 [개수] 시트에서 충남 지역의 판매횟수를 나타내기 위해 C5셀을 선택하고 『=』를 입력하세요.

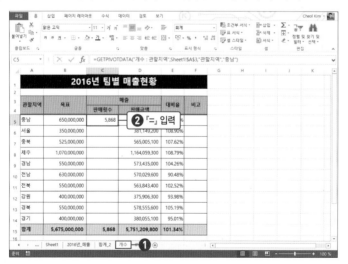

3 [Sheet1] 시트를 선택하고 충남 지역 개수인 C12셀을 선택한 후 Enter 를 누르면 함수식이 완성됩니다.

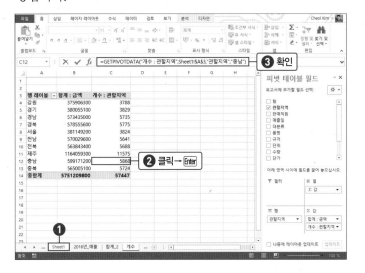

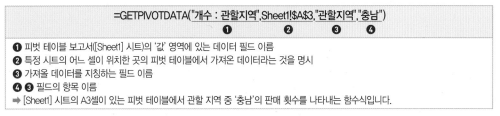

=GETPIVOTDATA("개수 : 관할지역",Sheet1!$A$3,"관할지역","충남")

❶ 피벗 테이블 보고서([Sheet1] 시트)의 '값' 영역에 있는 데이터 필드 이름
❷ 특정 시트의 어느 셀이 위치한 곳의 피벗 테이블에서 가져온 데이터라는 것을 명시
❸ 가져올 데이터를 지칭하는 필드 이름
❹ ❸ 필드의 항목 이름
➡ [Sheet1] 시트의 A3셀이 있는 피벗 테이블에서 관할 지역 중 '충남'의 판매 횟수를 나타내는 함수식입니다.

4 이번에는 [개수] 시트의 C5셀에 입력된 GETPIVOTDATA 함수식의 변수를 변경해 볼게요. C5셀을 선택하고 수식 입력줄에서 마지막 인수 부분인 '"충남"'을 삭제한 후 '충남' 텍스트가 들어있는 『A5』를 대신 입력합니다. 함수식이 '=GETPIVOTDATA("개수 : 관할지역",Sheet1!$A$3,"관할지역",A5)'와 같이 변경되면 Enter 를 누르세요.

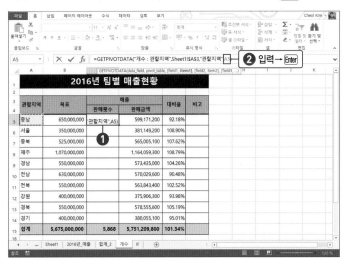

5 C5셀의 자동 채우기 핸들(✛)을 더블클릭하여 C14셀까지 나머지 지역의 판매 횟수도 구하세요.

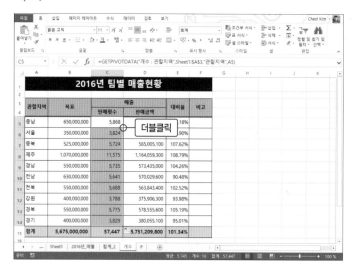

실무
예제 | **05**

목표 대비 매출의 달성 여부 평가하기

– IF 함수

1 참과 거짓을 판단하는 IF 함수는 실무 활용 빈도가 매우 높아요. 여기서는 함수 삽입 방법으로 IF 함수의 사용법을 배워볼게요. [IF] 시트의 E열에 목표 대비 매출이 100% 이상이면 '달성'을, 100% 미만이면 '미달'을 표시하려고 합니다. E4셀을 선택하고 『=IF(』까지 입력한 후 [함수 삽입] 단추(𝑓𝑥)를 클릭하세요.

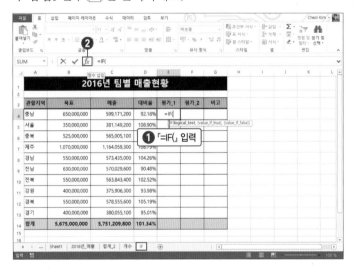

2 IF 함수의 [함수 인수] 대화상자가 열리면 첫 번째 인수인 'Logical_test'에는 참, 거짓을 판단하는 조건이 되도록 『D4>=100%』를 입력하세요. 그러면 해당 조건은 'D4셀 값이 100% 이상이라면'으로 해석됩니다. 'Value_if_true'에는 조건이 참일 때 표시할 값인 『달성』을, 'Value_if_false'에는 조건이 거짓일 때 표시할 값인 『미달』을 입력하고 [확인]을 클릭하세요.

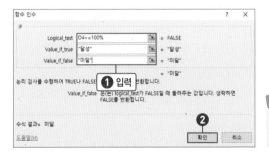

> **Tip**
> 'Value_if_true'와 'Value_if_false'에 한글을 입력하면 자동으로 큰따옴표(" ") 안에 입력됩니다.

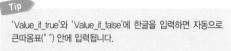

=IF(D4>=100%,"달성","미달")
❶   ❷   ❸

❶ IF 함수의 조건절로, 조건은 참, 거짓을 판단할 수 있는 명제
❷ ❶의 조건절이 참일 경우 나타낼 값이나 내용
❸ ❶의 조건절이 거짓일 경우 나타낼 값이나 내용
➡ D4셀의 값이 100% 이상이면 '달성'을, 100% 미만이면 '미달'을 표시하는 함수식입니다.

3 F열의 '평가_2'에는 매출의 평균값보다 큰지, 작은지를 조건으로 사용해 '평균이하' 또는 '평균이상'을 표시하려고 합니다. F4셀을 선택하고 『=IF(』를 입력한 후 [함수 삽입] 단추(𝑓ₓ)를 클릭하세요.

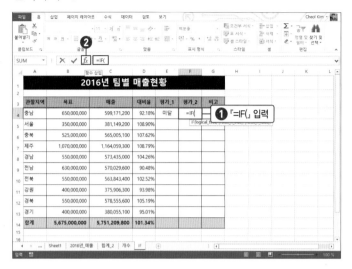

4 IF 함수의 [함수 인수] 대화상자가 열리면 첫 번째 인수인 'Logical_test'에는 참, 거짓을 판단하는 조건이 되도록 『AVERAGE($C$4:$C$13)>C4』를 입력하세요. 그러면 해당 조건은 'C4셀 값이 C4:C13 범위의 평균보다 작다면'으로 해석됩니다. 'Value_if_true'에는 조건이 참일 때 표시할 값인 『평균이하』를, 'Value_if_false'에는 조건이 거짓일 때 표시할 값인 『평균이상』을 입력하고 [확인]을 클릭하세요.

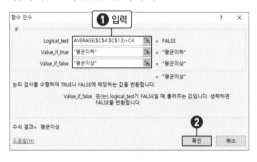

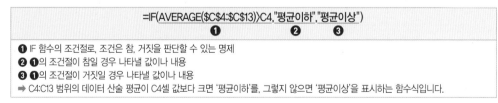

=IF(AVERAGE($C$4:$C$13)>C4,"평균이하","평균이상")
　　　❶　　　　　　　　❷　　　❸

❶ IF 함수의 조건절로, 조건은 참, 거짓을 판단할 수 있는 명제
❷ ❶의 조건절이 참일 경우 나타낼 값이나 내용
❸ ❶의 조건절이 거짓일 경우 나타낼 값이나 내용
➡ C4:C13 범위의 데이터 산술 평균이 C4셀 값보다 크면 '평균이하'를, 그렇지 않으면 '평균이상'을 표시하는 함수식입니다.

5 나머지 지역의 매출 달성 평가도 완료하기 위해 E4:F4 범위를 드래그하여 선택하세요. F4셀의 자동 채우기 핸들(➕)을 더블클릭하면 F13셀까지 함수식이 자동으로 채워지면서 결과가 표시됩니다.

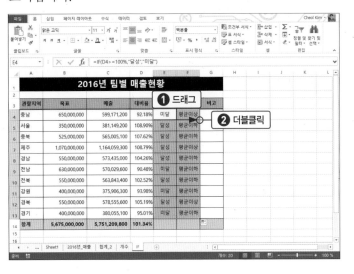

환경설정

데이터기초

데이터분석

데이터관리

실무함수

데이터필터

정보와자동화

데이터활용

특별부록

잠깐만요 **AVERAGE 함수의 참조 범위 쉽게 선택하여 입력하기**

176쪽 **4** 과정의 [함수 인수] 대화상자에서 첫 번째 인수인 'Logical_test'에 조건절을 좀 더 빠르고 쉽게 입력하려면 『AVERAGE(』까지 입력한 후 C4셀을 선택하세요. 그런 다음 Ctrl+Shift+↓를 눌러 참조 범위를 'C4:C13'으로 표시하고 절대 참조로 변경하기 위해 F4를 한 번 더 누르면 조건절 입력이 끝납니다.

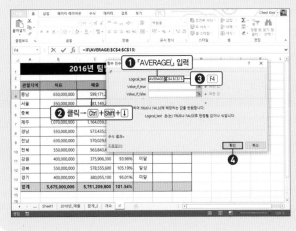

02 숫자 데이터를 위한 수학/삼각 함수

엑셀에서도 마지막 자리의 수가 5 이상이면 반올림하거나 버림하는 수학 규칙을 함수를 사용하여 데이터에 적용할 수 있어요. 특히 실무에서는 숫자 데이터를 많이 다루기 때문에 수학/삼각 함수는 반드시 잘 익혀두어야 합니다. 이번 섹션에서는 5 이상이면 반올림하는 일반적인 함수부터 사용자가 지정한 값을 기준으로 절사(내림)나 절상(올림)하는 함수까지 반올림과 관련된 모든 함수에 대해 알아보겠습니다.

PREVIEW

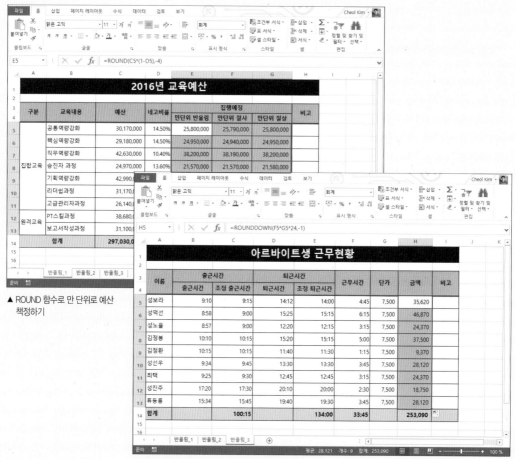

▲ ROUND 함수로 만 단위로 예산 책정하기

▲ ROUNDDOWN 함수로 아르바이트생 급여 계산하기

섹션별 주요 내용

01 교육 예산을 만 단위로 반올림, 내림, 올림해 비교하기 — ROUND, ROUNDDOWN, ROUNDUP 함수

02 사용자가 지정한 값을 기준으로 내림하기 — FLOOR 함수

03 사용자가 지정한 값을 기준으로 올림하기 — CEILING 함수

◉ 예제파일 : 01_ROUND반올림_예제.xlsx　　◉ 완성파일 : 01_ROUND반올림_완성.xlsx

실무
예제 | **01**

교육 예산을 만 단위로 반올림, 내림, 올림해 비교하기

– ROUND, ROUNDDOWN, ROUNDUP 함수

1 2016년 교육 예산에서 네고 비율을 적용하여 강의 비용을 만 단위로 반올림하거나 절사(내림) 및 절상(올림)해서 금액을 비교하려고 해요. [반올림_1] 시트에서 E5셀에 『=ROUND(C5*(1-D5), -4)』를 입력하고 Enter 를 누르세요.

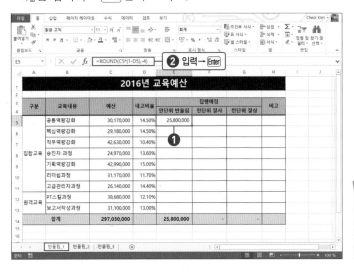

절사와 절상은 순한국어는 아니지만, 실무에서 자주 통용되어 예제에 그대로 실었습니다. 절사는 내림을, 절상은 올림을 뜻합니다.

$$=ROUND(C5*(1-D5),-4)$$
　　　　　　　　　　❶　　　　❷

❶ 반올림할 숫자
❷ 반올림으로 나타낼 자릿수(-4는 만 단위)
➡ 'C5*(1-D5)'로 연산된 결과를 만 단위로 반올림합니다. 반올림할 자릿수인 두 번째 인수는 다음과 같이 지정됩니다.

...	만 자리	천 자리	백 자리	십 자리	일 단위	소수점 첫째 자리	소수점 둘째 자리	소수점 셋째 자리	...
...	-4	-3	-2	-1	0	1	2	3	...

반올림 함수인 ROUND로 함수식을 작성하려면 두 번째 인수인 반올림할 자릿수를 잘 지정해야 합니다. 여기서는 두 번째 인수로 -4를 입력했으므로 천 단위의 숫자가 5 이상이면 반올림해서 만 단위로 나타내라는 뜻입니다. 반올림 수식을 사용하다 보면 두 번째 인수에서 반올림해야 하는지, 두 번째 인수로 반올림해야 하는지 헷갈릴 때가 있어요. 이때는 'ROUND(라운드) 함수의 리을(ㄹ)을 응용해 ~로(ㄹ) 반올림한다!'로 기억하세요! 자릿수 지정 인수인 두 번째 인수는 ROUND 계열 함수(ROUND, ROUNDDOWN, ROUNDUP)에도 같게 적용됩니다.

2 F열에는 네고 비율을 적용한 강의 비용을 만 단위로 절사(내림)한 금액을 표시하려고 해요. F5셀을 선택하고『=ROUNDDOWN(C5*(1-D5),-4)』를 입력한 후 Enter를 누르세요.

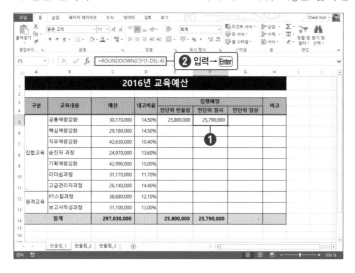

=ROUNDDOWN(C5 * (1-D5),-4)
             ①   **②**

① 절사(내림)할 숫자
② 절사(내림)하여 나타낼 자릿수
➡ 'C5*(1-D5)'로 연산된 결과를 만 단위로 절사(내림)하고 절사(내림)할 자릿수인 두 번째 인수는 ROUND 함수의 인수 사용법과 같아요. 따라서 천 단위의 숫자가 5 이상이라도 무조건 내림합니다.

3 G열에는 네고 비율을 적용한 강의 비용을 만 단위로 절상(올림)한 금액을 표시하려고 해요. G5셀을 선택하고『=ROUNDUP(C5*(1-D5),-4)』를 입력한 후 Enter를 누르세요.

=ROUNDUP(C5 * (1-D5),-4)
            ①   **②**

① 절상(올림)할 숫자
② 절상(올림)하여 나타낼 자릿수
➡ 'C5*(1-D5)'로 연산된 결과를 만 단위로 절상(올림)하고 절상(올림)할 자리수인 두 번째 인수는 ROUND 함수의 인수 사용법과 같아요. 따라서 천 단위의 숫자가 5 미만이라도 무조건 올림합니다.

4 나머지 셀에도 **2~3** 과정의 함수식을 복사하기 위해 E5:G5 범위를 드래그하여 선택하세요.

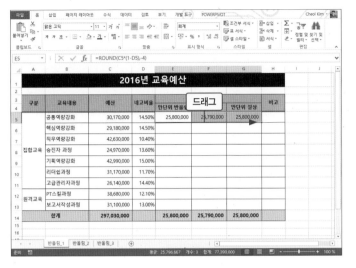

5 G5셀의 자동 채우기 핸들(**+**)을 더블클릭하여 G13셀까지 함수식을 복사하세요.

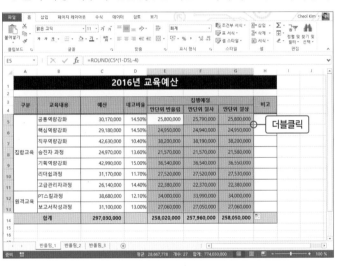

사용자가 지정한 값을 기준으로 내림하기

– FLOOR 함수

1 179쪽에서 배운 일반적인 반올림이나 절상(올림), 절사(내림)가 아닌 사용자가 지정한 배수로 올림 또는 내림을 할 수 있어요. 보관 창고별 재고를 한 박스에 120개씩 담아 출하하려고 합니다. 출하 가능한 박스 수량을 구하기 위해 [반올림_2] 시트에서 I5셀을 선택하고 『=FLOOR(H5,120)』을 입력한 후 Enter를 누르세요.

$$=FLOOR(H5,120)$$
　　　　　　① ②

❶ 내림할 숫자
❷ 내림할 배수의 기준이 되는 수
➡ 120의 배수 중 H5셀의 숫자에 가장 가까운 숫자를 찾아 내림하는 함수식입니다. 단 0에 가까워지도록 수를 내림해야 하기 때문에 '=FLOOR(11,3)'이라면 3의 배수 중에서 11에 가장 가까운 숫자는 12이지만, 0에 가까운 수를 반환해야 하므로 결과값은 9가 됩니다.

2 박스 단위로 수량을 파악하기 위해 J5셀에 『=I5/120』을 입력하고 Enter를 누르세요.

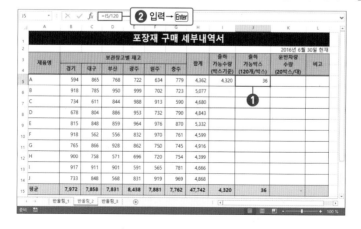

3 이제 박스를 싣고 갈 운반 차량 대수를 구해볼게요. 차량 한 대당 20박스를 실을 수 있으므로 K5셀을 선택하고『=ROUNDUP(J5/20,0)』을 입력한 후 Enter 를 누르세요.

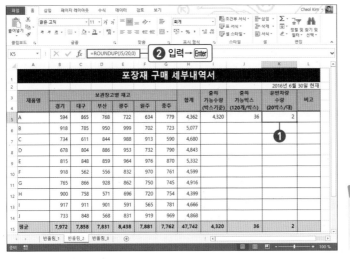

Tip

36박스를 모두 차량에 실어야 하므로 180쪽에서 배운 절상(올림) 함수인 ROUNDUP을 사용합니다.

$$=ROUNDUP(J5/20,0)$$
❶ ❷

❶ 절상(올림)할 숫자
❷ 절상(올림)하여 나타낼 자릿수
➡ 'J5/20'으로 연산된 결과를 차량 한 대 단위로 절상합니다. K5셀에『=CEILING(J5/20,1)』을 입력해도 같은 결과를 표시할 수 있어요. CEILING 함수는 178쪽에서 자세히 배웁니다.

4 나머지 셀에도 함수식을 복사하기 위해 I5:K5 범위를 선택하세요. K5셀의 자동 채우기 핸들 (✚)을 더블클릭하여 K14셀까지 함수식을 복사하세요.

난이도 1 2 **3** 4 5

실무
예제 **03**

사용자가 지정한 값을 기준으로 올림하기

– CEILING 함수

1 아르바이트생의 출근 시간과 퇴근 시간을 15분 단위로 측정하려고 해요. 즉 출근 시간이 8시 1분부터 8시 15분 사이일 경우 8시 15분으로 계산합니다. [반올림_3] 시트에서 C5셀을 선택하고 『=CEILING(B5,"0:15")』를 입력한 후 Enter를 누르세요.

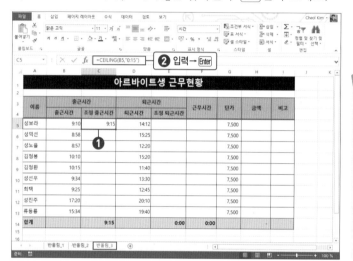

Tip

'=CEILING(B5,"0:15")'의 두 번째 인수가 문자열인데 연산이 되는 이유는 날짜와 시간 데이터와 같이 셀 서식이 자동으로 지정되는 데이터일 경우 수식에 문자열을 입력해도 계산되기 때문입니다. 예를 들어 9시부터 10분 간격으로 시간을 입력할 때 A1셀에는 『9:00』을, A2셀에는 『=A1+"0:10"』을 입력하고 A2셀의 자동 채우기 핸들(➕)을 아래쪽으로 드래그하면 10분 간격의 시간을 쉽게 입력할 수 있어요.

=CEILING(B5,"0:15")
❶　❷

❶ 올림할 숫자
❷ 올림할 배수의 기준이 되는 값
➡ B5셀의 시간을 15분의 배수가 되도록 0에 가까운 방향으로 올림하는 함수식입니다. 배수의 기준이 15분이므로 9시 1분부터 9시 15분까지는 9시 15분으로 올림하여 나타납니다.

---

2 C5셀의 자동 채우기 핸들(➕)을 더블클릭하여 C13셀까지 함수식을 복사하세요. 퇴근 시간은 15분 단위로 내림하여 계산하기 위해 E5셀을 선택하고 『=FLOOR(D5,"0:15")』를 입력한 후 Enter를 누르세요. E5셀의 자동 채우기 핸들(➕)을 더블클릭하여 E13셀까지 함수식을 복사하세요.

Tip

FLOOR 함수에 대한 자세한 설명은 182쪽을 참고하세요.

3 출근 시간과 퇴근 시간으로 아르바이트생의 총 근무 시간을 구해볼게요. F5셀에 『=E5-C5』를 입력하고 Enter를 누르세요. F5셀의 자동 채우기 핸들(+)을 더블클릭하여 F13셀까지 함수식을 복사하세요.

4 마지막으로 근무시간에 단가(시급)를 곱해 금액을 계산해 볼게요. 금액의 경우 원 단위를 절사(내림)한 형태로 표시하려고 합니다. H5셀에 『=ROUNDDOWN(F5*G5*24,-1)』을 입력하고 Enter를 누르세요. H5셀의 자동 채우기 핸들(+)을 더블클릭하여 나머지 셀에도 함수식을 복사하세요.

=ROUNDDOWN(F5＊G5＊24,－1)]
❶　　　　　　 ❷

❶ 절사(내림)할 숫자
❷ 절사(내림)하여 나타낼 자릿수
➡ 'F5＊G5＊24'로 연산된 결과를 일 단위의 숫자가 5 이상이라도 무조건 절사(내림)하는 함수식입니다.

환경설정
데이터기초
데이터분석
데이터관리
실무함수
데이터필터
정보의시각화
데이터활용
특별부록

날짜 계산 및 기간 경과 관련 함수

업무에 자주 사용하는 문서 양식을 취합해서 분석해 보면 시간, 날짜, 기간 등 시계열 데이터의 연산을 그룹으로 묶어서 계산하는 경우가 매우 많아요. 그 중에서 특정 날짜를 산출하거나 날짜와 날짜 사이의 기간을 구해야 하는 경우가 특히 많은데 이번 섹션에서는 날짜 데이터를 분리해 보고 경과 기간을 계산해 보는 등 수식을 이용한 날짜나 기간의 산출에 대한 모든 처리 방법에 대해 배워보겠습니다.

> **PREVIEW**

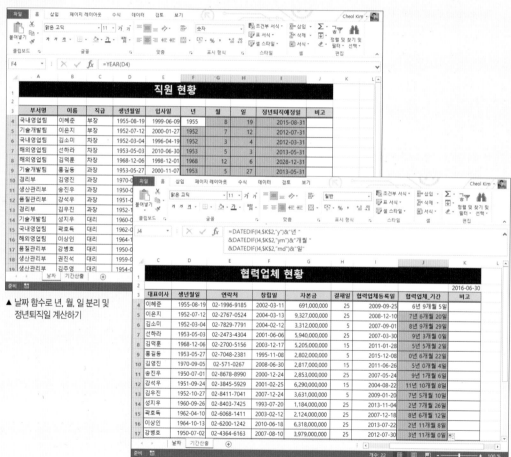

▲ 날짜 함수로 년, 월, 일 분리 및
정년퇴직일 계산하기

▲ DATEDIF 함수를 활용해 ○년 ○개월 ○일 형태로 협력 기간 계산하기

> 섹션별
> 주요 내용

01 | 생년월일을 분리해 표시하고 정년퇴직일 계산하기 — YEAR, MONTH, DAY 함수
02 | 특정일 기준으로 경과 기간 표시하기 — DATEDIF 함수

난이도 1 2 **3** 4 5

실무
예제 **01**

생년월일 분리해 표시하고 정년퇴직일 계산하기

– YEAR, MONTH, DAY 함수

1 직원 현황 데이터에서 개인별 생년월일을 년, 월, 일로 분리해서 표시해 볼게요. [날짜] 시트에서 F4셀에 연도를 표시하기 위해 『=YEAR(D4)』를 입력하고 Enter 를 누르세요.

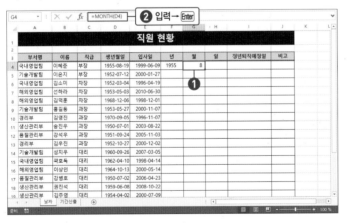

=YEAR(D4)
❶

❶ 나타내려는 연도가 있는 날짜 데이터
➡ D4셀의 날짜 데이터에서 연도만 표시하는 함수식입니다. 이때 표시되는 연도는 1900에서 9999 사이의 정수입니다. 엑셀에서 입력할 수 있는 날짜는 1900년 1월 1일부터 9999년 12월 31일까지이므로 F4셀에 표시되는 연도도 1900에서 9999까지입니다.

---

2 이번에는 월만 추출해서 표시해 볼게요. G4셀에 『=MONTH(D4)』를 입력하고 Enter 를 누르세요.

=MONTH(D4)
❶

❶ 나타내려는 월이 있는 날짜 데이터
➡ D4셀의 날짜 데이터에서 월만 표시하는 함수식입니다.

---

3 H4셀에는 날짜만 표시해 볼게요. H4셀에 『=DAY(D4)』를 입력하고 Enter 를 누르세요.

=DAY(D4)
❶

❶ 나타내려는 일이 있는 날짜 데이터
➡ D4셀의 날짜 데이터에서 일만 표시하는 함수식입니다.

4 분리한 년, 월, 일을 기준으로 I열에는 예상 정년 퇴직일을 표시해 볼게요. 정년 퇴직일은 만 60세가 되는 달의 마지막 날짜라고 가정해서 I4셀에 『=DATE(F4+60,G4+1,0)』을 입력하고 Enter 를 누르세요.

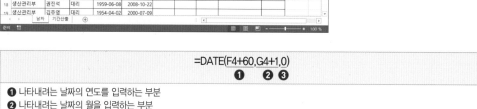

=DATE(F4+60,G4+1,0)
❶   ❷ ❸

❶ 나타내려는 날짜의 연도를 입력하는 부분
❷ 나타내려는 날짜의 월을 입력하는 부분
❸ 나타내려는 날짜의 일을 입력하는 부분
➡ DATE 함수는 년, 월, 일을 인수로 입력하게 하므로 함수식 '=DATE(2016,6,1)'은 '2016-06-01'이 됩니다. 이것은 2016년 6월의 첫 번째 날짜를 나타내라는 의미로, 세 번째 인수인 일을 0으로 표시하면 그 전월의 마지막 날짜를 나타냅니다. 따라서 'F4+60'년 'G4+1'월의 0번째 날짜를 표시합니다. 즉 정년의 기준이 만 60세가 되는 달의 마지막 날짜라고 했으므로 'F4+60'년 'G4+1'월의 0번째 날짜는 만 60세가 되는 월의 마지막 날짜가 됩니다.

5 나머지 셀에도 함수식을 채우기 위해 F4:I4 범위를 드래그하여 선택하세요.

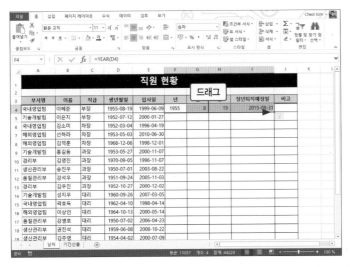

6 I4셀의 자동 채우기 핸들(**+**)을 더블클릭하여 나머지 셀의 수식도 모두 완성하세요.

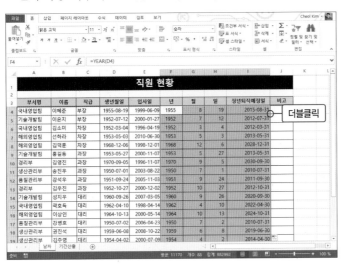

⊙ 예제파일 : 02_DATE기간_예제.xlsx　⊙ 완성파일 : 02_DATE기간_완성.xlsx

실무
예제 **02**

특정일 기준으로 경과 기간 계산하기

– DATEDIF 함수

1 협력업체 등록일을 기준으로 특정일(2016년 6월 30일)까지의 경과 기간을 ○년 ○개월 ○일 형태로 나타내 볼게요. [기간산출] 시트에서 J4셀에 『=DATEDIF(I4,$K$2,"y")&"년 "&DATEDIF(I4,$K$2,"ym")&"개월 "&DATEDIF(I4,$K$2,"md")&"일"』을 입력하고 Enter 를 누르세요.

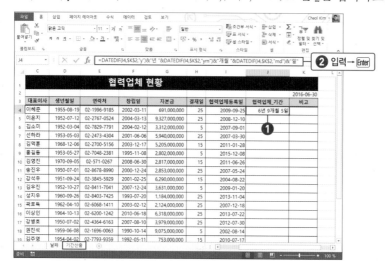

=DATEDIF(I4,$K$2,"y")&"년 "&DATEDIF(I4,$K$2,"ym")&"개월 "&DATEDIF(I4,$K$2,"md")&"일"
❶❷　❸　　　　❹❺　　❻　　　　　　❼❽　❾

❶ 경과년도의 개수를 산출할 기간 중 시작일
❷ 경과년도의 개수를 산출할 기간 중 종료일
❸ 시작과 종료일 사이에 경과년도의 개수를 나타내는 인수로, 365일이 지나 만으로 찬 햇수
❹ 365일이 지나 만으로 찬 연도를 제외하고 경과된 월 개수를 산출할 기간 중 시작일
❺ 365일이 지나 만으로 찬 연도를 제외하고 경과된 월 개수를 산출할 기간 중 종료일
❻ 시작과 종료일 사이에 만으로 찬 연도를 제외하고 만으로 찬 개월을 나타내는 인수
❼ 만으로 찬 월을 제외하고 경과일 개수를 산출할 기간 중 시작일
❽ 만으로 찬 월을 제외하고 경과일 개수를 산출할 기간 중 종료일
❾ 시작일과 종료일 사이에 만으로 찬 개월을 제외하고 경과일수를 나타내는 인수

➡ 시작일과 종료일 사이에 만으로 찬 연도 개수를 산출하고 산출한 수량 뒤에 텍스트 '년'을 연결해서 표시합니다. 시작일과 종료일 사이에 만으로 찬 연도를 제외한 만으로 찬 월 개수를 산출하고 산출한 수량의 뒤에 텍스트 '개월 '을 연결해서 표시합니다. 마지막으로 시작일과 종료일 사이에 만으로 찬 월을 제외한 경과일수를 산출하고 산출한 수량 뒤에 텍스트 '일'을 연결해서 표시합니다. 따라서 결과는 ○년 ○개월 ○일 형식으로 나타납니다.

DATEDIF 함수는 호환성 때문에 존재하는 함수로, 도움말에도 없는 함수입니다. 세 번째 자리에 들어가는 인수의 경우 총 여섯 가지(y, m, d, ym, yd, md)가 있고, 영문자의 대소문자를 구분하지 않으며, 텍스트 형태(예 "y")로 입력합니다. DATEDIF 함수의 인수에 관한 자세한 내용은 191쪽의 '잠깐만요'를 참고하세요.

> **Tip**
>
> DATEDIF 함수에는 오류가 있어요. 예를 들어 A1셀에는 '2016–01–31'이, B1셀에는 '2016–02–29'가 입력되어 있을 경우 두 데이터 사이의 만으로 찬 월의 개수를 나타내면 1이 표시되어야 해요. 그런데 함수식을 '=DATEDIF(A1,B1,"m")'으로 입력하면 0이 반환됩니다. 이와 같이 종료일의 일이 시작일의 일보다 작으면 만으로 찬 월 개수가 하나 작게(–1) 나타나는 오류가 있어요. 따라서 '=DATEDIF("2016–3–31","2016–4–30","m")'의 결과는 1이지만 0으로 표현됩니다.

2 년과 개월, 일을 표시한 함수식을 보기 좋게 별도 행으로 나타내면 해석하기도 쉽고 이해도 빨라요. 따라서 J4셀을 선택하고 수식 표시줄의 '=DATEDIF(I4,$K$2,"y")&"년 "'의 뒤에 커서를 올려놓고 [Alt]+[Enter]를 눌러 다음 행에 표시하세요. 다시 '&DATEDIF(I4,$K$2,"ym")&"개월 "'의 뒤에 커서를 올려놓고 [Alt]+[Enter]를 눌러 다음 행으로 넘긴 후 [Enter]를 누르세요.

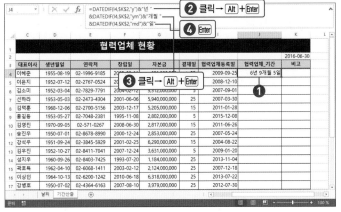

> **Tip**
> [Alt]+[Enter]를 누르면 셀 안에서 줄 바꿈을 할 수 있어요.

3 **2** 과정에서 수정한 J4셀의 함수식을 J25셀까지 복사하기 위해 J4셀의 자동 채우기 핸들(╋)을 더블클릭하세요.

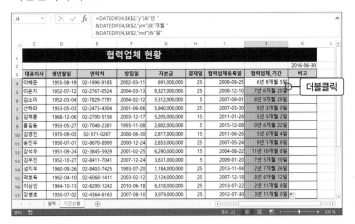

잠깐만요 ## DATEDIF 함수의 세 번째 자리 인수 살펴보기

DATEDIF 함수 중 시작일과 종료일 사이의 경과를 나타내는 인수에 대해 설명합니다.

인수	기능
y	시작일과 종료일 사이에서 만으로 찬 연도의 개수(햇수) 표시
m	시작일과 종료일 사이에서 만으로 찬 월의 개수(개월 수) 표시
d	시작일과 종료일 사이에서 만으로 찬 일의 개수(일 수) 표시
ym	시작일과 종료일 사이에서 만으로 찬 연도(햇수)를 제외하고 만으로 찬 월의 개수(개월 수) 표시
yd	시작일과 종료일 사이에서 만으로 찬 연도(햇수)를 제외하고 만으로 찬 일의 개수(일 수) 표시
md	시작일과 종료일 사이에서 만으로 찬 월(개월)을 제외하고 만으로 찬 일의 개수(일 수) 표시

원하는 정보를 검색하는 찾기/참조 함수

일반적인 사무 환경에서 VLOOKUP 함수의 활용 여부를 살펴보면 엑셀 고급 사용자인지를 알 수 있어요. 그만큼 VLOOKUP 함수는 효율성이 높고, 업무 활용 빈도에서 매우 중요하며, 가치가 높은 함수입니다. 찾기/참조의 대표 함수인 VLOOKUP 함수도 할 수 있는 일이 매우 많아요. 특히 대용량 데이터를 다루거나 많은 양의 조건표를 다룰 경우에는 반드시 VLOOKUP 함수를 익혀야 해요. 이번 섹션에서는 원하는 값이나 필요한 정보를 찾을 수 있도록 도와주는 찾기/참조 함수의 활용 방법에 대해 알아보겠습니다.

PREVIEW

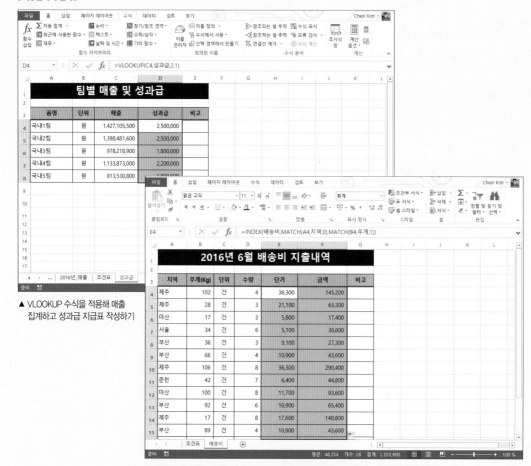

▲ VLOOKUP 수식을 적용해 매출 집계하고 성과급 지급표 작성하기

▲ 다중 조건 검색이 쉬운 INDEX-MATCH 조합 수식이 적용된 배송비 지출 내역 계산하기

실무
예제 | **01**

예제파일 : 01_VLOOKUP기준표참고_예제.xlsx　　완성파일 : 01_VLOOKUP기준표참고_완성.xlsx

기준표 참고해 대분류와 단가 표시하기

– VLOOKUP 함수

1 [2016년_매출] 시트의 E열에 표시해야 하는 대분류의 기준은 [조견표] 시트의 F4:G27 범위에 나타나 있어요. 따라서 E2셀에 『=VLOOKUP(F2,조견표!$F$4:$G$27,2,0)』을 입력하고 Enter 를 누르세요.

=VLOOKUP(F2,조견표!$F$4:$G$27,2,0)
　　　　　　　　❶　　　　❷　　❸❹

❶ 두 번째 인수인 [조견표] 시트의 F4:G27 범위 중 기준 열인 F4:F27 범위에서 검색하려는 값

❷ 첫 번째 인수가 검색할 기준 열을 포함한 범위(결과를 포함한 범위)

❸ 기준 열에서 첫 번째 인수를 찾은 후 조견표 범위에서 나타낼 데이터가 있는 열 번호

❹ 찾을 조건으로 참(TRUE 또는 1) 또는 거짓(FALSE 또는 0)을 입력할 수 있어요. 여기서는 거짓(0)으로 작성하면 0은 기준 열에서 정확하게 일치하는 값만 찾으라는 뜻이므로 조견표의 기준 열인 [조견표] 시트의 F4:F27 범위에서 첫 번째 인수인 검색하려는 값과 정확하게 일치하는 값을 찾음

➡ [조견표] 시트의 F4:F27 범위에서 F2셀 값과 정확하게 일치하는 값을 찾아서 두 번째 열(기준 열이 F열이므로 오른쪽의 G열)의 값을 나타내는 함수식입니다.

2 E2셀에 결과값이 표시되면 E2셀의 자동 채우기 핸들(➕)을 더블클릭하여 나머지 셀에도 함수식을 복사하세요.

> **Tip**
>
> VLOOKUP 함수식의 네 번째 인수에 거짓을 입력하려면 FALSE 또는 숫자 0을 입력하세요.

3 [2016년_매출] 시트의 J열에 품목과 규격에 맞는 단가를 삽입하려고 합니다. 해당 기준은 [조건표] 시트의 A4:D123 범위에 나타나 있는데, VLOOKUP 함수는 두 개 이상의 조건을 만족하는 값을 가져올 수 없으므로 파생 열을 사용해야 합니다. [조건표] 시트에 A열을 삽입해서 파생 열을 작성하기 위해 A열 머리글에서 마우스 오른쪽 단추를 눌러 [삽입]을 선택하세요.

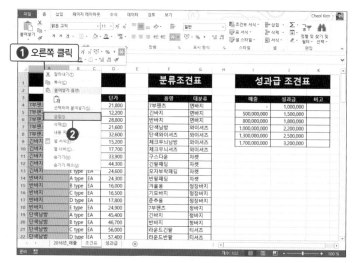

Tip

VLOOKUP 함수는 하나의 조건에 맞는 값을 지정한 열에서 가져오는 작업은 가능하지만, 두 개 이상의 다중 조건에서는 특정 값을 나타낼 수 없기 때문에 파생 열을 만들어 주어야 합니다. 따라서 기존 데이터의 앞에 여러 가지 조건을 텍스트 연결 연산자(&)를 이용해서 하나의 조건처럼 만들어주는 파생 열을 만들고 해당 파생 열을 기준 열로 원하는 열의 값을 나타내는 것입니다.

4 A4셀에 『=B4&C4』를 입력하고 Enter 를 누르세요. A4셀에 결과값이 표시되면 A4셀의 자동 채우기 핸들(✛)을 더블클릭하여 나머지 셀에도 함수식을 복사하세요.

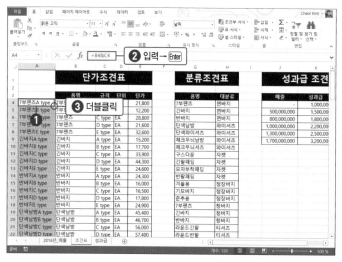

=B4&C4
➡ B4셀과 C4셀의 값을 연결된 문자열로 표시합니다.

5 VLOOKUP 함수로 단가를 불러올 때 함수식을 쉽게 작성하기 위해 조건표 범위에 이름을 정의해 볼게요. A4:E123 범위를 드래그하여 선택하고 이름상자에『단가표』를 입력한 후 Enter를 누르세요.

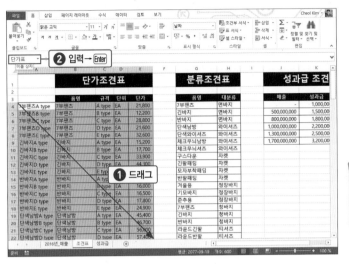

Tip

A4:E123 범위를 빠르게 선택하려면 A4셀을 선택하고 Ctrl+Shift+→를 누르세요. 이렇게 하면 A4:E4 범위가 선택되고 다시 Ctrl+Shift+↓를 누르면 A4:E123 범위가 한 번에 선택됩니다.

6 단가를 표시하기 위해 [2016년_매출] 시트의 J2셀에『=VLOOKUP(F2&G2,단가표,5,0)』을 입력하고 Enter를 누르세요. J2셀에 입력한 함수식을 나머지 셀에도 복사하기 위해 J2셀의 자동 채우기 핸들(**+**)을 더블클릭하세요.

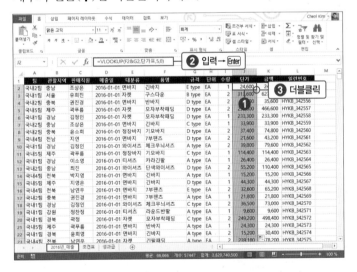

=VLOOKUP(F2&G2,단가표,5,0)
  ❶   ❷ ❸ ❹

❶ 두 번째 인수인 단가표 범위([조견표] 시트의 A4:A123 범위)에서 검색하려는 값
❷ 첫 번째 인수가 검색할 기준 열을 포함한 범위, 즉 결과를 포함한 범위([조견표] 시트의 A4:E123 범위)
❸ 기준 열에서 첫 번째 인수를 찾은 후 조견표 범위에서 나타낼 데이터가 있는 열 번호
❹ 찾을 조건으로 거짓(FALSE 또는 0 입력)을 작성하면 조건표의 기준 열인 [조견표] 시트의 A4:A123 범위에서 첫 번째 인수인 검색하려는 값과 정확하게 일치하는 값을 찾음
➡ [조견표] 시트의 A4:A123 범위에서 F2&G2의 연결 텍스트 값과 정확하게 일치하는 값을 찾아서 다섯 번째 열(기준 열이 A열이므로 오른쪽의 E열)의 값을 나타내는 함수식입니다.

실무
예제 **02** 매출 기준으로 팀별 성과급 계산하기

예제파일 : 02_VLOOKUP성과급_예제.xlsx 완성파일 : 02_VLOOKUP성과급_완성.xlsx

– VLOOKUP 함수

1 2016년 매출을 기준으로 각 팀별 성과급을 계산해 볼게요. 먼저 피벗 테이블을 활용해서 팀별 매출을 구하기 위해 [2016년_매출] 시트에서 임의의 셀을 선택하고 Ctrl+T를 누르세요. [표 만들기] 대화상자가 열리면 [머리글 포함]에 체크한 상태에서 [확인]을 클릭하세요.

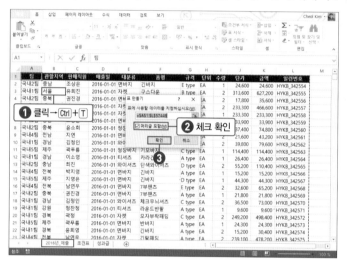

2 [디자인] 탭-[도구] 그룹에서 [피벗 테이블로 요약]을 클릭하세요. [피벗 테이블 만들기] 대화상자가 열리면 피벗 테이블 보고서를 넣을 위치를 [새 워크시트]로 선택하고 [확인]을 클릭하여 새로운 워크시트에 피벗 테이블을 만드세요.

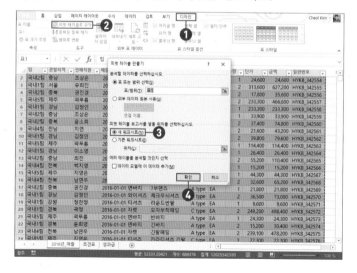

3 팀별 매출을 확인하기 위해 [피벗 테이블 필드] 작업 창에서 [팀]은 '행' 영역으로, [금액]은 '값' 영역으로 드래그하세요.

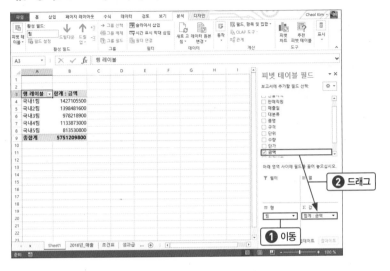

4 [성과급] 시트에 팀별 매출을 표시하기 위해 [Sheet1] 시트의 피벗 테이블에서 작성된 내용을 가져와야 해요. C4셀에 『=』를 입력하고 [Sheet1] 시트의 '국내1팀' 매출(B4셀)을 선택한 후 **Enter**를 누르세요.

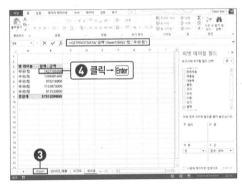

=GETPIVOTDATA("금액",Sheet1!$A$3,"팀","국내1팀")
　　　　　　　　　　　❶　　　　　❷　　　❸　　　❹

❶ 피벗 테이블 보고서([Sheet1] 시트)의 '값' 영역에 있는 데이터 필드 이름
❷ 특정 시트의 어느 셀이 위치한 곳의 피벗 테이블에서 가져온 데이터라는 것을 명시
❸ 가져올 데이터를 지칭하는 필드 이름
❹ ❸ 필드의 항목 이름
➡ [Sheet1] 시트의 A3셀이 있는 피벗 테이블에서 '팀' 중 '국내1팀'을 만족하는 매출의 합계를 표시하는 함수식입니다.

5 C4셀을 선택한 상태에서 수식 입력줄의 '국내1팀'을 드래그하여 Delete 를 눌러 삭제하고 『A4』를 입력한 후 Enter 를 누르세요. C4셀에 결과값이 계산되면 C4셀의 자동 채우기 핸들(➕)을 C8셀까지 드래그하세요.

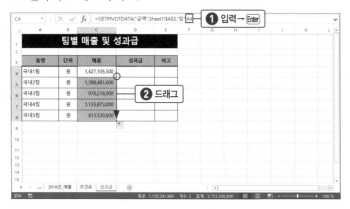

6 [성과급] 시트의 D열에 매출 기준 성과급을 입력하려고 합니다. 성과급 조견표를 불러올 때 함수식을 쉽게 작성하기 위해 성과급 기준으로 이름을 정의해 볼게요. [조견표] 시트에서 J4:K9 범위를 드래그하여 선택하고 이름상자에 『성과급』을 입력한 후 Enter 를 누르세요.

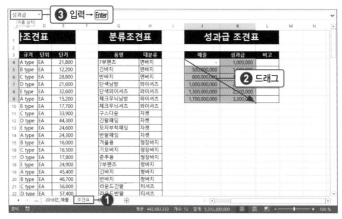

> **Tip**
>
> 이름 정의된 내용을 확인하거나 수정하려면 [수식] 탭-[정의된 이름] 그룹에서 [이름 관리자]를 클릭하세요. [이름 관리자] 대화상자가 열리면 방금 이름 정의한 '성과급'을 선택하고 '참조 대상'에서 참조 범위를 확인할 수 있습니다. 수정이나 삭제 및 편집을 하려면 [편집] 또는 [삭제]를 클릭하세요.

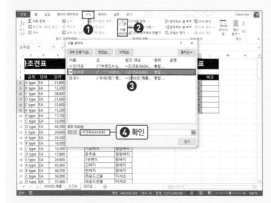

7 [성과급] 시트로 이동하여 D4셀에 『=VLOOKUP(C4,성과급,2,1)』을 입력하고 Enter를 누르세요. D4셀에 국내1팀의 성과급이 계산되면 D4셀의 자동 채우기 핸들(➕)을 D8셀까지 드래그하여 함수식을 복사하세요.

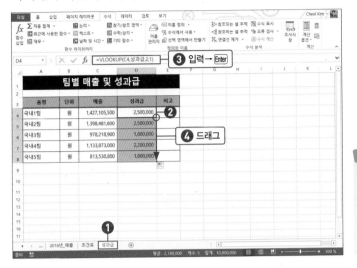

Tip

VLOOKUP 함수식에서 네 번째 인수의 찾을 조건이 참으로 지정되는 경우 조건표의 기준 열의 값은 반드시 오름차순 형태로 입력되어 있어야 해요. 자세한 설명은 아래쪽의 '잠깐만요'를 참고하세요.

$$=VLOOKUP(\underset{❶}{C4},\underset{❷}{성과급},\underset{❸}{2},\underset{❹}{1})$$

❶ 두 번째 인수인 '성과급' 범위([조견표] 시트의 J4:J9 범위)에서 검색하려는 값
❷ 첫 번째 인수가 검색할 기준 열을 포함한 범위, 즉 결과를 포함한 범위([조견표] 시트의 J4:K9 범위)
❸ 기준 열에서 첫 번째 인수를 찾은 후 조건표 범위에서 나타낼 데이터가 있는 열 번호
❹ 찾을 조건으로 참(TRUE 또는 1 입력)을 작성하면 조건표의 기준 열인 [조견표] 시트의 J4:J9 범위에서 첫 번째 인수인 검색하려는 값보다 작거나 같은 값 중 최대값을 찾음
➡ [조견표] 시트의 J4:J9 범위에서 C4셀 값보다 작거나 같은 값(0, 5억, 8억, 10억, 13억) 중에서 최대값(13억)을 찾아서 두 번째 열(기준 열이 J열이므로 오른쪽의 K열)의 값을 나타내는 함수식입니다.

잠깐만요 **기준 열은 반드시 오름차순 형태로 입력하세요!**

성과급의 기준이 되는 '매출' 열을 살펴보면 매출 금액이 적은 액수부터 많은 액수까지 다양한데, 이것을 작은 수에서 큰 수로 정렬하는 방법을 '오름차순'이라고 합니다. 특히 VLOOKUP 함수를 사용하여 성과급과 같이 사이값을 나타낼 때 마지막 인수는 참(TRUE,1)을 써야 하고, 기준이 되는 기준 열(매출 열)은 반드시 오름차순으로 정렬한 조견표를 사용해야 합니다. 만약 '매출' 열이 큰 수에서 작은 수로 정렬된 형태인 내림차순으로 정렬되어 있으면 잘못된 값을 나타낼 수도 있습니다.

성과급 조견표

매출	성과급	비고
-	1,000,000	
500,000,000	1,500,000	
800,000,000	1,800,000	
1,000,000,000	2,200,000	
1,300,000,000	2,500,000	
1,700,000,000	3,200,000	

▲ 기준 열 오름차순(올바른 형태)

성과급 조견표

매출	성과급	비고
1,700,000,000	3,200,000	
1,300,000,000	2,500,000	
1,000,000,000	2,200,000	
800,000,000	1,800,000	
500,000,000	1,500,000	
-	1,000,000	

▲ 기준 열 내림차순(잘못된 형태)

199

실무 예제 03

최저 견적 단가 계산해 구매내역서 작성하기

– MIN, VLOOKUP 함수

1 [조건표] 시트의 H열에 견적받은 금액 중 최저 단가를 표시해 볼게요. H5셀에 『=MIN(C5,E5,G5)』를 입력하고 Enter를 누르세요. H5셀에 영도개발의 최저 단가가 계산되면 H5셀의 자동 채우기 핸들(╋)을 H26셀까지 드래그하여 함수식을 복사하세요.

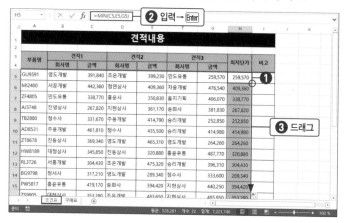

2 [조건표] 시트에서 찾은 최저 단가를 [구매표] 시트의 C4셀에 입력해 볼게요. [구매표] 시트의 C4셀에 『=VLOOKUP(A4,조건표!$A$5:$H$26,8,0)』을 입력하고 Enter를 누르세요.

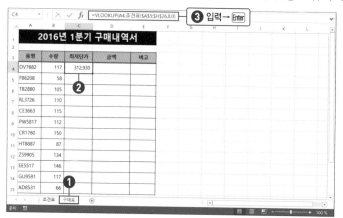

=VLOOKUP(A4,조건표!$A$5:$H$26,8,0)
      ❶   ❷   ❸❹

❶ 두 번째 인수인 [조건표] 시트의 A5:H26 범위 중 기준 열인 A5:A26 범위에서 검색하려는 값

❷ 첫 번째 인수가 검색할 기준 열을 포함한 범위(결과를 포함한 범위)

❸ 기준 열에서 첫 번째 인수를 찾은 후 조건표 범위에서 나타낼 데이터가 있는 열 번호

❹ 찾을 조건으로 거짓을 작성하면 조건표의 기준 열인 [조건표] 시트의 A5:A26 범위에서 첫 번째 인수인 검색하려는 값과 정확하게 일치하는 값을 찾음

➡ [조건표] 시트의 A5:A26 범위에서 A4셀 값과 정확하게 일치하는 값을 찾아서 여덟 번째 열(기준 열이 A열이므로 오른쪽의 H열)의 값을 나타내는 함수식입니다.

3 최저 단가와 수량을 곱한 금액을 계산하기 위해 D4셀에 『=B4*C4』를 입력하고 Enter 를 누르세요.

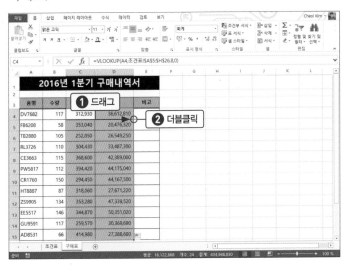

4 최저 단가와 금액을 복사해서 구매내역서의 작성을 마무리해 볼게요. C4:D4 범위를 드래그하여 선택하고 D4셀의 자동 채우기 핸들(✛)을 더블클릭하여 나머지 셀에도 함수식을 복사하세요.

실무
예제 **04**

교차 형태의 조건표에서 특정 값 검색하기

– INDEX-MATCH 조합 함수

1 앞의 예제에서 VLOOKUP 함수로 검색 값을 찾아 엑셀 자료를 작성했으면 이번에는 교차 형태의 조건표에서 특정 값을 찾는 INDEX-MATCH 조합 함수에 대해 배워볼게요. 이렇게 작성하면 함수식이 복잡해지지만, INDEX-MATCH 조합 함수를 사용하면 검색 값을 쉽게 찾을 수 있어요. [조건표] 시트를 살펴보면 지역별 무게에 따라 배송비가 달라지는데, 무게 단위가 누락되어 있네요. 입력된 데이터에 무게 단위를 적용하기 위해 B3:H3 범위를 드래그하여 선택하고 마우스 오른쪽 단추를 눌러 [셀 서식]을 선택하세요.

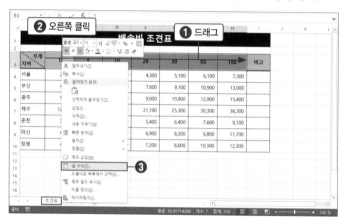

Tip

교차 형태(크로스탭)는 테이블로 작성된 데이터로, 하나 이상의 조건이 집합되어 있는 형태를 말합니다. 따라서 원하는 값을 검색하기 위해서는 행과 열의 교차점을 찾아야 합니다. 해당 내용에 대한 자세한 내용은 211쪽의 교차 보고서를 따라해 보면서 다시 익혀볼게요.

2 [셀 서식] 대화상자가 열리면 [표시 형식] 탭의 '범주'에서 [사용자 지정]을 선택하고 '형식'에 『G/표준"Kg"』을 입력한 후 [확인]을 클릭하세요.

Tip

B3:H3 범위의 데이터는 모두 숫자값이었습니다. 셀 서식을 이용해서 숫자의 뒤에 단위 'Kg'을 붙이면 화면에는 '1Kg', '5Kg'과 같이 문자 형태로 보입니다. 하지만 실제 숫자 속성은 변경되지 않고 표시 형식만 바뀝니다. 따라서 셀 서식 지정은 데이터 속성이나 값은 바꾸지 않고 보이는 것만 변경합니다.

3 함수를 쉽게 적용하기 위해 배송비의 검색 값, 지역, 무게 등에 이름을 정의해 볼게요. 첫 번째 검색 값 범위인 B4:H10 범위를 드래그하여 선택하고 이름상자에 『배송비』를 입력한 후 Enter 를 누르세요.

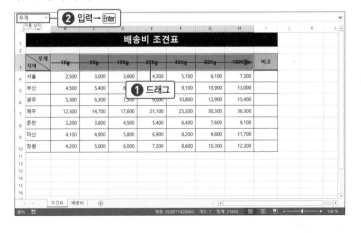

4 지역 범위의 이름을 정의하기 위해 A4:A10 범위를 드래그하여 선택하고 이름상자에 『지역』을 입력한 후 Enter 를 누르세요.

5 이번에는 B3:H3 범위를 드래그하여 선택하고 이름상자에 『무게』를 입력한 후 Enter 를 눌러 이름을 정의하세요.

환경설정

데이터기초

데이터분석

데이터관리

실무함수

데이터필터

정보외시간함수

데이터활용

특별부록

6 이번에는 배송비를 계산해 볼까요? [배송비] 시트에서 E4셀에 『=INDEX(배송비,MATCH(A4,지역,0),MATCH(B4,무게,1))』을 입력하고 Enter를 누르세요.

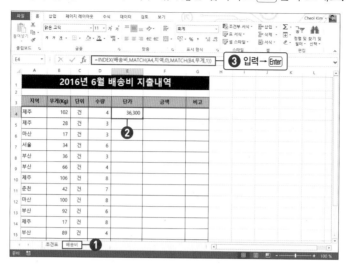

=INDEX(배송비,MATCH(A4,지역,0),MATCH(B4,무게,1))
        ①   ②   ③

❶ 나타낼 단가가 있는 범위

❷ 지역으로 이름 정의된 범위([조견표] 시트의 A4:A10 범위)에서 A4셀과 정확하게 일치하는 셀이 몇 번째 있는지 표시. 세 번째 인수로 거짓(FALSE 또는 0)을 입력했으므로 정확하게 일치하는 값을 찾음

❸ 무게로 이름 정의된 범위([조견표] 시트의 B3:H3 범위)에서 B4셀보다 작거나 같은 값 중 최대값이 몇 번째 있는지 나타냅니다. 세 번째 인수로 참(TRUE 또는 1)을 입력했으므로 작거나 같은 값 중 최대값을 찾음

➡ 이름 정의된 '배송비'의 범위에서 값을 찾는데 지역 범위에서 A4셀을 찾은 거리만큼 행 방향으로 이동합니다. 그리고 이동한 셀에서 무게 범위의 B4셀보다 작거나 같은 값 중 최대값에 해당하는 값이 몇 번째인지 찾아 열 방향으로 이동해서 해당 셀의 값을 나타냅니다. 즉 배송비 조견표 범위에서 행 방향으로 4만큼 이동한 후 열 방향으로 7만큼 이동한 셀을 표시합니다.

7 수량 곱하기 단가 값인 금액을 계산하기 위해 F4셀에 『=D4*E4』를 입력하고 Enter를 누르세요.

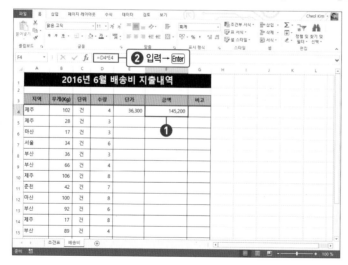

8 E4:F4 범위를 드래그하여 선택하고 F4셀의 자동 채우기 핸들(✚)을 더블클릭하여 나머지 셀에도 함수식을 복사하세요.

환경설정

데이터기초

데이터분석

데이터관리

실무함수

데이터편집

정보의시각화

데이터활용

특별부록

잠깐만요 **조합 함수를 쉽게 해석하는 방법 알아보기**

INDEX-MATCH 조합 함수를 처음 사용한다면 함수식의 해석이 어려울 거예요. 하지만 함수 결과를 미리 보는 방법을 이용하면 다른 조합 함수를 사용하거나 다른 사람이 작성한 함수식을 쉽게 해석할 수 있어요.

① 첫 번째 MATCH 함수 부분을 수식 입력줄에서 드래그하세요.

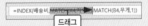

② F9 를 누르면 수식 입력줄에 해당 함수식의 결과가 나타납니다.

③ 이와 같은 방법으로 두 번째 MATCH 함수 부분도 선택하고 F9 를 눌러 결과를 확인하세요. 이제 행 방향으로 4, 열 방향으로 7만큼 셀이 이동합니다. 해당 셀부터 1로 시작한다는 점에 주의하세요.

=INDEX(배송비,4

④ 배송비 조견표에서 첫 번째 셀인 B4셀에서 행 방향으로 4만큼 이동하면 B7셀입니다. 이 셀에서 다시 열 방향으로 7만큼 이동하면 H7셀이 되고 H7셀의 값인 '36,300'이 나타납니다.

무게 지역	1Kg	5Kg	10Kg	20Kg	30Kg	50Kg	100Kg	비고
배송비 조견표								
서울	2,500	3,000	3,600	4,300	5,100	6,100	7,300	
	4,500	5,400	6,400	7,600	9,100	10,900	13,000	
	5,300	6,300	7,500	9,000	10,800	12,900	15,400	
제주	12,300	14,700	17,600	21,100	25,300	30,300	36,300	
춘천	3,200	3,800	4,500	5,400	6,400	7,600	9,100	
마산	4,100	4,900	5,	7,	8,200	9,800	11,700	
창원	4,200	5,000	6,000	7,200	8,600	10,300	12,300	

4만큼 이동

7만큼 이동

보고서 작성에 효율적인 실무 함수 활용

앞의 섹션에서 실무에 필요한 함수의 사용법에 대해 익혔어요. 이제 업무에서 자주 사용하는 현장 예제를 통해 이제까지 배운 함수를 응용하여 실무에 제대로 활용하는 방법을 배워봅니다. 특히 대용량 데이터베이스를 집계 및 분석하기 위해 반드시 익혀야 할 보고서 양식 작성 방법과 기간별 집계 보고서를 쉽게 작성하는 방법, 연도별/분기별 매출 변화를 확인하는 방법에 대해 살펴보겠습니다.

> ## PREVIEW

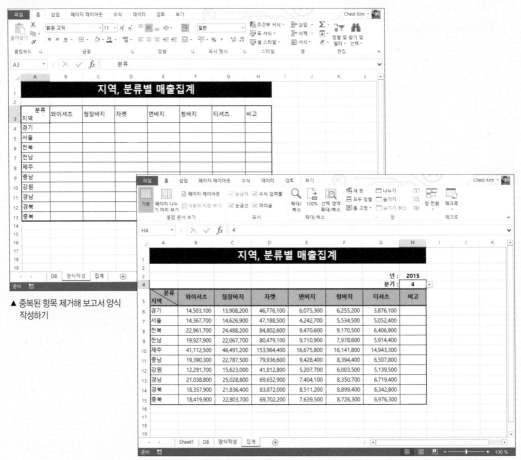

▲ 중복된 항목 제거해 보고서 양식 작성하기

▲ 빅데이터도 5분 안에 완성하는 기간별 매출 분석 보고서 작성하기

> **섹션별 주요 내용**

01 | 보고서로 작성할 데이터 복사하기

02 | 데이터의 행/열 바꿔서 교차 보고서 작성하기

03 | 피벗 테이블 이용해 매출 집계 보고서 작성하기

04 | 연도별/분기별 매출 변화 확인하기 — GETPIVOTDATA 함수

실무
예제 **01**

보고서로 작성할 데이터 복사하기

1 지역 분류별 매출 집계표를 만들 경우 [DB] 시트에서 '지역' 필드와 '분류' 필드를 모두 복사해야 항목이 누락되지 않아요. 먼저 '지역' 필드의 데이터를 복사하기 위해 B1셀을 선택하고 Ctrl + Shift + ↓ 를 눌러 B1:B400001 범위를 선택한 후 Ctrl + C 를 누르세요.

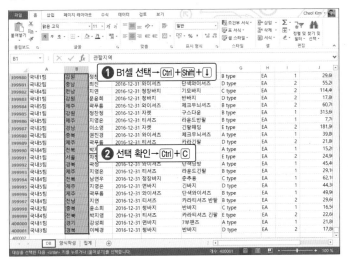

2 복사한 데이터의 값만 복사하기 위해 [양식작성] 시트를 선택하고 A3셀에서 마우스 오른쪽 단추를 눌러 '붙여넣기 옵션'에서 [값](📋)을 클릭하세요.

> **Tip**
>
> 복사한 데이터를 붙여넣기(Ctrl + V)를 이용해서 붙여넣을 수도 있어요. 하지만 원래의 데이터(raw data)에 서식이 지정되어 있을 경우에는 서식이 통일되지 않을 수 있으므로 [값 붙여넣기]를 선택했어요. 그리고 엑셀 2010 버전부터 '선택하여 붙여넣기' 기능을 '붙여넣기 옵션'에서 제공하고 있기 때문에 '붙여넣기 옵션'의 값은 엑셀 2007 버전에서는 지원하지 않습니다.

3 붙여넣은 데이터 중 중복되는 항목을 삭제해 볼게요. 모든 데이터가 선택된 상태에서 [데이터] 탭-[데이터 도구] 그룹의 [중복된 항목 제거]를 클릭하세요.

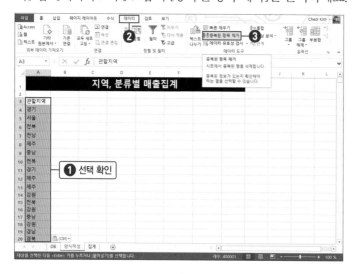

4 [중복된 항목 제거] 대화상자가 열리면 중복되어 제거할 항목이 A열인지 다시 한 번 확인하고 [확인]을 클릭하세요.

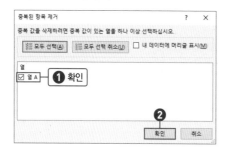

5 중복된 항목을 제거했다는 메시지 창이 열리면 [확인]을 클릭하세요.

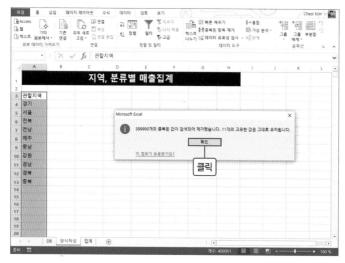

6 보고서에서 두 번째 구분 데이터인 '분류' 필드를 선택하여 복사해 볼게요. [DB] 시트에서 E1 셀을 선택하고 Ctrl+Shift+↓를 눌러 E1:E400001 범위를 선택한 후 Ctrl+C를 눌러 복사하세요.

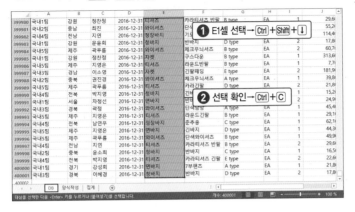

7 [양식작성] 시트를 선택하고 B3셀에서 마우스 오른쪽 단추를 눌러 '붙여넣기 옵션'에서 [값]
(📋)을 클릭하세요.

8 붙여넣은 데이터 중에서 중복된 항목을 삭제하기 위해 모든 데이터가 선택된 상태에서 [데이터] 탭-[데이터 도구] 그룹의 [중복된 항목 제거]를 클릭하세요.

환경설정

데이터기초

데이터분석

데이터편집

실무함수

데이터필터

정보시각화

데이터활용

특별부록

9 208쪽과 달리 [중복된 항목 제거 경고] 대화상자가 열립니다. 이것은 현재 제거하려는 중복된 항목과 인접한 셀에 데이터가 있어서 해당 부분까지 확장하여 중복된 항목을 제거할 것인지를 확인하는 경고입니다. [현재 선택 영역으로 정렬]을 선택하고 [중복된 항목 제거]를 클릭하세요.

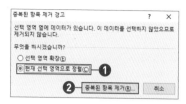

10 [중복된 항목 제거] 대화상자가 열리면 중복되어 제거할 항목이 B열인지 다시 한 번 확인하고 [확인]을 클릭하세요.

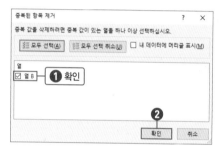

11 중복된 항목을 제거했다는 메시지 창이 열리면 [확인]을 클릭하세요.

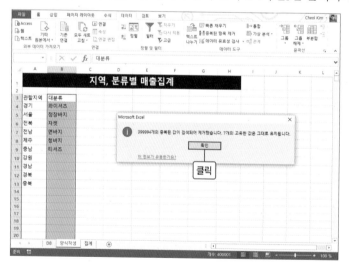

난이도 1 2 **3** 4 5

실무
예제 | **02**

데이터의 행/열 바꿔서 교차 보고서 작성하기

1 교차 보고서 양식을 작성해 볼게요. [양식작성] 시트에서 B열에 입력한 대분류 데이터의 행/열을 바꿔서 열 방향으로 항목을 나열하기 위해 B4:B9 범위를 드래그하여 선택하고 Ctrl+C를 눌러 데이터를 복사하세요. 데이터를 붙여넣을 B3셀에서 마우스 오른쪽 단추를 눌러 '붙여넣기 옵션'에서 [바꾸기](📋)를 클릭하세요.

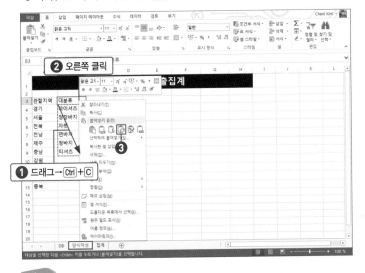

Tip

교차(크로스탭) 보고서란, 일종의 테이블 형태로 작성된 보고서를 말합니다. 일반적으로 한 가지 이상의 다중 조건 데이터를 집계한 내용을 간략하게 표현하는 보고서를 작성할 때 사용합니다. 그리고 행과 열에 분석 항목이 나열되어 있고 해당 항목의 행과 열의 교차점의 수치를 읽는 형태의 보고서를 '교차 보고서'라고 합니다.

2 이제 필요 없는 B4:B9 범위를 드래그하여 선택하고 Delete를 눌러 데이터를 삭제한 후 H3셀에 『비고』를 입력하세요.

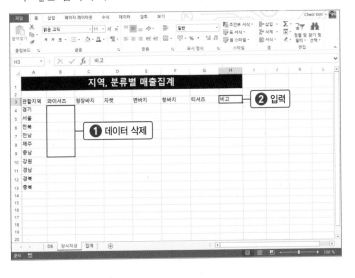

3 보고서 양식에 테두리를 그려볼게요. H4셀을 선택하고 Ctrl+A를 누르세요. H4셀과 연속된 전체 범위가 선택되면 [홈] 탭-[글꼴] 그룹에서 [테두리]의 내림 단추(▼)를 클릭하고 [모든 테두리]를 선택하세요.

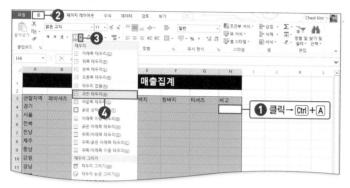

4 A3셀에 사선 테두리로 구분선을 만들고 다중 행으로 데이터를 입력해 볼게요. A3셀을 선택하고 입력되어 있던 '관할지역'을 삭제한 후 Spacebar 를 여러 번 눌러 다음의 그림과 같이 셀 오른쪽에 『분류』를 입력하세요. Alt +Enter 를 눌러 하나의 셀 안에서 새로운 행이 생기면 『지역』을 입력한 후 Enter 를 누르세요.

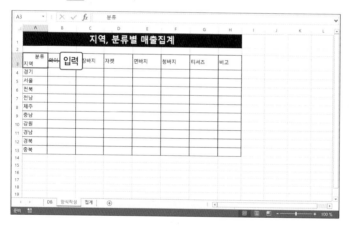

5 A3셀에 구분선을 넣기 위해 A3셀에서 마우스 오른쪽 단추를 눌러 [셀 서식]을 선택하세요.

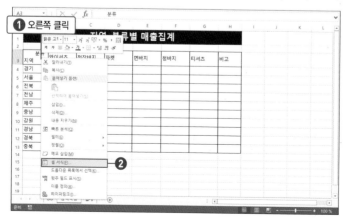

6 [셀 서식] 대화상자가 열리면 [테두리] 탭에서 오른쪽 아래에 있는 [사선 테두리]()를 선택하고 [확인]을 클릭하세요.

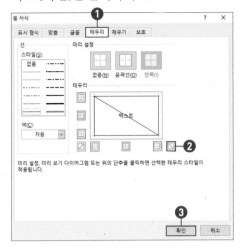

7 최종 보고서 양식이 완성된 것을 확인할 수 있어요.

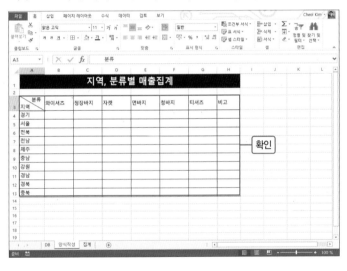

환경설정

데이터기초

데이터분석

데이터관리

실무함수 업무함수

데이터편집

정보와시각화

데이터활용

특별부록

● 예제파일 : 03_피벗테이블_예제.xlsx ● 완성파일 : 03_피벗테이블_완성.xlsx

실무예제 03 피벗 테이블 이용해 매출 집계 보고서 작성하기

1 특정 연도와 분기별로 지역별 매출 집계표를 작성하려고 해요. 집계 보고서를 만들 때는 원하는 결과를 먼저 피벗 테이블로 작성해야 합니다. [DB] 시트에서 임의의 셀을 선택하고 Ctrl+T를 누르세요. [표 만들기] 대화상자가 열리면 [머리글 포함]에 체크한 상태에서 [확인]을 클릭하세요.

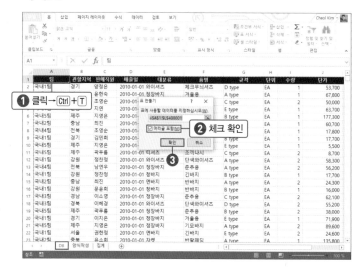

2 [디자인] 탭-[도구] 그룹에서 [피벗 테이블로 요약]을 클릭하세요. [피벗 테이블 만들기] 대화상자가 열리면 피벗 테이블 보고서를 넣을 위치를 [새 워크시트]로 선택하고 [확인]을 클릭하여 새로운 워크시트에 피벗 테이블을 만드세요.

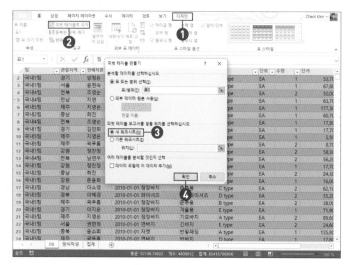

3 [피벗 테이블 필드] 작업 창이 열리면 [관할지역]과 [매출일]은 '행' 영역으로, [대분류]는 '열' 영역으로, [금액]은 '값' 영역으로 드래그하세요.

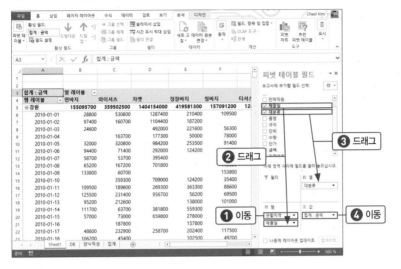

4 연도별, 분기별로 분석하기 위해 A열의 날짜 데이터 중에서 임의의 셀을 오른쪽 마우스 단추로 눌러 [그룹]을 선택하세요.

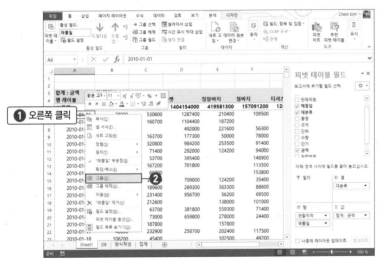

5 [그룹화] 대화상자가 나타나면 연, 분기를 선택하고 [확인]을 클릭하세요.

6 [집계] 시트에서 기간을 쉽게 입력할 수 있도록 년과 분기 입력란에 데이터 유효성 검사를 지정해 볼게요. H3셀을 선택하고 [데이터] 탭-[데이터 도구] 그룹에서 [데이터 유효성 검사]를 클릭하세요.

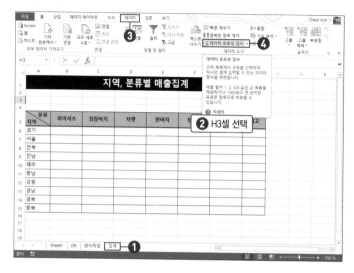

7 [데이터 유효성] 대화상자가 열리면 [설정] 탭의 '제한 대상'에서 [목록]을 선택하세요. '원본'에 선택하려는 연도를 콤마(,)를 이용해서 『2010,2011,2012,2013,2014,2015,2016』으로 구분하여 입력하고 [확인]을 클릭하세요.

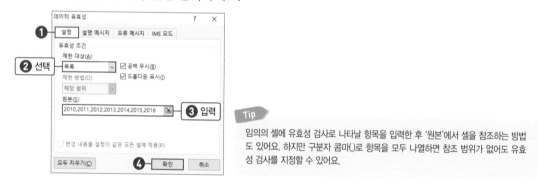

> **Tip**
>
> 임의의 셀에 유효성 검사로 나타날 항목을 입력한 후 '원본'에서 셀을 참조하는 방법도 있어요. 하지만 구분자 콤마(,)로 항목을 모두 나열하면 참조 범위가 없어도 유효성 검사를 지정할 수 있어요.

8 H3셀에 내림 단추(▼)가 나타나면 클릭하고 [2014]를 선택하세요.

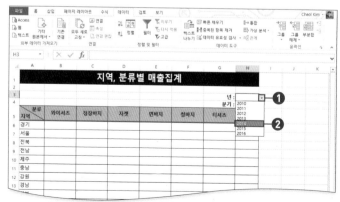

9 연도에 이어 분기 입력란에도 데이터 유효성 검사를 지정해 볼게요. H4셀을 선택하고 [데이터] 탭-[데이터 도구] 그룹에서 [데이터 유효성 검사]를 클릭하세요.

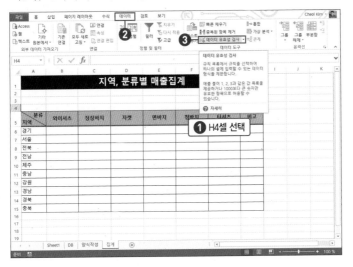

10 [데이터 유효성] 대화상자가 열리면 [설정] 탭의 '제한 대상'에서 [목록]을 선택하고 '원본'에 선택하려는 분기인 『1,2,3,4』를 입력한 후 [확인]을 클릭하세요.

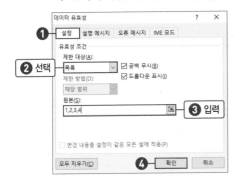

11 H4셀에 내림 단추(▼)가 나타나면 클릭하고 [2]를 선택하세요.

환경설정

데이터기초

데이터분석

데이터관리

실무함수

데이터필터

정보의시각화

데이터활용

특별부록

● 예제파일 : 04_집계보고서_예제.xlsx　　● 완성파일 : 04_집계보고서_완성.xlsx

실무
예제 **04**

연도별/분기별 매출 변화 확인하기

– GETPIVOTDATA 함수

1　조건에 맞는 데이터를 쉽게 선택하기 위해 피벗 테이블의 틀을 고정해 행과 열을 고정시켜 볼 게요. [Sheet1] 시트에서 B5셀을 선택하고 [보기] 탭-[창] 그룹에서 [틀 고정]을 클릭한 후 [틀 고정]을 선택하세요.

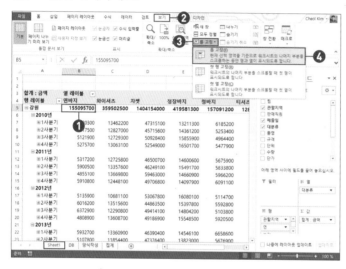

2　조건에 맞는 자료를 피벗 테이블에서 가져오기 위해 [집계] 시트에서 B6셀을 선택하고 『=』를 입력하세요.

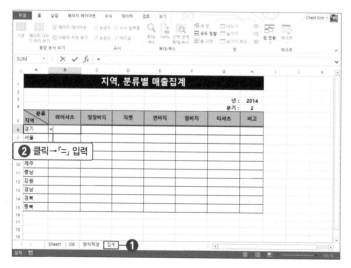

3 [Sheet1] 시트로 이동해서 현재 선택 조건에 맞는 경기 지역의 2014년 2분기 와이셔츠 매출인 C64셀을 선택하고 Enter를 누르세요.

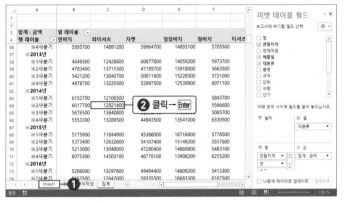

=GETPIVOTDATA("금액",Sheet1!$A$3,"관할지역","경기","매출일",2,"대분류","와이셔츠","연",2014)

      ❶   ❷   ❸   ❹   ❺ ❻   ❼   ❽   ❾ ❿

❶ 피벗 테이블 보고서([Sheet1] 시트)의 '값' 영역에 있는 데이터 필드 이름
❷ 특정 시트의 어느 셀이 위치한 곳의 피벗 테이블에서 가져온 데이터라는 것을 명시
❸ 첫 번째 조건의 데이터를 설명하는 필드명
❹ ❸ 필드의 항목 이름
❺ 두 번째 조건의 데이터를 설명하는 필드명
❻ ❺ 필드의 항목 이름
❼ 세 번째 조건의 데이터를 설명하는 필드명
❽ ❼ 필드의 항목 이름
❾ 네 번째 조건의 데이터를 설명하는 필드명
❿ ❾ 필드의 항목 이름
➡ 피벗 테이블 보고서([Sheet1] 시트)의 A3셀이 위치한 '관할지역' 필드에서 '경기'를 만족하는 '대분류' 필드 중 '와이셔츠'를 만족하고, '매출일' 필드에서 2분기를 만족하며, '연' 필드에서 2014년을 만족하는 금액의 합계를 표시하는 함수식입니다.

4 GETPIVOTDATA 함수의 첫 번째 인수를 변경해 볼게요. B6셀의 수식 입력줄에서 첫 번째 변수인 "'경기'"를 드래그하고 Delete 를 눌러 삭제한 후 '경기' 지역이 나타나 있는 『A6』을 입력하세요. A6셀과 연관된 지역 데이터는 세로형 데이터이므로 F4 를 세 번 눌러 '$A6'으로 참조 형태를 바꾸세요.

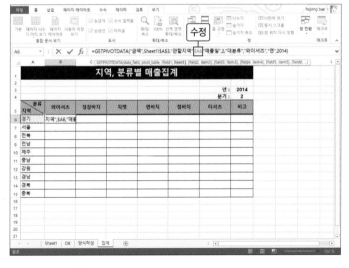

> **Tip**
> 매번 헷갈리는 참조 유형($)에 대한 명쾌한 설명은 222쪽의 '잠깐만요'에 서 자세히 다룹니다.

5 GETPIVOTDATA 함수의 두 번째 인수를 변경해 볼게요. 수식 입력줄에서 두 번째 변수인 '2'를 드래그하고 Delete 를 눌러 삭제한 후 2분기를 선택하는『H4』를 입력하세요. H4셀은 연관된 데이터 없이 독립적으로 사용되었으므로 F4 를 한 번만 눌러 '$H$4'로 참조 형태를 바꾸세요.

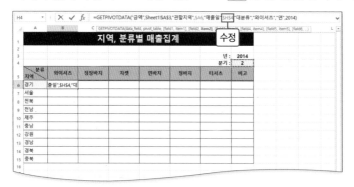

6 GETPIVOTDATA 함수의 세 번째 인수를 변경해 볼게요. 수식 입력줄에서 세 번째 변수인 '"와이셔츠"'를 드래그하고 Delete 를 눌러 삭제한 후 '와이셔츠' 분류가 나타나 있는『B5』를 입력하세요. B5셀과 연관된 분류 데이터는 가로형 데이터이므로 F4 를 두 번 눌러 'B$5'로 참조 형태를 바꾸세요.

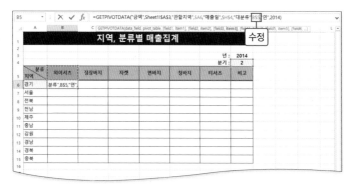

7 GETPIVOTDATA 함수의 네 번째 변수를 변경해 볼게요. 수식 입력줄에서 네 번째 인수인 '2014'를 드래그하고 Delete 를 눌러 삭제한 후 2014년을 선택하는『H3』을 입력하세요. H3셀도 연관된 데이터 없이 독립적으로 사용되었으므로 F4 를 한 번만 눌러 '$H$3'으로 참조 형태를 바꾼 후 Enter 를 눌러 함수식을 완성하세요.

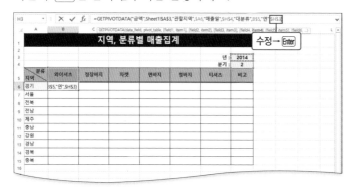

8 B6셀의 자동 채우기 핸들(✛)을 G15셀까지 드래그하여 함수식을 복사하세요.

9 마지막으로 다른 연도와 다른 분기를 선택했을 때 매출의 변화를 확인해 볼게요. H3셀과 H4 셀의 내림 단추(▾)를 클릭하여 각각 [2015]와 [4]를 선택하면 해당 기간의 매출로 값이 변환 되는 것을 확인할 수 있어요.

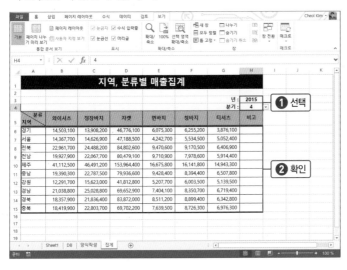

$ 기호 이용해 수식의 참조 유형 변경하기

수식에서 참조 유형을 변경할 때 $ 기호를 행과 열의 어느 위치에 붙여야 하는지 항상 헷갈리죠? 쉽게 확인하는 방법을 알려줄게요. '지역' 필드 중 '경기'인 A6셀과 관련된 데이터는 모두 세로로 나열되어 있습니다.

	지역, 분류별 매출집계							
						년:	2014	
						분기:	2	
지역＼분류	와이셔츠	정장바지	자켓	면바지	청바지	티셔츠	비고	
경기								
서울								
전북								
전남								
제주								
충남								
강원								
경남								
경북								
충북								

따라서 A6셀은 나열 방향 그대로 위쪽을 확인해 보면 A열이 보여요. 그러므로 'A6'은 A열 앞에 $ 기호를 붙여서 『$A6』을 입력해야 해요.

	지역, 분류별 매출집계							
						년:	2014	
						분기:	2	
지역＼분류	와이셔츠	정장바지	자켓	면바지	청바지	티셔츠	비고	
경기								
서울								
전북								
전남								
제주								
충남								
강원								
경남								
경북								
충북								

반면 '분류' 필드의 '와이셔츠'인 B5셀과 관련된 데이터는 모두 가로로 나열되어 있습니다.

	지역, 분류별 매출집계							
						년:	2014	
						분기:	2	
지역＼분류	와이셔츠	정장바지	자켓	면바지	청바지	티셔츠	비고	
경기								
서울								
전북								
전남								
제주								
충남								
강원								
경남								
경북								
충북								

따라서 B5셀은 나열 방향 그대로 왼쪽을 확인해 보면 5행이 보여요. 그러므로 'B5'는 5행 앞에 $ 기호를 붙여서 『B$5』를 입력해야 해요.

	지역, 분류별 매출집계							
						년:	2014	
						분기:	2	
지역＼분류	와이셔츠	정장바지	자켓	면바지	청바지	티셔츠	비고	
경기								
서울								
전북								
전남								
제주								
충남								
강원								
경남								
경북								
충북								

프로 비즈니스맨을 위한 활용 **Tip**

복잡한 함수식, F9로 단숨에 이해하기

🔹 **예제파일** : 실무노트_수식의해석_예제.xlsx 🔹 **결과파일** : 실무노트_수식의해석_완성.xlsx

[배송비] 시트에서 배송비를 산출할 때 INDEX-MATCH 조합 함수를 활용했어요. 조합 함수의 경우 수식이 어떻게 적용되어 결과가 나타나는지 이해하기 어렵지만, 수식을 풀어서 해석하면 이해가 쉽습니다. 이때 바로 F9를 사용해요. 수식 결과 확인은 205쪽에서 다루었으므로 여기서는 수식 중 내부 인수의 결과를 확인하는 방법을 알려줄게요.

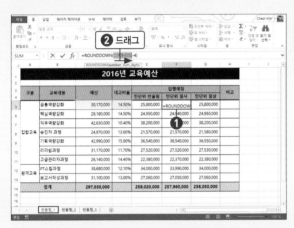

1 수식이 아닌 수식 내부의 인수를 확인하기 위해 [반올림_1] 시트에서 F5셀을 선택하고 수식 입력줄에서 'C5*(1-D5)' 부분을 드래그하여 선택합니다.

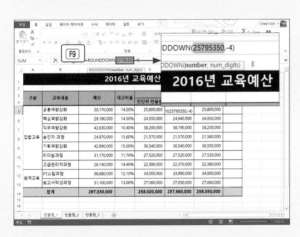

2 F9를 누르면 해당 셀 수식의 결과가 미리 나타납니다.

5 원하는 정보만 쏙 뽑아주는 데이터 필터 익히기

앞의 챕터에서는 피벗 테이블이나 유효성 검사 등으로 데이터를 분석하고 관리하는 방법에 대해 배웠어요. 그런데 데이터를 제대로 관리하고 분석하려면 활용도 높은 데이터베이스를 만들기 위한 데이터 필터링 작업이 요구됩니다. 데이터를 필터링하면 수많은 데이터가 규칙없이 모여 있는 빅데이터에서 분석 목적에 꼭 필요한 정보만 골라내어 사용자가 원하는 조건에 적합한 결과를 빠르게 도출할 수 있어요. 이번 챕터에서는 엑셀에서 기본 기능으로 제공하는 자동 필터와 고급 필터를 이용하여 아주 쉽고 간단하게 데이터를 필터링하는 방법과 여기에 수식을 필터 조건으로 추가하여 다중 데이터에서 특정 데이터를 필터링하는 작업도 배워봅니다.

Excel 2013

간단하지만 요긴하게 사용하는 자동 필터

요즘에는 대량의 데이터를 다루는 일이 점점 더 많아지기 때문에 필요한 데이터만 쉽고 빠르게 필터링하는 방법을 꼭 알고 있어야 해요. 이번 섹션에서는 실제 업무 현장에서 다뤄지고 있는 40만 행이 넘는 실무 빅데이터 예제를 통해 필터 단추와 표 기능 및 슬라이서로 논리곱(AND)의 조건을 만족하는 데이터를 추출하는 자동 필터를 배워 실전 감각을 익혀봅니다. 간단하지만 실무에 필요한 내용이므로 실습 예제를 꼭 따라해 보세요.

> **PREVIEW**

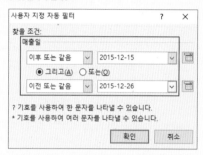

▲ 사용자 지정 자동 필터를 활용해 특정 기간 동안의 데이터 필터링하기

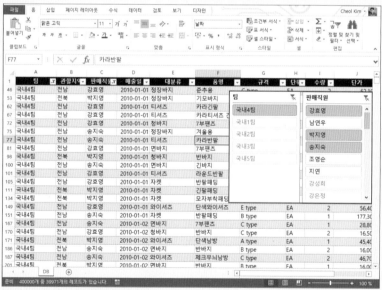

▲ 슬라이서 활용해 쉽게 데이터 필터링하기

실무
예제 **01** # 자동 필터로 조건에 맞는 데이터 추출하기

1 2015년 12월 15일부터 2015년 12월 26일 사이에 국내2팀의 와이셔츠 판매 금액이 100,000원 이상인 자료만 추출하려고 해요. 조건에 맞게 필터링하기 위해 [DB] 시트에서 임의의 셀을 선택하고 [데이터] 탭-[정렬 및 필터] 그룹에서 [필터]를 클릭하세요.

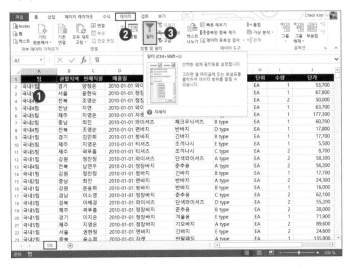

2 우선 팀 중에서 국내2팀만 필터링해 볼게요. A1셀에 입력된 '팀' 필드명의 내림 단추(▼)를 클릭하고 [(모두 선택)]의 체크를 해제하여 모든 항목의 선택을 해제하세요. [국내2팀]에 체크하고 [확인]을 클릭하면 국내2팀 데이터만 표시됩니다.

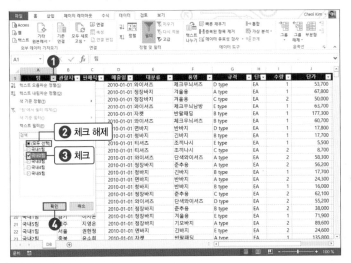

Tip
데이터를 필터링하면 내림 단추(▼)는 필터 단추(🔽)로 모양이 변경됩니다. 또한 필터링한 후 데이터의 행 번호는 파란색으로 변해요.

3 이번에는 매출일을 필터링해 볼게요. D1셀에 입력된 '매출일' 필드명의 내림 단추(▼)를 클릭하고 [날짜 필터]-[사용자 지정 필터]를 선택하세요.

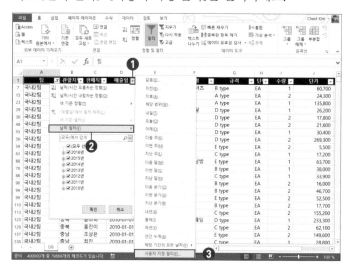

4 [사용자 지정 자동 필터] 대화상자가 열리면 필터링하려는 기간을 입력해야 합니다. 조건이 2015년 12월 15일부터 2015년 12월 26일까지이므로 '매출일'을 [이후 또는 같음]으로 선택하고 필터 시작일인 『2015-12-15』를 입력하세요. [그리고]와 [이전 또는 같음]을 차례대로 선택하고 필터 종료일인 『2015-12-26』을 입력한 후 [확인]을 클릭하세요.

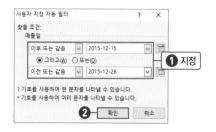

5 세 번째 조건인 대분류 중 와이셔츠를 필터링해 볼게요. E1셀에 입력된 '대분류' 필드명의 내림 단추(▼)를 클릭하고 [(모두 선택)]의 체크를 해제하여 모든 항목의 선택을 해제한 후 [와이셔츠]에 체크하고 [확인]을 클릭하세요.

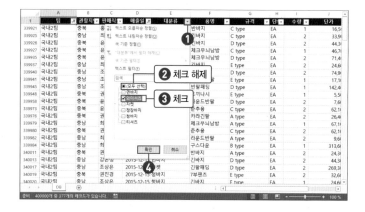

6 마지막 조건인 매출액 100,000원 이상인 자료를 필터링해 볼게요. K1셀에 입력된 '금액' 필드 명의 내림 단추(▼)를 클릭하고 [숫자 필터]-[사용자 지정 필터]를 선택하세요.

7 [사용자 지정 자동 필터] 대화상자가 열리면 '금액'에서 '크거나 같다'의 의미인 연산자 [>=] 를 선택하고 『100000』을 입력한 후 [확인]을 클릭하세요.

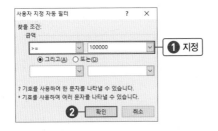

잠깐만요 **자동 필터 해제하기**

자동 필터를 해제하려면 필터 단추(▼)를 클릭하세요. 예를 들어 '팀' 필드의 필터를 해제하려면 A1셀의 필터 단추(▼)를 클릭하고 ["팀"에서 필터 해제]를 선택한 후 [확인]을 클릭하세요. 만약 전체 필드의 필터를 한꺼번에 해제하려면 [데이터] 탭-[정렬 및 필터] 그룹에서 [필터]를 클릭하세요.

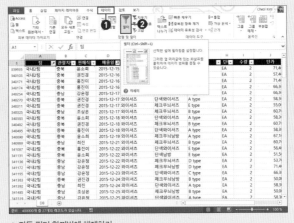

▲ '팀' 필드의 필터 해제하기   ▲ 자동 필터 한꺼번에 해제하기

실무 예제 02

슬라이서로 특정 직원의 매출 데이터 찾기

1 [DB] 시트에서 특정 팀에 소속된 판매 직원 매출 데이터를 필터링해 볼게요. 데이터를 효율적으로 다루려면 우선 표를 지정해야 하므로 임의의 셀을 선택하고 Ctrl + T 를 누르세요. [표 만들기] 대화상자가 열리면 [머리글 포함]에 체크한 상태에서 [확인]을 클릭하세요.

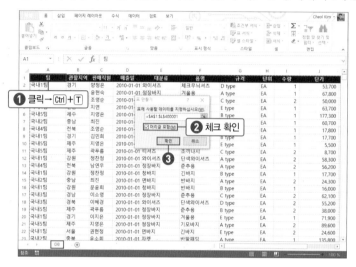

2 빠르고 쉬운 필터링을 도와주는 슬라이서를 삽입해 볼게요. [디자인] 탭-[도구] 그룹에서 [슬라이서 삽입]을 클릭하세요.

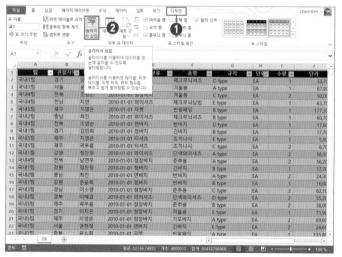

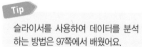

> **Tip**
>
> 슬라이서를 사용하여 데이터를 분석하는 방법은 97쪽에서 배웠어요.

3 특정 팀에 소속된 판매직원의 매출 데이터를 필터링하는 조건을 지정해 볼게요. [슬라이서 삽입] 대화상자에서 [팀]과 [판매직원]에 체크하고 [확인]을 클릭하세요.

4 [팀] 슬라이서와 [판매직원] 슬라이서가 삽입되었으면 '국내4팀'에 소속된 '강효영'과 '박지영', '송지숙' 직원의 매출 데이터를 필터링해 볼게요. [팀] 슬라이서에서는 [국내4팀]을, [판매직원] 슬라이서에서는 [강효영]을 선택하고 Ctrl을 누른 상태에서 [박지영]과 [송지숙]을 차례대로 선택하세요.

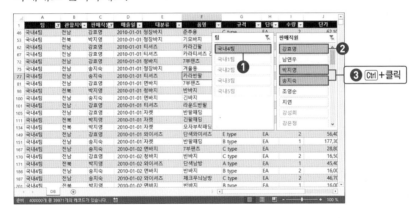

잠깐만요 **슬라이서에서 한꺼번에 여러 항목 선택하고 필터 해제하기**

[판매직원] 슬라이서의 오른쪽 위에 있는 [필터 지우기] 단추(🇰)를 클릭하면 선택한 필터를 쉽게 해제할 수 있어요. 필터 지우기의 단축키는 Alt+C입니다.

▲ 필터 해제하기

복잡한 조건을 빠르게 처리하는 고급 필터

엑셀에서는 자동 필터로 논리곱(AND, 그리고) 데이터를 쉽게 필터링할 수 있을 뿐만 아니라 고급 필터로 논리합(OR, 또는)의 조건 데이터도 필터링할 수 있어요. 이번 섹션에서는 엄청난 양의 빅데이터에서도 사용자가 지정한 다양한 조건에 적합한 데이터를 빠르게 필터링할 수 있는 고급 필터에 대해서 알아보겠습니다. 또한 필터링한 결과를 새 시트에 표시하는 방법도 익혀봅니다.

PREVIEW

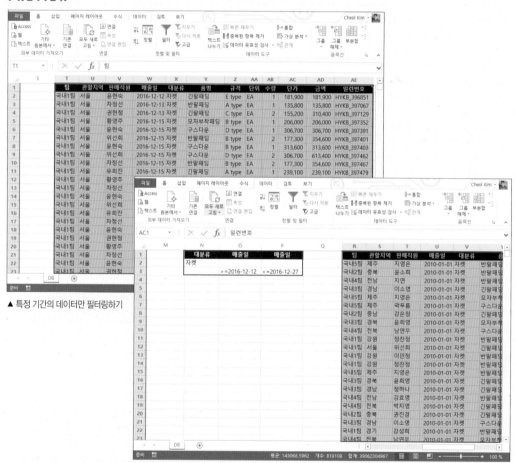

▲ 특정 기간의 데이터만 필터링하기

▲ 논리합(OR, 또는)의 조건을 만족하는 데이터 필터링하기

> 섹션별
> 주요 내용

01 │ 고급 필터로 조건에 맞는 데이터만 추출하기 **02** │ 특정 기간 데이터만 필터링하기
03 │ 특정 기간의 특정 항목 데이터만 필터링하기 **04** │ 논리합(또는) 조건을 만족하는 데이터 필터링하기
05 │ 다른 시트에 고급 필터 결과 표시하기

실무
예제 | **01** | # 고급 필터로 조건에 맞는 데이터만 추출하기

1 [DB] 시트에서 국내1팀의 서울 지역 자켓 데이터만 필터링해 볼게요. 먼저 필터링하려는 조건 필드명을 복사하기 위해 A1:B1 범위를 드래그하여 선택하고 Ctrl+C를 눌러 복사한 후 N1셀에서 Ctrl+V를 누르세요. E1셀도 Ctrl+C를 눌러 복사하고 P1셀에서 Ctrl+V를 눌러 붙여넣으세요.

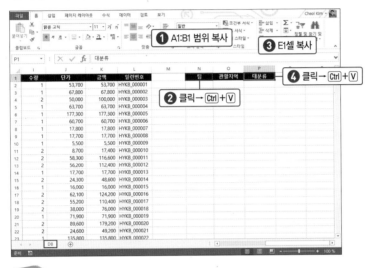

> **Tip**
>
> 필드명을 복사 및 붙여넣기하지 않고 곧바로 입력할 수도 있어요. 하지만 **1** 과정처럼 작업하는 이유는 필드명을 입력할 때 '대분류 '와 같이 빈 공간이 삽입되면 조건 필드명과 목록 필드명이 달라져서 원하는 데이터를 필터링할 수 없기 때문입니다.

2 조건을 입력하기 위해 N2셀에는 『국내1팀』을, O2셀에는 『서울』을, P2셀에는 『자켓』을 입력하세요. 데이터가 입력된 임의의 셀(L3셀)을 선택하고 [데이터] 탭-[정렬 및 필터] 그룹에서 [고급]을 클릭하세요.

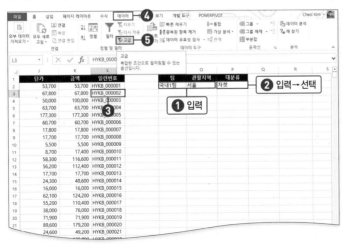

3 [고급 필터] 대화상자가 열리면 '결과'에서 [다른 장소에 복사]를 선택하고 범위를 지정하기 위해 '목록 범위'에 커서를 올려놓은 후 전체 데이터 범위인 A1:L400001 범위를 지정하세요. '조건 범위'에 커서를 올려놓고 N1:P2 범위를 드래그하여 선택하세요. 마지막으로 '복사 위치'에 커서를 올려놓고 R1셀을 선택한 후 [확인]을 클릭하세요.

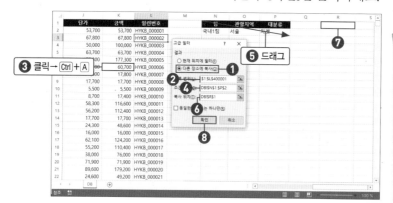

Tip

고급 필터에서 목록 범위를 손쉽게 선택하려면 [고급 필터] 대화상자의 [목록 범위]에 커서를 올려놓고 전체 DB 범위 중 임의의 셀을 선택하세요. 이 상태에서 Ctrl+A를 누르면 선택한 임의의 셀부터 연속된 행과 열 전체 범위를 손쉽게 [목록 범위]에 담을 수 있습니다. 또는 목록 중 첫 번째 셀을 선택하고 Ctrl+Shift+→를 누르고 다시 Ctrl+Shift+↓를 눌러도 결과가 같습니다.

4 복사 위치로 지정한 R1셀을 기준으로 조건에 맞는 데이터만 필터링되었습니다. 데이터가 열 너비에 모두 들어가지 않으므로 R열 머리글부터 AC열 머리글까지 드래그하여 R열부터 AC열 전체를 선택하세요.

5 열과 열 사이에 마우스 포인터를 올려놓은 후 ✛ 모양으로 변경되면 더블클릭하세요. 이렇게 열 너비를 조정하면 데이터가 셀 너비에 딱 맞게 배치됩니다.

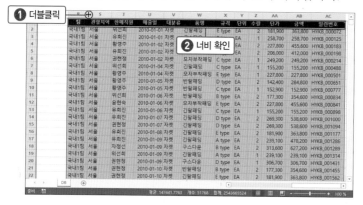

난이도 1 2 **3** 4 5

특정 기간의 데이터만 필터링하기

1 [DB] 시트에서 2016년 12월 12일부터 2016년 12월 27일까지의 기간 중 국내1팀의 서울 지역 자켓 매출만 필터링하려고 해요. 먼저 조건 필드명을 복사하기 위해 '팀'(A1셀), '관할지역'(B1셀), '대분류'(E1셀), '매출일'(D1셀) 필드를 복사해서 다음의 그림과 같이 N1셀을 기준으로 붙여넣기하세요. 이때 매출일은 언제부터 언제까지이므로 두 개의 셀(Q1:R1)에 복사하세요.

Tip

조건 필드명을 복사하는 방법은 233 쪽을 참고하세요.

2 이제 필터 조건을 입력해 볼게요. N2셀에는 『국내1팀』을, O2셀에는 『서울』을, P2셀에는 『자켓』을 입력하세요. Q2셀에는 조건 기간 시작일인 『>=2016-12-12』를, R2셀에는 조건 기간 마지막 날인 『<=2016-12-27』을 입력하세요.

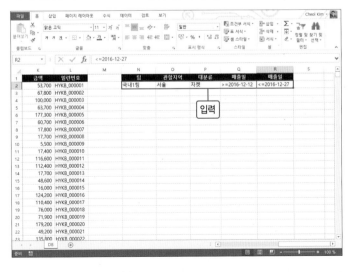

3 고급 필터를 실행하기 위해 데이터가 입력된 임의의 셀(L4셀)을 선택하고 [데이터] 탭-[정렬 및 필터] 그룹에서 [고급]을 클릭하세요.

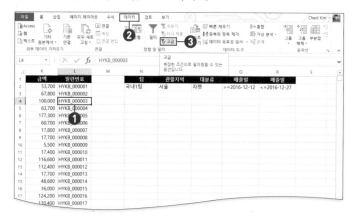

4 [고급 필터] 대화상자가 열리면 '결과'에서 [다른 장소에 복사]를 선택하고 범위를 지정하기 위해 '목록 범위'에 커서를 올려놓은 후 전체 데이터 범위인 A1:L400001 범위를 지정하세요. '조건 범위'에 커서를 올려놓고 N1:R2 범위를 드래그하여 선택하세요. 마지막으로 '복사 위치'에 커서를 올려놓고 T1셀을 선택한 후 [확인]을 클릭하세요.

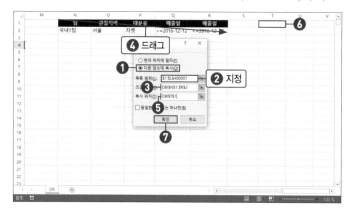

5 복사 위치로 지정한 T1셀을 기준으로 조건에 맞는 데이터만 필터링되면 234쪽과 같이 열 너비를 자동으로 맞추고 최종 결과를 확인해 보세요.

예제파일 : 03_특정기간항목데이터필터_예제.xlsx　　완성파일 : 03_특정기간항목데이터필터_완성.xlsx

실무
예제 **03**　　**특정 기간의 특정 항목 데이터만 필터링하기**

1 [DB] 시트에서 2016년 12월 12일부터 2016년 12월 27일까지의 기간 중 국내1팀의 서울 지역 자켓 항목의 품명, 규격, 수량, 금액만 필터링하려고 해요. 다음의 그림과 같이 필터링하려는 필드명을 복사하고 조건을 입력하세요.

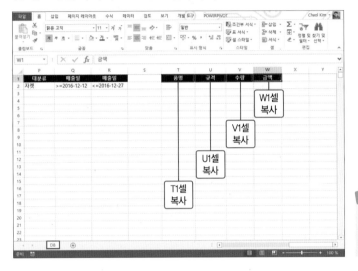

Tip
'품명'은 T1셀에, '규격'은 U1셀에, '수량'은 V1셀에, '금액'은 W1셀에 복사하세요.

2 고급 필터를 실행하기 위해 데이터가 입력된 임의의 셀(K6셀)을 선택하고 [데이터] 탭-[정렬및 필터] 그룹에서 [고급]을 클릭하세요.

3 [고급 필터] 대화상자가 열리면 '결과'에서 [다른 장소에 복사]를 선택하고 '목록 범위'에 커서를 올려놓은 후 전체 데이터 범위인 A1:L400001 범위를 지정하세요. '조건 범위'에 커서를 올려놓고 N1:R2 범위를 드래그하여 선택하세요. 마지막으로 '복사 위치'에 커서를 올려놓고 T1:W1 범위를 드래그하여 선택한 후 [확인]을 클릭하세요.

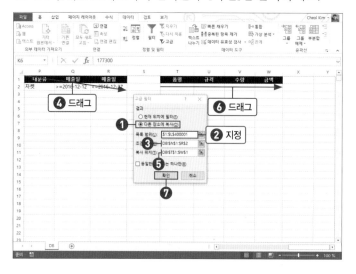

4 복사 위치로 지정한 T1:W1 범위를 기준으로 조건에 맞는 데이터만 필터링되면 입력된 데이터의 길이에 맞게 열 너비를 자동으로 맞추고 최종 결과를 확인해 보세요.

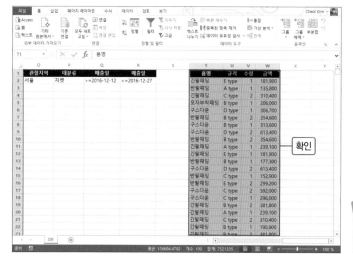

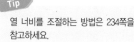

Tip

열 너비를 조절하는 방법은 234쪽을 참고하세요.

실무
예제 **04**   # 논리합(또는) 조건을 만족하는 데이터 필터링하기

1 앞에서 배운 데이터 필터는 논리곱(AND, 그리고)의 조건을 만족하는 필터였는데, 여기서는 논리합(OR)인 '또는'의 조건을 만족하는 데이터를 필터링해 볼게요. [DB] 시트에서 대분류 중 자켓이거나 매출일 중 2016년 12월 12일부터 2016년 12월 27일인 데이터를 필터링하려고 해요. N2셀에 『자켓』을 입력하고 필터링하려는 조건이 또는(논리합)의 조건이므로 다른 행(3행)인 O3셀에는 『>=2016-12-12』를, P3셀에는 『<=2016-12-27』을 입력하세요.

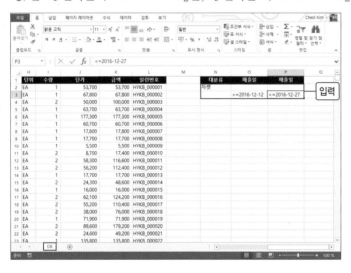

잠깐만요   ## 논리곱과 논리합의 이해와 해석하기

구분	해석	해당 수식
논리곱	그리고	AND
논리합	또는	OR

함수식 =AND(100>10,100>120)의 결과에서 참과 거짓 판단은 다음과 같습니다.

$$=AND(100>10,100>120)$$
참   거짓
1   0

논리곱(AND) 수식이므로 1*0=0이 되며, 결과는 거짓(0)이 됩니다. 반면 논리합(OR) 수식으로 작성되었다면 1+0=1이 되며, 결과는 참(1)이 됩니다.

2 고급 필터를 실행하기 위해 데이터가 입력된 임의의 셀(K5셀)을 선택하고 [데이터] 탭-[정렬 및 필터] 그룹에서 [고급]을 클릭하세요.

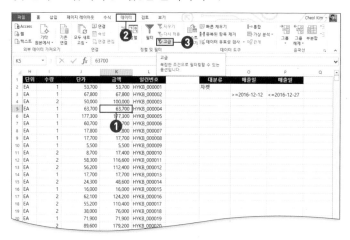

3 [고급 필터] 대화상자가 열리면 '결과'에서 [다른 장소에 복사]를 선택하고 '목록 범위'에는 전체 데이터 범위인 A1:L400001 범위를, '조건 범위'에는 N1:P3 범위를 지정하세요. '복사 위 치'에 R1셀을 지정하고 [확인]을 클릭하세요.

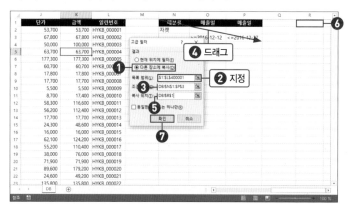

4 복사 위치로 지정한 R1셀을 기준으로 조건에 맞는 데이터만 필터링되면 전체 열을 선택하여 열 너비를 자동으로 맞추고 최종 결과를 확인해 보세요.

난이도 ① ② ❸ ④ ⑤

실무
예제 **05** 다른 시트에 고급 필터 결과 표시하기

1 지금까지는 목록 범위가 위치한 시트의 다른 셀에 필터링 결과를 나타냈지만, 이번에는 다른 시트에 필터 결과를 표시해 볼게요. [DB] 시트에서 2016년 12월 12일부터 2016년 12월 27일 기간 중 자켓 데이터만 필터링하여 [결과] 시트에 결과를 나타내려고 해요. [결과] 시트를 선택하고 [데이터] 탭-[정렬 및 필터] 그룹에서 [고급]을 클릭하세요.

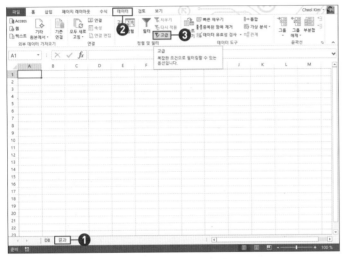

Tip

필터 결과를 다른 시트에 나타내려면 반드시 결과가 나타날 시트를 먼저 선택하고 고급 필터를 실행해야 해요.

2 [고급 필터] 대화상자가 열리면 '결과'에서 [다른 장소에 복사]를 선택하고 '목록 범위'에 커서를 올려놓은 후 [DB] 시트의 A1:L400001 범위를 선택하세요.

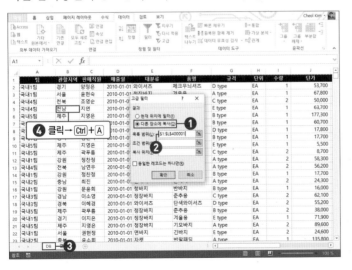

241

3 이번에는 '조건 범위'에 커서를 올려놓고 [DB] 시트의 N1:P3 범위를 지정합니다.

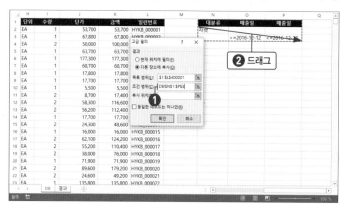

4 마지막으로 '복사 위치'에 커서를 올려놓고 [결과] 시트의 A1셀을 클릭한 후 [확인]을 클릭하세요.

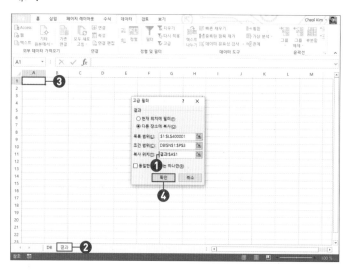

5 복사 위치로 지정한 A1셀을 기준으로 조건에 맞는 데이터만 필터링되었습니다. 전체 열을 선택하여 열 너비를 자동으로 맞추고 최종 결과를 확인해 보세요.

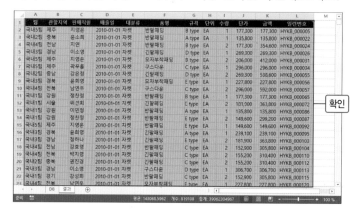

환경설정

데이터기초

데이터분석

데이터관리

실무함수

데이터필터

정보의시각화

데이터활용

특별부록

잠깐만요 **정확한 자료만 필터링하는 방법 알아보기**

🔵 **예제파일** : 05_01_정확한자료필터_예제.xlsx 🔵 **결과파일** : 05_01_정확한자료필터_완성.xlsx

특정 단어가 들어간 데이터만 필터링하고 싶은데, 특정 단어를 포함한 데이터까지 검색되는 경우가 많아요. 여기서는 특정 단어만 필터링할 수 있는 방법에 대해 알려줍니다.

① [DB] 시트에서 판매직원 중 '이화'가 들어간 데이터만 추출하고 싶다면 K2셀에 『이화』를 입력하고 고급 필터를 실행하면 M열과 같이 '이화'로 시작하는 모든 데이터가 필터링됩니다.

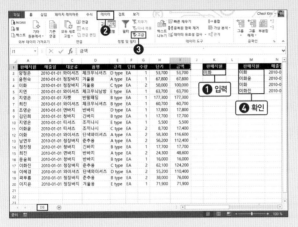

② '이화'라는 정확한 자료만 필터링하고 싶다면 조건에 '='와 필터링하려는 특정 단어를 함께 입력하세요. 따라서 K2셀에 『=이화』를 입력하고 고급 필터를 실행하면 M열에 '이화'가 들어간 데이터만 필터링됩니다.

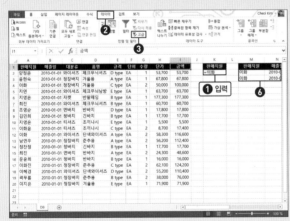

K2셀에 '=이화' 앞에 "'"를 입력하는 이유는 '='가 같다라는 의미로 사용하기 위해서예요. 만약 "'"를 입력하지 않으면 '='를 수식의 시작으로 인식하여 원하는 결과가 나오지 않습니다.

고급 필터와 함수 이용해 실무 데이터 편집하기

고급 필터의 조건은 엑셀에서 제공하는 기본 함수로 나타낼 수 있어요. 만약 몇 년 동안 축척한 데이터의 양이 엄청난 문서에서 특정 월의 데이터만 필터링해야 할 때는 함수를 사용해야 합니다. 그렇지 않으면 매년 특정 월의 기간을 계속 입력해야 해서 매우 불편합니다. 이번 섹션에서는 함수와 고급 필터를 이용하여 실무 데이터를 조건에 맞게 편집하는 방법에 대해 배워봅니다.

PREVIEW

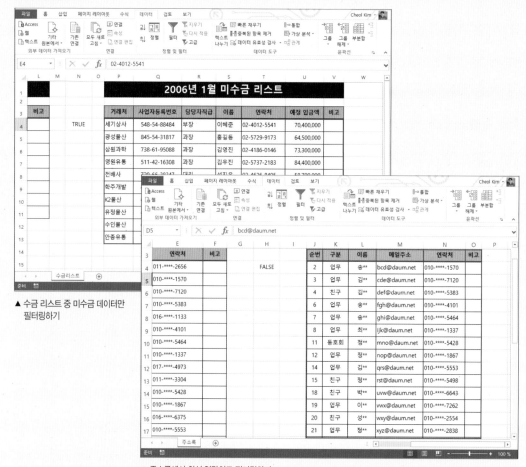

▲ 수금 리스트 중 미수금 데이터만 필터링하기

▲ 주소록에서 최신 연락처로 필터링하기

난이도 1 2 **3** 4 5

01 특정 월의 데이터만 필터링하기

1 [DB] 시트에 입력된 전체 데이터 중에서 3월의 '품명', '규격', '단위', '단가', '수량' 필드 데이터만 필터링해 볼게요. N2셀에 필터 조건인 『=MONTH(D2)=3』을 입력하고 Enter 를 누르세요.

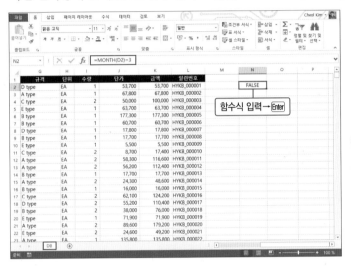

> **Tip**
> 고급 필터 조건으로 함수를 이용할 경우 조건으로 입력되는 함수의 상위 셀은 반드시 빈 셀이어야 합니다. 이번 예제의 경우 N2셀에 조건 수식이 입력되었으므로 N1셀은 반드시 비워야 합니다. 이것에 대한 자세한 설명은 256쪽을 참고하세요.

$$=MONTH(\underset{❶}{D2})=3$$

- ❶ 2010-01-01 날짜 중 월(MONTH)인 숫자 1을 나타냄
- → MONTH 함수는 날짜 중 월(MONTH)을 나타내는 함수예요. 고급 필터는 조건이 참일 때 데이터를 필터링하므로 1이라는 숫자가 특정 월(3월)에 맞는지 비교하기 위해 '=3'을 입력하여 참과 거짓을 판단합니다.

2 다음의 그림과 같이 P1셀부터 U1셀까지 '품명', '규격', '단위', '수량', '단가', '금액' 필드명을 차례대로 복사하여 붙여넣습니다.

> **Tip**
> 필드명을 복사하여 붙여넣는 과정은 233쪽을 참고하세요.

3 고급 필터를 실행하기 위해 데이터가 입력된 임의의 셀(K5셀)을 선택하고 [데이터] 탭-[정렬 및 필터] 그룹에서 [고급]을 클릭하세요.

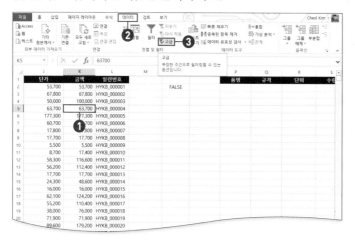

4 [고급 필터] 대화상자가 열리면 '결과'에서 [다른 장소에 복사]를 선택하고 '목록 범위'에는 전체 데이터 범위인 A1:L400001 범위를, '조건 범위'에는 N1:N2 범위를 지정하세요. '복사 위치'에 P1:U1 범위를 지정하고 [확인]을 클릭하세요.

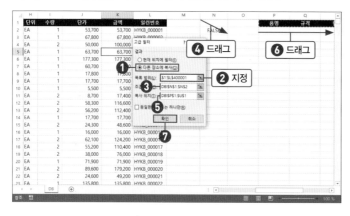

5 조건에 맞는 데이터만 필터링되면 전체 열을 선택하여 열 너비를 자동으로 맞추고 최종 결과를 확인해 보세요.

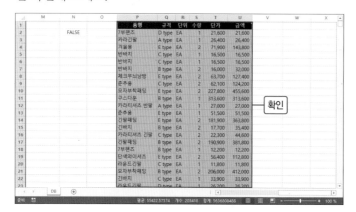

예제파일 : 02_미수금리스트필터_예제.xlsx   완성파일 : 02_미수금리스트필터_완성.xlsx

실무
예제 **02** # 두 개의 표에서 중복되지 않는 데이터만 필터링하기

1 [수금리스트] 시트에서 2016년 1월 입금 현황 중 현재까지 입금되지 않은 거래처 리스트만 필터링해 볼게요. N4셀에 필터 조건인 『=COUNTIF($J$4:$J$11,B4)=0』을 입력하고 Enter 를 누르세요.

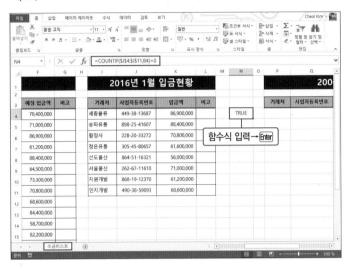

$$=COUNTIF(\$J\$4:\$J\$11,B4)=0$$
　　　　　　　❶　　　❷

❶ COUNTIF 함수의 첫 번째 인수로, 개수를 파악할 데이터 범위
❷ COUNTIF 함수의 두 번째 인수로, 첫 번째 인수에서 개수를 파악할 조건
➡ COUNTIF 함수는 첫 번째 인수(❶ 범위)에서 두 번째 인수(❷ 범위)가 몇 개 있는지 COUNT해서 개수를 표시하는 함수입니다. 따라서 J4:J11 범위에 B4셀이 몇 개 있는지를 반환하는 함수로, J4:J11 범위는 입금된 사업자등록번호의 범위와 같으므로 B4셀 (사업자등록번호)의 개수를 파악했을 때 0이라면 미입금 거래처라고 판단합니다. 쉽게 말해서 2016년 1월 입금 현황에 있는 거래처를 제외한 나머지 거래처만 표시하는 함수입니다.

2 고급 필터를 실행하기 위해 E4셀을 선택하고 [데이터] 탭-[정렬 및 필터] 그룹에서 [고급]을 클릭하세요.

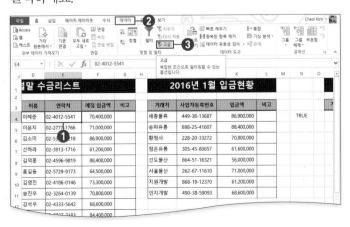

3 [고급 필터] 대화상자가 열리면 '결과'에서 [다른 장소에 복사]를 선택하고 '목록 범위'에는 A3:G21 범위를, '조건 범위'에는 N3:N4 범위를 지정하세요. '복사 위치'에 P3:V3 범위를 지정하고 [확인]을 클릭하세요.

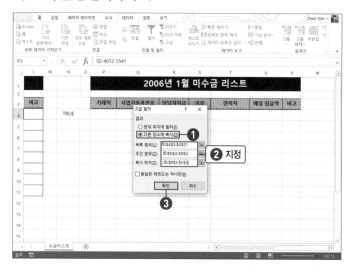

4 전체 입금 목록 중에서 미입금 목록 데이터만 필터링된 결과를 확인해 보세요.

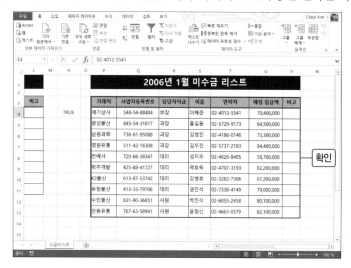

실무
예제 **03**　**특정 기간에 몇 회 이상 판매한 항목만 필터링하기**

1 [DB] 시트에 입력된 취급 품목 중에서 특정 기간에 어떤 품목의 매출이 집중적으로 발생했
는지 확인하려고 해요. 이때 함수를 조건으로 이용하면 쉽게 필터링할 수 있어요. 2016년 1분
기 데이터 중에서 200회 이상 판매된 품명과 규격을 필터링하기 위해 N2셀에는 『>=2016-01-
01』을, O2셀에는 『<=2016-03-30』을 입력하세요.

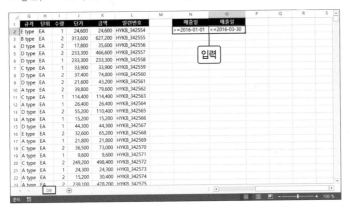

2 두 번째 조건인 200회 이상 판매된 데이터를 필터링하기 위해 함수식을 조건으로 입력해 볼
게요. P2셀에 『=COUNTIFS($F$2:$F$57448,F2,$G$2:$G$57448,G2))>=200』을 입력하고 Enter
를 누르세요.

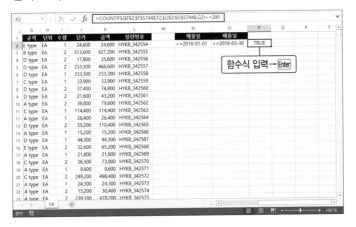

=COUNTIFS($F$2:$F$57448,F2,$G$2:$G$57448,G2))>=200
❶　　　　❷　　　　❸　　　　❹

❶ COUNTIFS 함수의 첫 번째 인수로, 두 번째 인수의 값을 COUNT할 범위
❷ COUNTIFS 함수의 두 번째 인수로, 첫 번째 인수에서 COUNT하려는 값
❸ COUNTIFS 함수의 세 번째 인수로, 네 번째 인수의 값을 COUNT할 범위
❹ COUNTIFS 함수의 네 번째 인수로, 세 번째 인수에서 COUNT하려는 값
➡ COUNTIFS 함수는 COUNTIF 함수와 같이 COUNT를 하는 함수입니다. 수식 끝에 'S'가 붙어서 두 가지 이상의 다중 조건에 대
해 COUNT하는 함수로, 그리고(AND)의 조건을 만족하는 값의 개수를 COUNT합니다. F2:F57448 범위에서 F2셀 값을 만족하며,
G2:G57448 범위에서 G2셀 값을 만족하는 값을 COUNT했을 때 결과가 200 이상이면 참을 반환합니다.

3 2016년 1분기의 매출 중 특정 품목의 어떤 규격이 매출이 높은지 확인하는 것이므로 해당 필드명을 복사해야 해요. R1셀에는 '품명' 필드명을, S1셀에는 '규격' 필드명을 복사하여 다음 그림과 같이 붙여넣으세요.

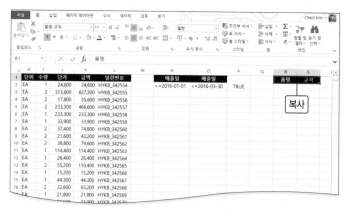

4 고급 필터를 실행하기 위해 데이터가 입력된 임의의 셀(K4셀)을 선택하고 [데이터] 탭-[정렬 및 필터] 그룹에서 [고급]을 클릭하세요.

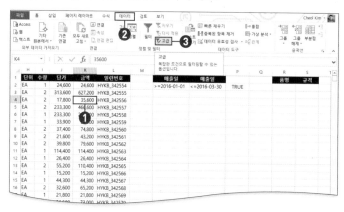

5 [고급 필터] 대화상자가 열리면 '결과'에서 [다른 장소에 복사]를 선택하고 '목록 범위'에는 A1: L57448 범위를, '조건 범위'에는 N1:P2 범위를 지정합니다. '복사 위치'에 R1:S1 범위를 지정하고 [동일한 레코드는 하나만(R)]에 체크한 후 [확인]을 클릭하세요.

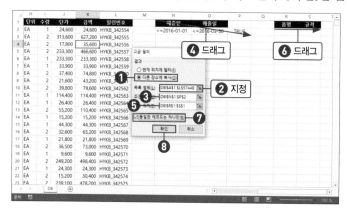

6 조건에 맞게 필터링된 데이터를 보기좋게 정렬해 볼게요. 필터링된 데이터 중에서 임의의 셀 (R3셀)을 선택하고 [데이터] 탭-[정렬 및 필터] 그룹에서 [정렬]을 클릭하세요.

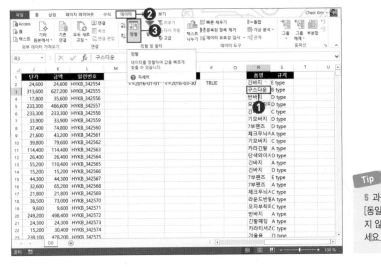

Tip

5 과정의 [고급 필터] 대화상자에서 [동일한 레코드는 하나만]에 체크하지 않으면 결과가 달라지므로 주의하세요.

7 [정렬] 대화상자가 열리면 첫 번째 '정렬 기준'은 [품명]으로, '정렬'은 [오름차순]으로 선택하고 [기준 추가]를 클릭하세요. '다음 기준'은 [규격]으로, '정렬'은 [오름차순]으로 선택하고 [확인]을 클릭하세요.

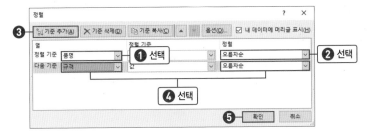

8 2016년 1분기에 200회 이상 판매된 품목의 규격 데이터가 필터링된 결과를 확인해 보세요.

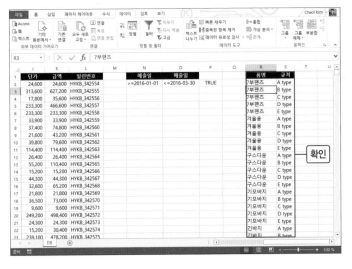

실무
예제 **04** 주소록에서 최신 데이터만 필터링하기

1 데이터의 변동이 있었을 경우 최근 데이터만 필터링하고 싶을 때도 고급 필터를 사용하면 됩니다. 특히 주소록에서 핸드폰 번호가 변경되는 경우에는 기존 데이터를 수정하지 않고 마지막 행에 데이터를 입력한 후 가장 최근 데이터만 필터링하면 편해요. [주소록] 시트의 주소록에서 가장 최근 데이터만 필터링하기 위해 H4셀에 함수 조건인 『=COUNTIF($D$4:$D$33,D4)=COUNTIF($D$4:D4,D4)』를 입력하고 Enter 를 누르세요.

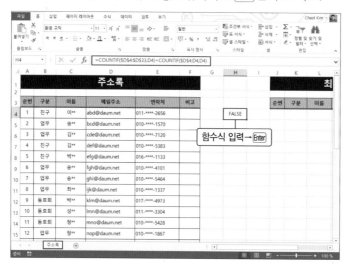

=COUNTIF($D$4:$D$33,D4)=COUNTIF($D$4:D4,D4)
　　　　　　　❶　　　❷　　　　　　❸　　❹

❶ COUNTIF 함수의 첫 번째 인수로, 두 번째 인수의 값을 COUNT할 범위
❷ COUNTIF 함수의 두 번째 인수로, 첫 번째 인수에서 COUNT하려는 값
❸ COUNTIF 함수의 첫 번째 인수로, 두 번째 인수의 값을 COUNT할 범위
❹ COUNTIF 함수의 두 번째 인수로, 첫 번째 인수에서 COUNT하려는 값
➡ COUNTIF 함수는 첫 번째 인수(❶ 범위)에서 두 번째 인수(❷ 범위)가 몇 개 있는지 COUNT해서 개수를 표시하는 함수입니다. D4:D33 범위에서 D4셀의 COUNT한 결과가 절대 참조로 고정된 D4셀부터 행 방향으로 하나씩 추가되며 해당 행의 값을 COUNT했을 때 결과가 같다면, 즉 마지막 데이터와 같다면 해당 결과를 표시합니다.

2 고급 필터를 실행하기 위해 데이터가 입력된 임의의 셀(D5셀)을 선택하고 [데이터] 탭-[정렬 및 필터] 그룹에서 [고급]을 클릭하세요.

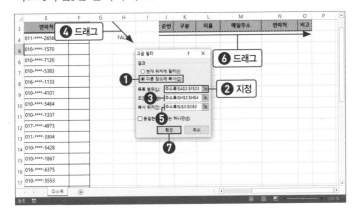

3 [고급 필터] 대화상자가 열리면 '결과'에서 [다른 장소에 복사]를 선택하고 '목록 범위'에는 A3:F33 범위를, '조건 범위'에는 H3:H4 범위를 지정합니다. '복사 위치'에 J3:O3 범위를 지정하고 [확인]을 클릭하세요.

4 전체 주소록 데이터 중에서 최근 데이터만 필터링된 결과를 확인해 보세요.

환경설정

데이터기초

데이터분석

데이터관리

실무함수

데이터필터

정보의시각화

데이터활용

특별부록

1 | 두 개의 표에서 중복된 데이터 필터링하기

🔵 예제파일 : 실무노트_중복데이터_필터_예제.xlsx 　　🟢 결과파일 : 실무노트_중복데이터_필터_완성.xlsx

현장에서는 두 개의 표에서 중복된 데이터만 또는 중복되지 않은 데이터만 필터링해야 하는 경우가 매우 자주 발생합니다. 이때 함수를 조건으로 하는 고급 필터를 이용하면 간단하게 해결할 수 있어요. 241쪽에서는 중복되지 않는 데이터를 필터링하는 방법을 배웠는데, 여기서는 중복된 데이터를 필터링하는 방법과 유의 사항에 대해 알아봅니다.

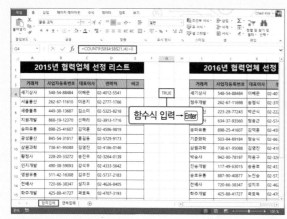

1 예제 파일의 왼쪽에는 2015년 협력업체 선정 리스트가, 오른쪽에는 2016년 협력업체 선정 리스트가 입력되어 있어요. 두 개의 표에서 2년 연속 선정된 업체만 [연속업체] 시트에 필터링해 볼게요. 먼저 G4셀에 『=COUNTIF($B$4:$B$21,J4)>0』을 입력하고 Enter를 누르세요.

> **Tip**
>
> 2년 연속 선정된 업체를 필터링하려고 해요. 따라서 2016년 리스트 중 2015년에 있는 항목(사업자등록번호)을 검색해서 찾으면 됩니다. G4셀에 입력한 함수식 중 '$B$4:$B$21'은 변하지 않는 기준 범위이므로 절대 참조로 지정하였고, 이 범위에서 2016년 사업자등록번호를 하나씩 COUNTIF 함수로 적용하기 위해 J4셀은 상대 참조로 지정하였습니다. 즉 기준이 되는 범위에서 절대 참조는 순환 요소로, 필터할 데이터 항목은 상대 참조로 지정해야 합니다.

2 결과가 나타날 [연속업체] 시트를 선택하고 [데이터] 탭-[정렬 및 필터] 그룹에서 [고급]을 클릭하세요.

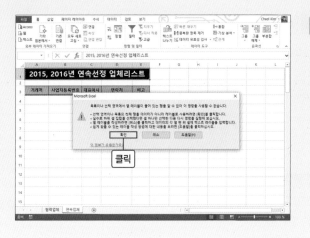

3 목록 범위를 선택하지 않아서 오류 메시지 창이 열리면 오류를 무시하고 [확인]을 클릭하세요.

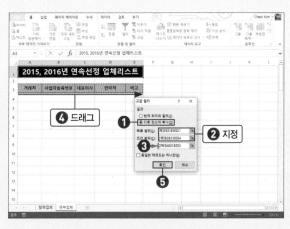

4 [고급 필터] 대화상자가 열리면 '결과'에서 [다른 장소에 복사]를 선택하고 '목록 범위'에 커서를 올려놓은 후 [협력업체] 시트의 I3:M21 범위를 드래그하여 선택하세요. '조건 범위'는 [협력업체] 시트의 G3:G4 범위를 지정하고 '복사 위치'는 [연속업체] 시트의 A3:E3 범위를 지정한 후 [확인]을 클릭하세요.

5 두 개의 표에서 2015년, 2016년 연속 선정되어 중복된 데이터만 필터링된 결과를 확인할 수 있어요.

2 | 수식을 조건으로 사용할 때 수식 입력의 위쪽 셀 비우기

▶ **예제파일** : 실무노트_수식조건_예제.xlsx ▶ **결과파일** : 실무노트_수식조건_완성.xlsx

섹션 3에서 다룬 내용과 같이 수식을 조건으로 사용하는 고급 필터의 경우 수식을 입력할 위쪽 셀을 반드시 비워야 합니다. 이번 예제를 통해 수식 입력의 위쪽 셀을 왜 비워야 하는지 알아볼게요.

1 [DB] 시트에서 3월 데이터만 필터링하기 위해 수식이 조건으로 입력된 N2셀의 위쪽 셀인 N1셀에 해당 필드의 이름인 '매출일'을 D1셀에서 복사 및 붙여넣으세요.

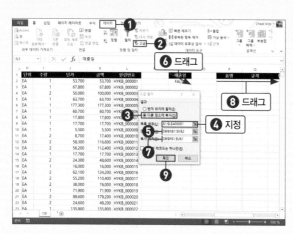

2 [데이터] 탭-[정렬 및 필터] 그룹에서 [고급]을 클릭하세요. [고급 필터] 대화상자가 열리면 '결과'에서 [다른 장소에 복사]를 선택하고 '목록 범위'에는 A1:L4000001 범위를, '조건 범위'에는 N1:N2 범위를 지정하세요. '복사 위치'에 P1:U1 범위를 지정하고 [확인]을 클릭하세요.

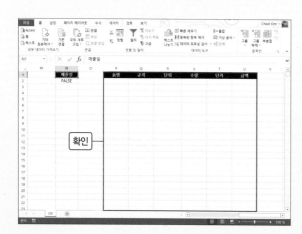

3 그런데 수식을 조건으로 입력할 때 위쪽의 셀을 비워두지 않았기 때문에 아무런 데이터도 필터링되지 않았습니다.

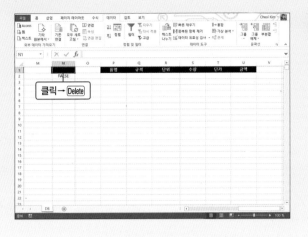

4 이번에는 N1셀을 선택하고 Delete 를 눌러 데이터 를 모두 지우세요.

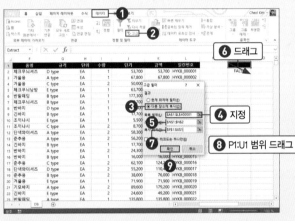

5 다시 한 번 고급 필터를 실행하기 위해 [데이 터] 탭-[정렬 및 필터] 그룹에서 [고급]을 클 릭하세요. [고급 필터] 대화상자가 열리면 '결과'에 서 [다른 장소에 복사]를 선택하고 '목록 범위'에는 A1:L4000001 범위를, '조건 범위'에는 N1:N2 범위를 지정하세요. '복사 위치'에 P1:U1 범위를 지정하고 [확 인]을 클릭하세요.

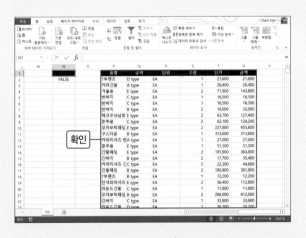

6 지정한 조건에 맞게 정상적으로 필터링된 결과 를 확인해 보세요.

환경설정

데이터기초

데이터분석

데이터편집

실무함수

데이터필터

정보의시각화

데이터활용

특별부록

6 시각적 정보를
한눈에 보여준다!
차트 보고서 작성하기

데이터를 분석하고 원하는 목적에 맞게 잘 집계했다면, 직관적 이해를 위한 정보를 시각화하여 보고서를 작성해야 합니다. 이때 분석 정보를 시각화하기 위한 가장 좋은 방법은 차트를 사용하는 것입니다. 엑셀에서 제공하는 차트 양식이나 조건부 서식, 스파크라인을 활용하면 파워포인트나 키노드 등의 프로그램 도움 없이도 데이터 결과 보고서를 손쉽게 시각화 할 수 있습니다. 이번 챕터에서는 데이터 분석에 있어 빠질 수 없는 차트를 포함한 정보의 시각화 기법에 대해 배워봅니다.

Excel 2013

매출추이 나타내는 스파크라인

매출 데이터를 집계해서 간략하게 매출추이를 확인하고자 합니다. 추이를 나타낼 때는 보통 꺾은선형 차트를 많이 활용하는데 차트처럼 여러 가지 기능을 사용하지 않고, 간단하게 추이 곡선만 나타내고자 할 때 쉽게 활용하는 기능이 바로 스파크라인입니다. 이번 섹션에서는 분석 데이터를 손쉽게 시각화할 수 있는 스파크라인으로 팀별 월 매출액과 판매추이 곡선 및 실적을 표시해 보겠습니다.

PREVIEW

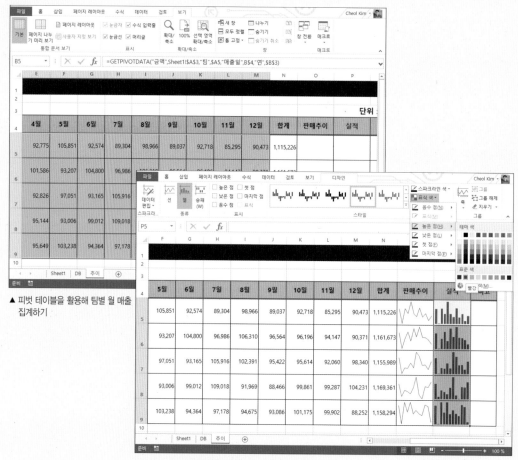

▲ 피벗 테이블을 활용해 팀별 월 매출 집계하기

▲ 스파크라인으로 월별 매출추이 곡선과 막대 차트 표시하기

실무
예제 **01**   # 피벗 테이블로 연도별 매출 집계하기

1 각 팀별로 특정 연도의 1월부터 12월까지 매출을 간단한 추이 곡선으로 나타내 볼게요. 우선
연도별 매출 집계를 위해 데이터를 표로 지정해 보겠습니다. [DB] 시트에서 데이터가 입력된
임의의 셀을 선택하고 Ctrl+T를 눌러 [표 만들기] 대화상자가 열리면 '=$A$1:$L$400001' 범
위 지정과 [머리글 포함]의 체크를 확인한 후 [확인]을 클릭하세요.

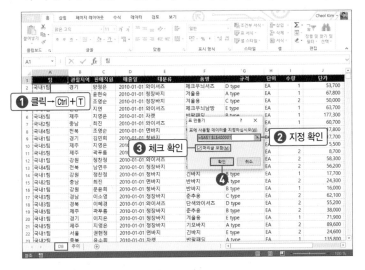

2 피벗 테이블을 활용해 연도별 매출을 집계하기 위해 [디자인] 탭-[도구] 그룹에서 [피벗 테이
블로 요약]을 클릭하세요. [피벗 테이블 만들기] 대화상자가 열리면 피벗 테이블 보고서를 넣
을 위치에서 [새 워크시트]를 선택하고 [확인]을 클릭하세요.

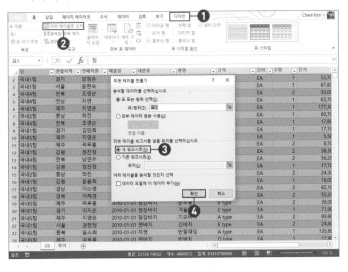

3 새로운 워크시트인 [Sheet1] 시트에 피벗 테이블이 생성되면 [피벗 테이블 필드] 작업 창에서 [팀]과 [매출일]은 '행' 영역으로, [금액]은 '값' 영역으로 드래그하세요.

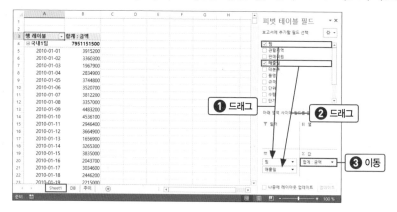

4 특정 연도별 매출추이만 나타내면 되므로 불필요한 분기 그룹은 삭제할게요. 그룹화된 매출일 중 임의의 셀에서 마우스 오른쪽 단추를 눌러 [그룹]을 선택하세요.

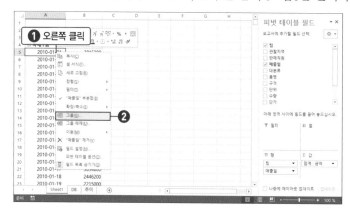

5 [그룹화] 대화상자가 열리면 '단위'에서 [분기]를 클릭하여 그룹에서 제외하고 [월]과 [연]만 선택한 상태에서 [확인]을 클릭하세요.

6 금액의 표시 형식을 변경하기 위해 금액이 입력된 임의의 셀에서 마우스 오른쪽 단추를 눌러
[필드 표시 형식]을 선택하세요.

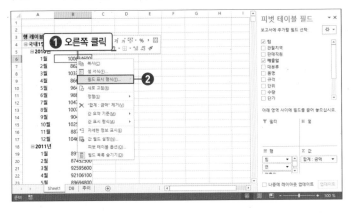

7 [셀 서식] 대화상자가 열리면 [표시 형식] 탭의 '범주'에서 [통화]를 선택하고 '음수'에서 통화
형식을 선택한 후 [확인]을 클릭하세요.

8 팀별, 연도별, 월별로 매출 금액이 집계된 결과를 확인해 보세요.

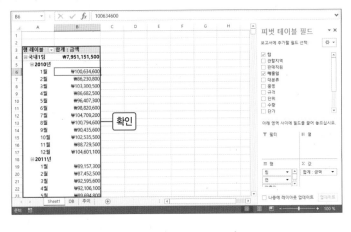

실무 예제 02

팀별 월 매출액 표시하기

1 [추이] 시트에서 데이터를 쉽게 검색 및 선택할 수 있도록 틀 고정부터 할게요. [Sheet1] 시트에서 B5셀을 선택하고 [보기] 탭-[창] 그룹에서 [틀 고정]을 클릭한 후 [틀 고정]을 선택하세요. 이렇게 지정하면 행과 열이 모두 고정됩니다.

2 [추이] 시트에 팀별 월 매출 금액을 나타내기 위해 [추이] 시트에서 B5셀을 선택하고『=』을 입력하세요. 피벗 테이블이 작성된 [Sheet1] 시트에서 B71셀을 선택하고 Enter를 누르세요.

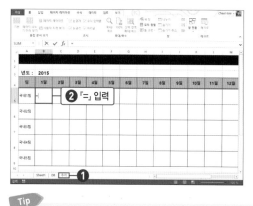 

> **Tip**
>
> [추이] 시트의 B5셀은 2015년 1월의 국내 1팀의 매출액을 나타내는 셀이고, [Sheet1] 시트의 B71셀에는 2015년 1월 국내 1팀의 매출액이 표시되어 있습니다.

3 GETPIVOTDATA 함수를 사용하여 변수를 변경해 볼게요. 수식 입력줄에서 첫 번째 변수인 "국내1팀" 부분을 드래그하여 선택하고 Delete 를 눌러 삭제한 후 A5셀을 선택하세요. A5셀의 팀 데이터는 세로형 데이터이므로 F4 를 세 번 눌러 '$A5'로 변경해 주세요.

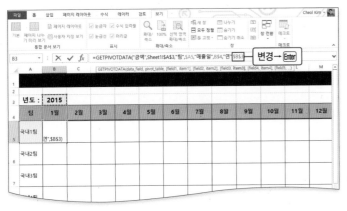

4 두 번째 변수를 변경하기 위해 수식 입력줄에서 '1' 부분을 Delete 를 눌러 삭제하고 B4셀을 선택하세요. B4셀의 월 데이터는 가로형 데이터이므로 F4 를 두 번 눌러 'B$4'로 변경하세요.

5 세 번째 변수를 변경하기 위해 수식 입력줄에서 '2015' 부분을 드래그하여 선택하고 Delete 를 눌러 삭제한 후 B3셀을 선택하세요. B3셀의 연도는 독립적으로 사용되었으므로 F4 를 한 번 눌러 '$B$3'으로 변경하고 Enter 를 눌러 함수식의 변경을 마무리하세요.

환경설정

데이터기초

데이터분석

데이터입력

데이터관리

실무함수

데이터필터

정보의시각화

데이터활용

특별부록

6 B5셀에 입력된 숫자를 천 원 단위로 변경하기 위해 B5셀에서 마우스 오른쪽 단추를 눌러 [셀 서식]을 선택하세요.

7 [셀 서식] 대화상자가 열리면 [표시 형식] 탭의 '범주'에서 [사용자 지정]을 선택하고 '형식'에 『#,##0,』을 입력한 후 [확인]을 클릭하세요.

> **Tip**
> 67~68쪽에서 배운 것처럼 셀 서식 표시 형식 중 콤마(,)는 천 단위 구분 기호에요. 따라서 '#,##0,'와 같이 콤마(,)를 붙이면 천 단위 구분 기호가 나타납니다. 만약 10만 단위로 표시하려면 '#,##0,,'로 입력하세요. 이때 표시되는 숫자는 반올림 형태로 나타납니다.

8 나머지 셀에도 결과값을 채우기 위해 B5셀의 자동 채우기 핸들(╋)을 M5셀까지 드래그하세요. M5셀의 자동 채우기 핸들(╋)을 M9까지 드래그하면 '합계'도 자동으로 표시됩니다.

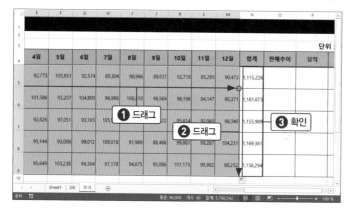

> **Tip**
> B5셀을 복사(Ctrl+C)하고 M9셀까지 붙여넣기(Ctrl+V)해도 같은 결과가 나타납니다.

실무
예제 | **03**

스파크라인으로 판매추이 곡선과 실적 표시하기

1 월별 매출액을 바탕으로 판매추이 곡선을 나타내 볼게요. [추이] 시트에서 판매추이 곡선을
표시할 O5:O9 범위를 드래그하여 선택하고 [삽입] 탭-[스파크라인] 그룹에서 [꺾은선형]을
클릭하세요.

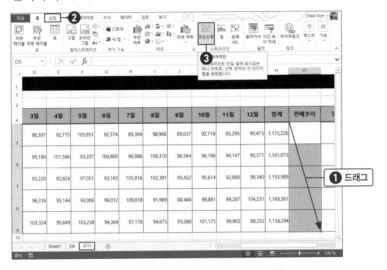

2 [스파크라인 만들기] 대화상자가 열리면 '데이터 범위'에 '국내1팀'의 1월부터 '국내5팀'의
12월까지 데이터 범위인 『B5:M9』를 입력하고 [확인]을 클릭하세요.

3 이번에는 실적을 다른 스파크라인의 형태로 표시해 볼게요. P5:P9 범위를 드래그하여 선택하고 [삽입] 탭-[스파크라인] 그룹에서 [열]을 클릭하세요.

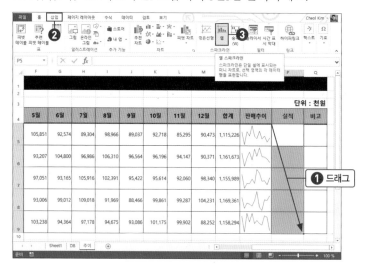

4 [스파크라인 만들기] 대화상자가 열리면 '데이터 범위'에 『B5:M9』를 입력하고 [확인]을 클릭합니다.

5 P5:P9 범위에 스파크라인이 나타나면 가장 실적이 좋은 달을 빨간색으로 표시해 볼게요. [디자인] 탭-[스타일] 그룹에서 [표식 색]을 클릭하고 [높은 점]을 선택한 후 '표준 색'에서 [빨강]을 선택하세요.

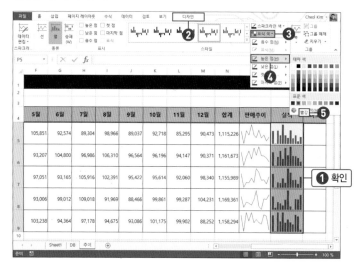

6 이번에는 B3셀의 연도를 변경했을 때 제목의 연도도 동시에 바뀌도록 A1셀을 선택하고 『=B3&"년 팀별 매출추이"』를 입력한 후 [Enter]를 누르세요.

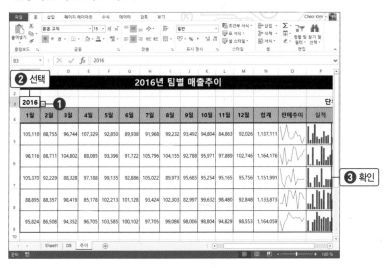

7 B3셀의 연도를 변경했을 때 매출과 스파크라인이 어떻게 변경되는지 확인해 볼게요. B3셀의 내림 단추(▼)를 클릭해 [2016]을 선택하고 팀의 월매출액과 판매추이, 실적의 스파크라인이 변경되는지 살펴보세요.

환경설정

데이터기초

데이터분석

데이터관리

실무함수

데이터편집

정보의시각화

데이터활용

특별부록

실무에서 가장 많이 사용하는 이중 축 차트

값가 많이 차이나는 두 개의 계열을 하나의 차트에 보여주는 이중 축 차트는 현업에서 가장 많이 사용하는 차트 보고서의 형태입니다. 또한 이중 축 차트는 모든 차트 작성의 기본이 되기 때문에 이것만 잘 알고 있어도 다른 차트를 작성하는 데 많은 도움을 받을 수 있어요. 이번 섹션에서는 피벗 테이블로 분석한 테이블 결과를 이중 축 차트로 시각화하는 과정에 대해 실습해 봅니다.

> **PREVIEW**

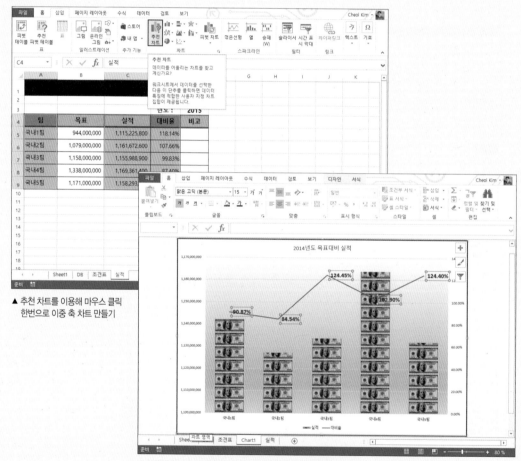

▲ 추천 차트를 이용해 마우스 클릭 한번으로 이중 축 차트 만들기

▲ 선택 옵션에 따라 변화하는 동적 이중 축 차트 완성하기

난이도 ① ② ③ ④ ⑤

실무
예제 **01**

데이터를 표로 만들고 피벗 테이블 생성하기

1 연도별 팀 목표 대비 실적을 차트로 작성하기 전에 데이터를 다루기 쉽도록 표로 만들어 볼게
요. [DB] 시트에서 데이터가 입력된 임의의 셀을 선택하고 Ctrl+T를 눌러 [표 만들기] 대화
상자가 열리면 '=$A$1:$L$400001' 범위 지정과 [머리글 포함]의 체크를 확인한 후 [확인]을
클릭하세요.

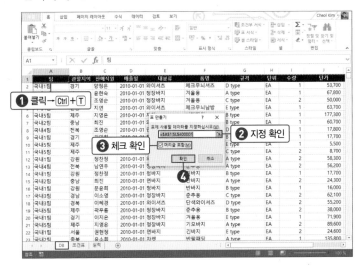

2 표가 완성되면 피벗 테이블을 만들기 위해 [디자인] 탭-[도구] 그룹에서 [피벗 테이블로 요
약]을 클릭하세요. [피벗 테이블 만들기] 대화상자가 열리면 피벗 테이블 보고서를 넣을 위치
에서 [새 워크시트]를 선택하고 [확인]을 클릭해 새 워크시트에 피벗 테이블을 생성하세요.

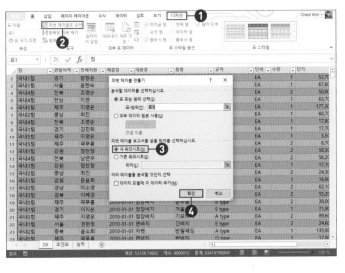

3 새로운 워크시트인 [Sheet1] 시트에 피벗 테이블이 생성되면 [피벗 테이블 필드] 작업 창에서 [팀]과 [매출일]은 '행' 영역으로, [금액]은 '값' 영역으로 드래그하세요.

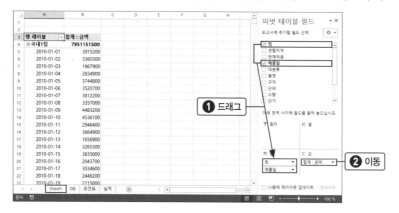

4 연도별로 분석하기 위해 A열의 날짜 데이터 중에서 임의의 셀을 오른쪽 마우스 단추로 눌러 [그룹]을 선택하세요.

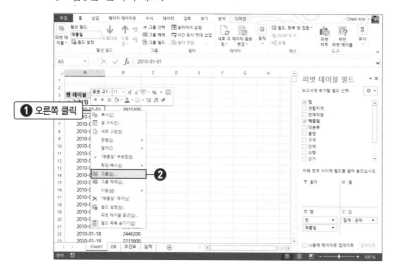

5 [그룹화] 대화상자가 나타나면 연을 선택하고 [확인]을 클릭하세요.

6 매출 합계의 표시 형식을 변경해 볼게요. 금액이 입력된 임의의 셀에서 마우스 오른쪽 단추를 눌러 [필드 표시 형식]을 선택하세요.

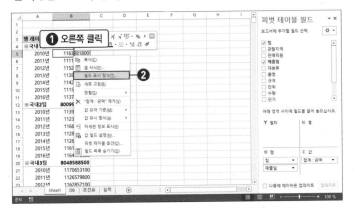

7 [셀 서식] 대화상자가 열리면 [표시 형식] 탭의 '범주'에서 [통화]를 선택하고 '음수'에서 통화 방식을 선택한 후 [확인]을 클릭하세요.

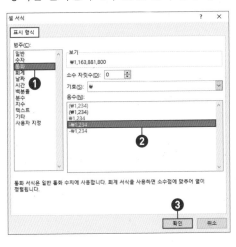

예제파일 : 02_파생열생성_예제.xlsx 완성파일 : 02_파생열생성_완성.xlsx

실무예제 02

연도별 목표액 검색을 위한 파생 열 만들기

1 연도별 목표액을 쉽게 검색할 수 있도록 파생 열을 만들어 볼게요. [조견표] 시트의 A열 머리 글에서 마우스 오른쪽 단추를 눌러 [삽입]을 선택하면 열의 왼쪽에 열이 추가됩니다.

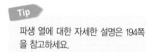

> **Tip**
>
> 파생 열에 대한 자세한 설명은 194쪽 을 참고하세요.

2 이번에는 두 개의 조건(년도, 팀)을 하나의 조건으로 만들기 위해 A4셀을 선택하고 『=B4&C4』 를 입력한 후 Enter를 누르세요. A4셀의 자동 채우기 핸들(➕)를 더블클릭하여 나머지 셀에도 수식을 복사하세요.

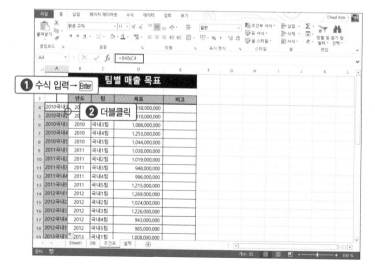

3 데이터의 길이가 A열의 너비보다 길어서 모두 표시되지 않네요. A열 머리글과 B열 머리글 사이에 커서를 올려놓고 ✛ 모양으로 변경되면 더블클릭하여 열 너비를 자동으로 넓혀줍니다.

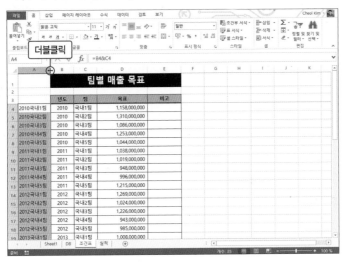

4 마지막으로 파생 열인 조건표에 이름을 정의해 볼게요. A24:D38 범위를 드래그하여 선택하고 이름상자에 『목표』를 입력한 후 Enter 를 누르세요.

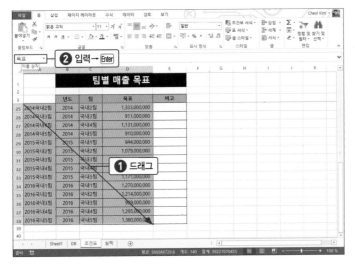

실무
예제 **03**　데이터 유효성 검사로 특정 연도 검색하기

1 [실적] 시트에서 검색할 연도를 빠르고 쉽게 선택할 수 있도록 데이터 유효성 검사를 지정해 볼게요. [실적] 시트에서 E3셀을 선택하고 [데이터] 탭-[데이터 도구] 그룹에서 [데이터 유효성 검사]를 클릭하세요.

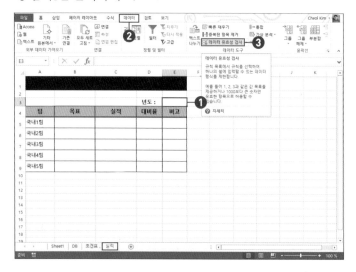

2 [데이터 유효성] 대화상자가 열리면 참조 범위 없이 나타나도록 [설정] 탭의 '제한 대상'에서 [목록]을 선택하세요. '원본'에 검색할 연도인 『2010,2011,2012,2013,2014,2015,2016』을 입력하고 [확인]을 클릭하세요.

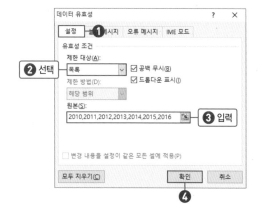

3 이번에는 임의의 연도를 선택해 볼게요. 유효성 검사로 지정된 E3셀의 내림 단추(▼)를 클릭하고 [2015]를 선택하세요.

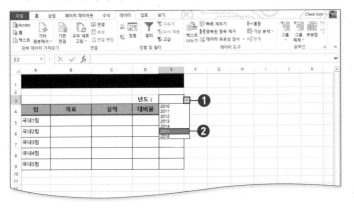

4 2015년도의 목표를 조건표에서 검색하여 표시하기 위해 B5셀에 『=VLOOKUP($E$3&A5,목표,4,0)』을 입력하고 Enter를 누르세요. B5셀의 자동 채우기 핸들(✚)을 더블클릭하여 B9셀까지 함수식을 복사하세요.

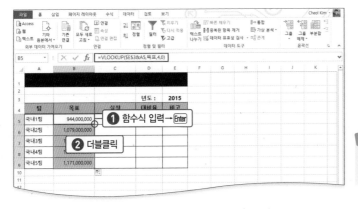

> **Tip**
>
> VLOOKUP 함수에 대한 자세한 설명과 사용법은 193~201쪽을 참고하세요.

5 이번에는 2015년도의 실적을 표시해 볼게요. C5셀을 선택하고 『=』를 입력한 후 피벗 테이블이 삽입된 [Sheet1] 시트의 B10셀을 선택하고 Enter를 누르세요.

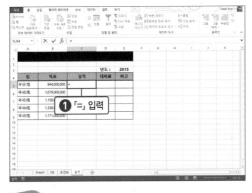
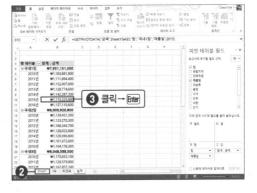

> **Tip**
>
> C5셀의 조건은 2015년 국내1팀 실적입니다.

환경설정

데이터기초

데이터분석

데이터관리

실무함수

데이터필터

정보의시각화

데이터활용

특별부록

6 GETPIVOTDATA 함수를 사용하여 변수를 변경해 볼게요. C5셀을 선택한 상태에서 수식 입력줄의 `"국내1팀"`을 Delete 를 눌러 삭제하고 A5셀을 선택하세요. 두 번째 변수인 '2015'를 지우고 E3셀을 선택한 후 F4 를 한 번 눌러 절대 참조로 변경하고 Enter 를 눌러 함수식을 완성합니다.

7 나머지 셀에도 함수식을 복사하기 위해 C5셀의 자동 채우기 핸들(✚)을 더블클릭하여 C9셀까지 채우세요.

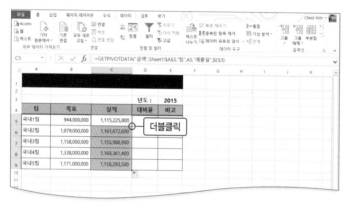

8 마지막으로 대비율을 표시해 볼게요. D5셀에 『=C5/B5』를 입력하고 Enter 를 누르세요. D5셀의 자동 채우기 핸들(✚)을 더블클릭하여 D9셀까지 수식을 복사하세요.

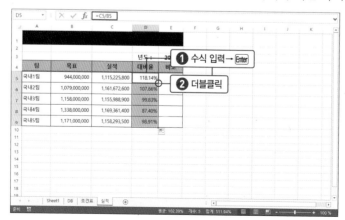

이중 축 차트로 실적과 대비율 표시하기

1 [실적] 시트의 데이터를 차트로 표현하려고 합니다. 차트로 나타낼 A4:A9 범위를 드래그하여
　선택하고 [Ctrl]을 누른 상태에서 C4:D9 범위를 드래그하여 선택한 후 [삽입] 탭-[차트] 그룹
　에서 [추천 차트]를 선택하세요.

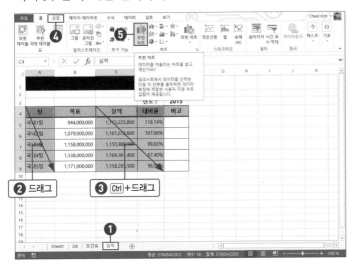

2 [차트 삽입] 대화상자가 열리면 [추천 차트] 탭에서 첫 번째에 위치한 [묶은 세로 막대형]을
　선택하고 [확인]을 클릭하세요.

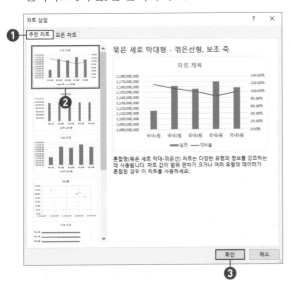

3 차트가 삽입되면 크기를 조절해 다음의 그림과 같이 적당한 위치에 배치하고 A1셀의 차트 제목 부분에『=E3&"년도 목표대비 실적"』을 입력하세요.

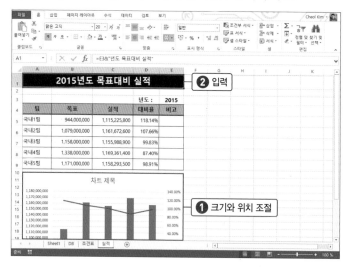

4 차트 제목을 데이터와 연동시키기 위해 차트 영역의 차트 제목을 선택하고 수식 입력줄에『=』를 입력하세요. 차트 제목이 참조할 A1셀을 선택하고 Enter를 누르세요.

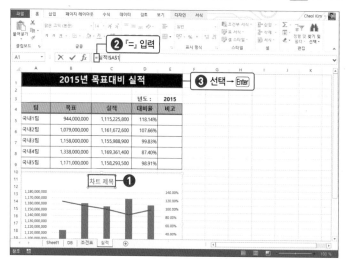

세로 막대형 차트를 지폐 이미지로 표현하기

1 [실적] 시트에 삽입한 차트의 그림 영역을 변경해 볼게요. 차트의 그림 영역에서 마우스 오른쪽 단추를 눌러 [그림 영역 서식]을 선택하세요.

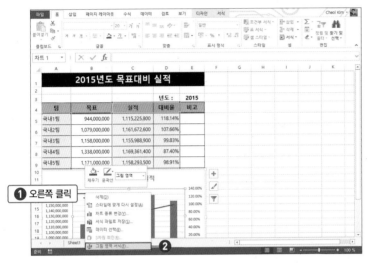

2 화면의 오른쪽에 [그림 영역 서식] 작업 창이 열리면 [채우기 및 선]의 '채우기'에서 [그라데이션 채우기]를 선택하고 [닫기] 단추(×)를 클릭하여 작업 창을 닫으세요.

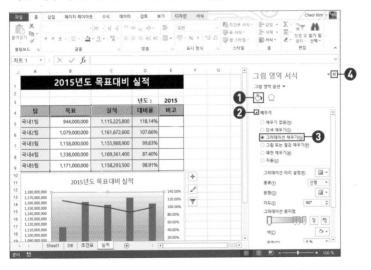

3 차트의 위치를 변경하기 위해 [디자인] 탭-[위치] 그룹에서 [차트 이동]을 클릭하세요.

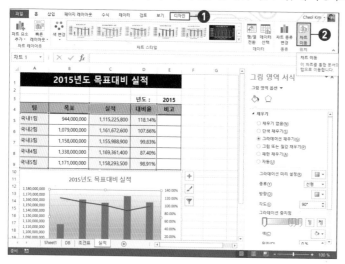

4 [차트 이동] 대화상자가 열리면 [새 시트]를 선택하고 [확인]을 클릭하세요. 그러면 [Chart1] 시트가 생성되면서 차트가 이동합니다.

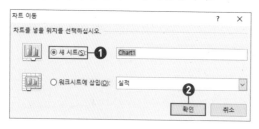

5 이제 차트 막대를 지폐 이미지로 표현해 볼게요. [실적] 탭에서 A11셀을 선택하고 온라인 그림을 삽입하기 위해 [삽입] 탭 - [일러스트레이션] 그룹에서 [온라인 그림]을 클릭하세요.

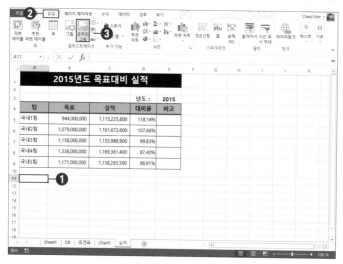

6 [그림 삽입] 창이 열리면 'Bing 이미지 검색'에 『bill』을 입력하고 Enter 를 누르세요.

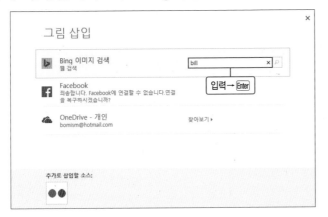

7 관련 이미지가 검색되면 삽입할 이미지를 선택하고 [삽입]을 클릭하세요.

Tip

사용자의 검색 조건에 따라 다른 이미지가
검색될 수 있으므로 차트에 어울리는 적당한
이미지를 선택하세요.

8 삽입된 이미지를 세로 막대형 차트의 막대에 적용해 볼게요. [실적] 시트에 삽입된 지폐 이미지를 선택하여 복사(Ctrl+C)하세요.

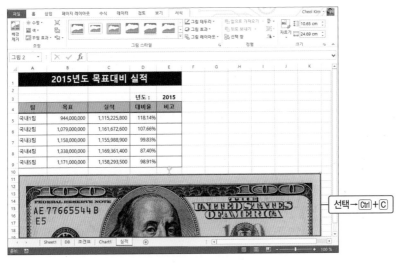

9 [Chart1] 시트에서 막대를 선택하고 지폐 이미지를 붙여넣기(Ctrl+V) 하세요.

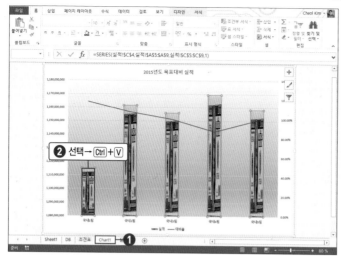

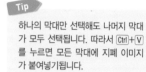

> **Tip**
>
> 하나의 막대만 선택해도 나머지 막대
> 가 모두 선택됩니다. 따라서 Ctrl+V
> 를 누르면 모든 막대에 지폐 이미지
> 가 붙여넣기됩니다.

10 삽입한 지폐 이미지를 수정하기 위해 이미지에서 마우스 오른쪽 단추를 눌러 [데이터 계열
서식]을 선택하세요.

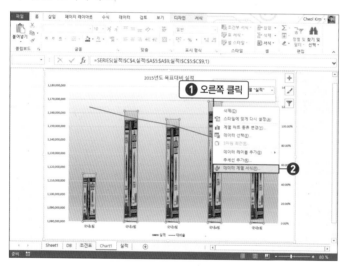

11 [데이터 계열 서식] 작업 창이 열리면 [채우기 및 선]의 [채우기]에서 [쌓기]를 선택하세요.

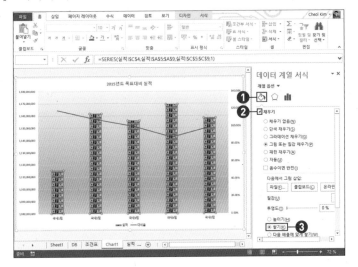

12 지폐의 크기를 보기 좋게 조절하기 위해 [데이터 계열 서식] 작업 창의 [계열 옵션]에서 '간격 너비'를 [60 %]로 변경하세요.

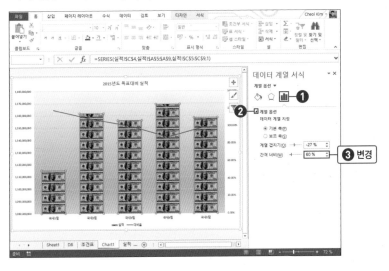

환경설정

데이터기초

데이터분석

데이터편집

사무함수

데이터필터

정보의시각화

데이터활용

특별부록

실무
예제 **06**　　**꺾은선형 차트에 레이블 삽입하기**

1 [Chart1] 시트에서 차트의 꺾은선에 데이터 레이블을 표시해 볼게요. 꺾은선의 모서리 부분
에서 마우스 오른쪽 단추를 눌러 [데이터 레이블 추가]-[데이터 레이블 추가]를 선택하세요.

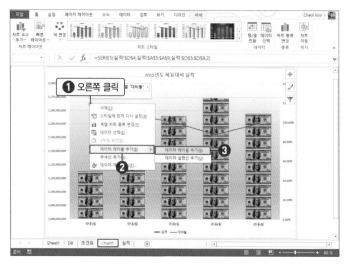

2 데이터 레이블이 삽입되면 서식을 변경해 볼게요. 하나의 데이터 레이블을 선택하고 [홈]
탭-[글꼴] 그룹에서 [굵게]를 클릭한 후 '글꼴 크기'를 [15]로 지정하세요.

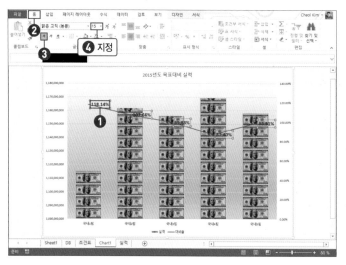

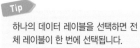

Tip

하나의 데이터 레이블을 선택하면 전
체 레이블이 한 번에 선택됩니다.

3 연도를 변경하면 데이터가 어떻게 바뀌는지 확인해 볼게요. [실적] 시트에서 E3셀의 내림 단
추(▼)를 클릭해 [2014]를 선택하고 표 안의 데이터 변화를 살펴보세요.

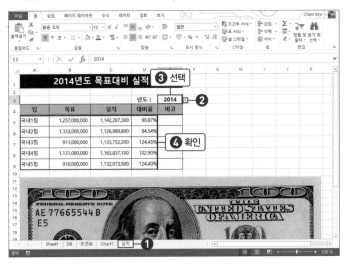

4 변경된 데이터에 따라 차트도 바뀌었는지 확인해야 합니다. [Chart1] 시트를 클릭하고 차트
보고서도 [실적] 시트의 데이터가 변경됨에 따라 실시간으로 바뀐 것을 확인할 수 있어요.

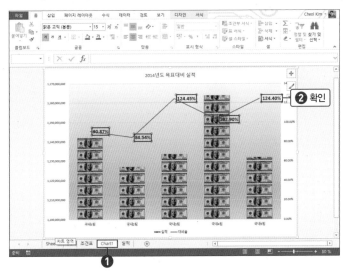

환경설정

데이터기초

데이터분석

데이터관리

실무함수

데이터필터

정보의시각화

데이터활용

특별부록

03 금액의 증감을 나타내는 waterfall 차트

waterfall 차트는 자금이나 금액의 증감을 나타내는 차트로 임의의 금액이 시간의 흐름에 따라 변화하는 총량을 표현합니다. 이 섹션에서 알아 볼 waterfall 차트는 엑셀 2016 버전에서는 템플릿으로 제공되지만 엑셀 2013 버전에선 제공되지 않습니다. 따라서 엑셀 2013에서 waterfall 차트를 작성하는 방법에 대해 알아보겠습니다.

PREVIEW

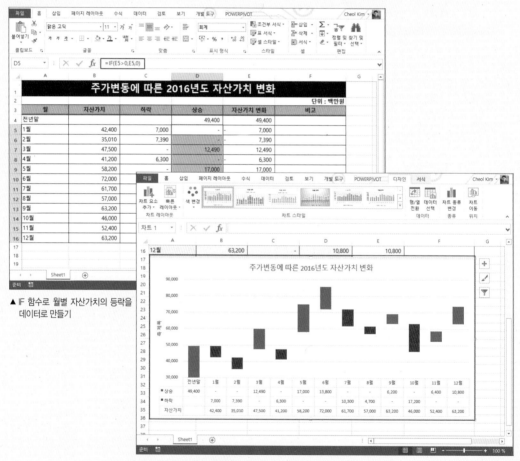

▲ IF 함수로 월별 자산가치의 등락을 데이터로 만들기

▲ 누적 세로 막대형 차트를 활용해서 waterfall 차트 완성하기

섹션별 주요 내용

01 | 자산가치의 변화를 확인할 하락 및 상승 값 입력하기

02 | 자산가치의 변화 데이터를 waterfall 차트로 시각화하기

01 자산가치의 변화를 확인할 하락 및 상승 값 입력하기

– IF 함수

1 금액의 증감을 서로 다른 색으로 표현하기 위해 열을 삽입해서 계열을 나눠 볼게요. 먼저 C열
부터 E열까지 모두 선택하고 마우스 오른쪽 단추를 눌러 [삽입]을 선택하세요.

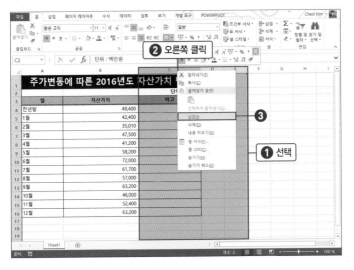

2 열 너비를 조정해 볼게요. B열부터 E열까지 모두 선택하고 마우스 오른쪽 단추를 눌러 [열 너
비]를 선택하세요.

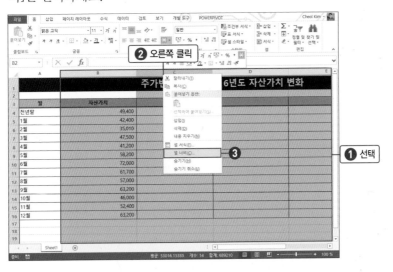

3 [열 너비] 대화상자가 나타나면 열 너비에 '17'을 입력하고 [확인] 버튼을 클릭하세요.

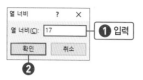

4 삽입된 열에 계열 이름을 입력해 볼게요. C3셀은 '하락', D3셀은 '상승', E3셀에는 '자산가치 변화'를 입력하세요.

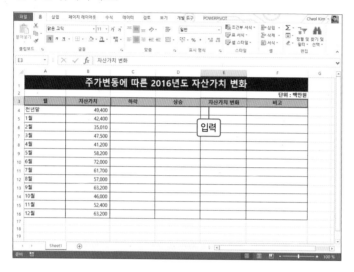

5 기준 값이 될 상승 계열의 첫 번째 값으로 전년말 금액을 넣으세요. B4셀을 복사해서 D4셀에 붙여 넣고 B4셀의 값은 Delete 를 눌러 삭제하세요.

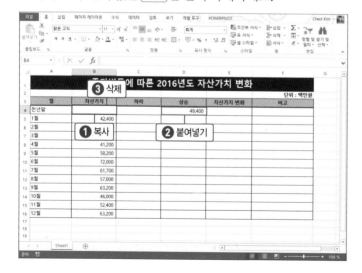

6 D4셀을 복사해서 E4셀에 붙여넣기 하세요.

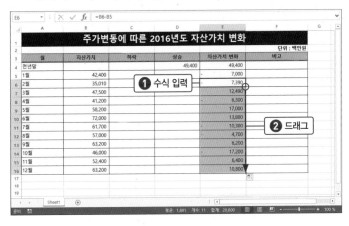

7 1월의 자산가치의 변화를 입력하기 위해 E5셀을 선택한 후 수식을 『=B5-D4』로 입력하세요.

8 2월 이후 변화된 자산가치를 입력해 볼게요. E6셀을 선택해서 『=B6-B5』로 수식을 입력한 후 E16셀까지 드래그해서 수식을 채우세요.

9 하락 계열 값을 채워 볼게요. C5셀을 선택하고 『=IF(E5〈0,-E5,0)』 수식을 입력한 다음 해당 수식을 C16셀까지 드래그해서 채우세요.

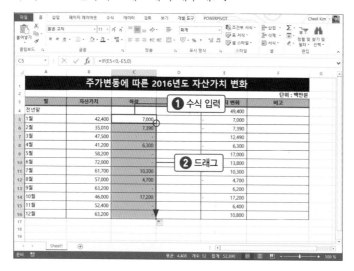

10 이번에는 상승 계열 값을 채워 볼게요. D5셀을 선택하고 『=IF(E5〉0,E5,0)』로 수식을 입력한 다음 해당 수식을 D16셀까지 드래그해서 채우세요.

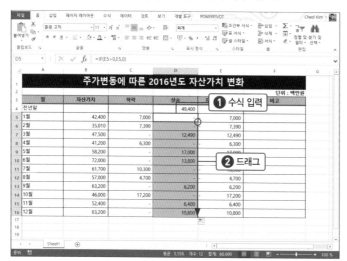

자산가치의 변화 데이터를 waterfall 차트로 시각화하기

1 주가변동에 따른 2016년도 자산가치 변화를 데이터로 만들었으니 이제 차트로 작성해 볼게요. A3:D16셀을 선택하고 [삽입] 탭의 [차트] 그룹에서 [세로 막대형 차트 삽입]-[누적 세로 막대형]을 선택하세요.

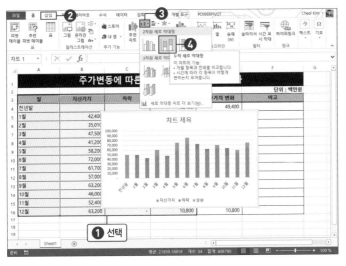

2 자산가치 영역을 채우기 없음으로 지정해 볼게요. 우선 차트에서 [자산가치] 막대 부분을 선택하고 [서식] 탭의 [도형 스타일] 그룹에서 [도형 채우기]-[채우기 없음]을 선택하세요.

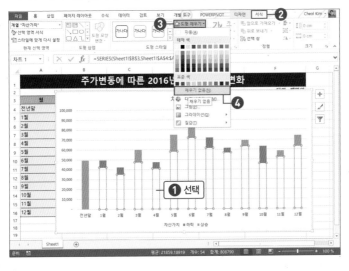

3 상승 계열의 색도 변경해 볼게요. 차트에서 [상승] 막대 부분을 선택하고 [서식] 탭의 [도형 스타일] 그룹에서 [도형 채우기]-[녹색 강조 6, 25% 더 어둡게]을 선택하세요.

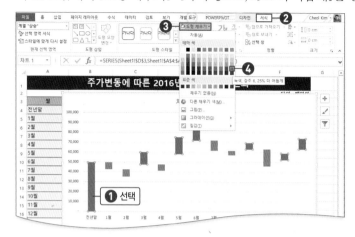

4 하락 계열의 색도 상승 계열의 색을 변경한 것처럼 수정해 볼게요. 차트에서 [상승] 막대 부분을 선택하고 [서식] 탭의 [도형 스타일] 그룹에서 [도형 채우기]-[빨강]을 선택하세요.

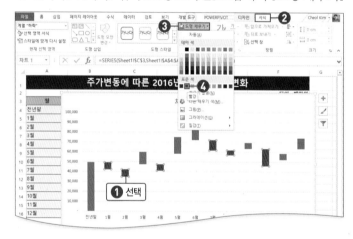

5 금액 증감을 좀 더 명확히 보여주기 위해서 세로축 값의 최솟값을 변경해야 해요. 세로축을 마우스 오른쪽 단추로 눌러서 [축 서식]을 선택하세요.

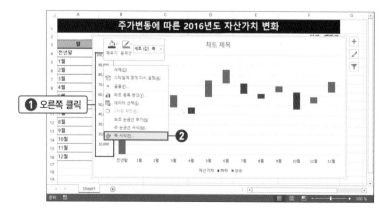

6 [축 서식] 작업 창에서 [최소값]에 '30000'을 입력해서 최솟값을 지정하세요.

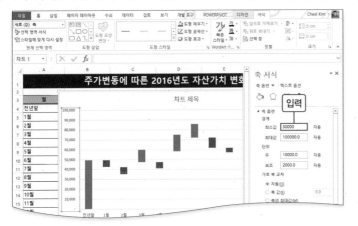

7 이번에는 차트 레이아웃을 변경해 볼게요. [디자인] 탭의 [차트 레이아웃] 그룹에서 [빠른 레이아웃]-[레이아웃 5]를 선택하세요.

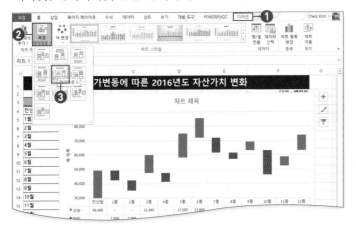

8 비어 있는 차트 제목을 변경해 볼게요. 먼저 차트 제목을 선택하세요. 그런 다음 수식 입력줄을 클릭하고 A1셀을 선택한 후 Enter 누르세요. 차트를 적당한 위치로 배치하면 최종적으로 완성된 차트를 확인할 수 있어요.

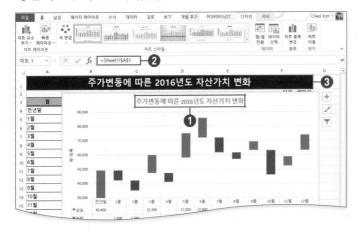

점유율 비교에 효과적인 원형 대 원형 차트

전체적인 분포를 나타내고 특정 계열 요소의 세부 항목까지 표시하고 싶다면 각각의 차트를 따로 만들 필요 없이 원형 대 원형 차트를 사용하면 돼요. 원형 대 원형 차트는 원형 차트 안에 또 하나의 원형 차트가 있는 차트입니다. 따라서 전체 매출을 하나의 원형 차트에 나타내고 특정 지역의 매출을 또 하나의 원형 차트에 세분화해서 표현하는 데 용이하죠. 즉 데이터 계열이 많을 경우 전체 데이터를 잘 표현하지 못했던 원형 차트의 업그레이드된 차트가 바로 원형 대 원형 차트입니다.

PREVIEW

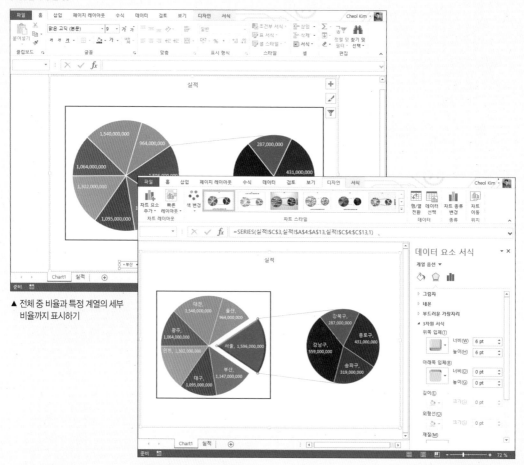

▲ 전체 중 비율과 특정 계열의 세부 비율까지 표시하기

▲ 특정 계열 강조 또는 입체 감추기

섹션별 주요 내용

● 예제파일 : 01_원형대원형차트_예제.xlsx   ● 완성파일 : 01_원형대원형차트_완성.xlsx

실무
예제 **01** 차트 삽입하고 영역 값 지정하기

1 전체 데이터와 지역별 실적을 원형 대 원형 차트로 작성해 볼게요. [실적] 시트에서 A3:A13 범위를 드래그하여 선택하고 Ctrl 을 누른 상태에서 C3:C13 범위를 드래그하여 선택하세요. [삽입] 탭-[차트] 그룹에서 [원형 또는 도넛형 차트 삽입]을 클릭하고 '2차원 원형'에서 [원형 대 원형]을 선택하세요.

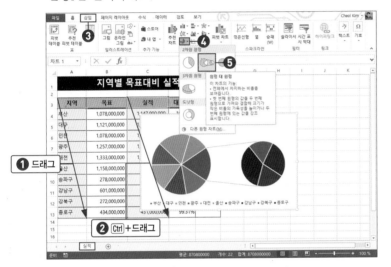

2 삽입된 차트를 새 시트에서 작업하기 위해 [디자인] 탭-[위치] 그룹에서 [차트 이동]을 클릭하세요. [차트 이동] 대화상자가 열리면 [새 시트]를 선택하고 [확인]을 클릭하세요.

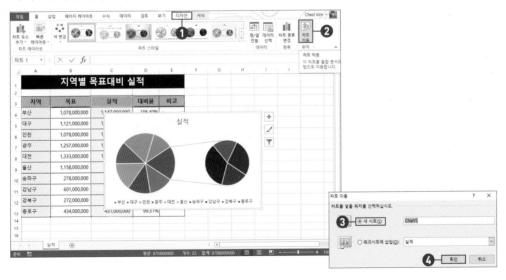

환경설정

데이터기초

데이터분석

데이터관리

실무함수

정보의시각화

데이터편집

특별부록

3 새로운 시트인 [Chart1] 시트로 차트가 이동하면서 큰 원형 차트는 [실적] 시트의 실적에 따라 지역별로 구분되었습니다. 작은 원형 차트에 표시할 영역 값의 개수를 설정하기 위해 차트에서 마우스 오른쪽 단추를 눌러 [데이터 계열 서식]을 선택하세요.

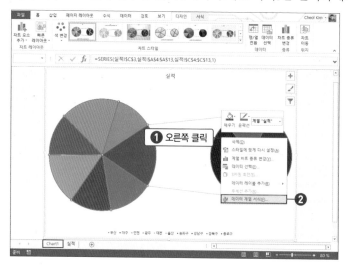

4 화면의 오른쪽에 [데이터 계열 서식] 작업 창이 열리면 [데이터 계열 서식]의 [계열 옵션]에서 '둘째 영역 값'을 확인하고 [닫기] 단추(×)를 클릭하여 작업 창을 닫으세요.

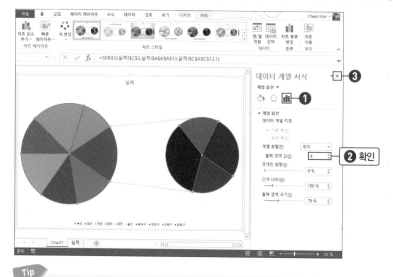

> **Tip**
>
> 엑셀 2010 버전에서는 '둘째 영역 값'에 입력된 개수의 초기값이 '5'였지만, 엑셀 2013 버전부터는 초기값이 '4'로 변경되었습니다. 예제에서는 초기값을 그대로 유지한 채 실습을 진행하지만 사용자의 선택에 따라 값을 바꿀 수 있습니다. 예제에서 정하는 '둘째 영역 값'은 [실적] 시트의 표에 입력된 데이터 중에서 가장 아래쪽에 있는 데이터부터 배치되는 것으로, '송파구', '강남구', '강북구', '종로구', 이렇게 서울 네 개의 지역이 해당됩니다. 따라서 예제 기준으로 둘째 영역에 포함될 값인 서울의 세부 데이터를 A10:A13, C10:C13 범위에 배치한 것입니다.

실무
예제 | **02**

데이터 레이블로 지역과 실적 표시하기

1 원형 대 원형 차트에 데이터 레이블을 삽입해 볼게요. [Chart1] 시트의 큰 원형 차트에서 마우스 오른쪽 단추를 눌러 [데이터 레이블 추가]-[데이터 레이블 추가]를 선택하세요.

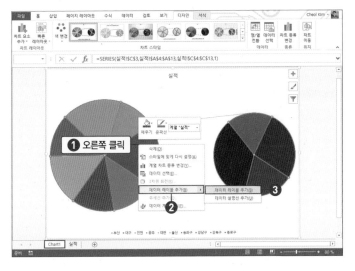

2 데이터 레이블 서식을 변경하기 위해 삽입된 데이터 레이블 중 하나를 선택하세요. [홈] 탭-[글꼴] 그룹에서 '글꼴 색'은 '테마 색'에서 [흰색, 배경 1]을 선택하고 '글꼴 크기'는 [13]으로 지정하세요.

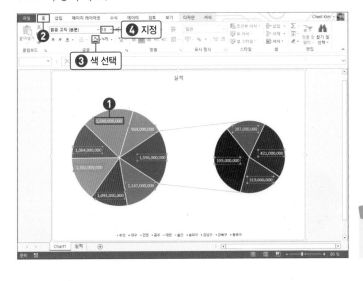

Tip

하나의 데이터 레이블을 선택하면 전체 레이블이 한 번에 선택됩니다.

299

3 계열 요소가 많아 범례에 지정된 색으로만 차트 영역을 구분하기 어려우므로 범례를 삭제할 게요. 차트의 아래쪽에 위치한 범례를 선택하고 Delete를 눌러 삭제하세요.

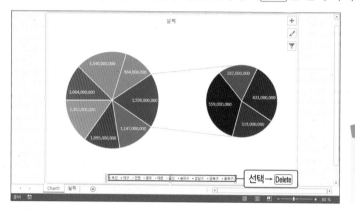

Tip

큰 원형 차트의 계열 요소가 많아 색으로 구분하는 것보다 항목 이름을 차트에 직접 표시하는 것이 더 정확해 보여서 범례를 삭제했어요.

4 삭제한 범례를 대신할 항목 이름을 데이터 레이블에 표시해 볼게요. 하나의 데이터 레이블에서 마우스 오른쪽 단추를 눌러 [데이터 레이블 서식]을 선택하세요.

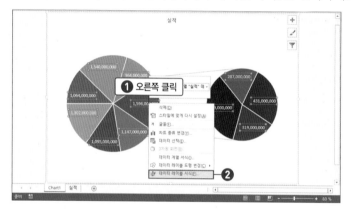

5 화면의 오른쪽에 [데이터 레이블 서식] 작업 창이 열리면 [레이블 옵션]의 [항목 이름]에 체크하고 [닫기] 단추(×)를 클릭하여 작업 창을 닫으세요.

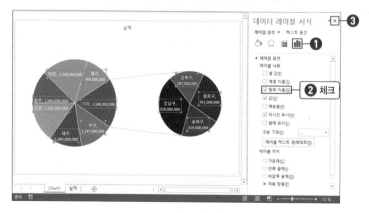

300

6 둘째 영역의 값에 해당하는 첫째 영역의 데이터 레이블을 수정해 볼게요. '기타'가 입력된 데이터 레이블을 선택하고 2~3초 후에 다시 해당 데이터 레이블을 한 번 더 선택하여 '기타' 레이블만 선택하세요.

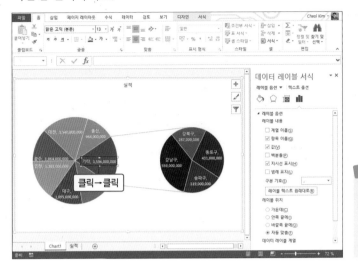

환경설정

데이터기초

데이터분석

데이터관리

실무함수

데이터필터

정보의시각화

데이터활용

특별부록

Tip

차트를 작성할 때 하나의 계열만 선택해도 나머지 계열도 함께 선택됩니다. 만약 한 계열만 선택하고 싶다면 전체 계열을 선택한 상태에서 한 계열만 다시 선택하면 됩니다.

7 데이터 레이블을 편집할 수 있는 상태가 되면 '기타' 부분을 『서울』로 변경하세요.

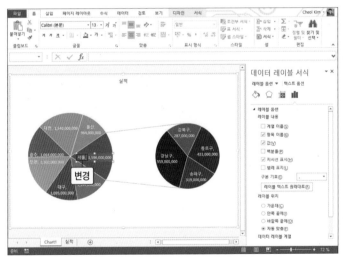

Tip

원형 대 원형 차트에서 둘째 영역을 포함하는 값에 해당하는 첫째 영역의 레이블은 '기타'로 표시됩니다.

실무예제 03 원형 차트 조각 분리해 특정 지역 강조하기

1 큰 원형 차트 중에서 서울 지역만 강조하기 위해 분리해 볼게요. [Chart1] 시트에서 '서울'이 입력된 차트 조각을 선택하여 모든 조각을 선택하고 2~3초 후에 다시 '서울' 차트 조각을 한 번 더 선택하여 '서울' 조각만 선택하세요. 이 상태에서 '서울' 조각을 오른쪽으로 드래그하면 '서울' 조각이 분리됩니다. 분리한 차트 조각을 좀 더 강조해서 표시하기 위해 마우스 오른쪽 단추를 눌러 [데이터 요소 서식]을 선택하세요.

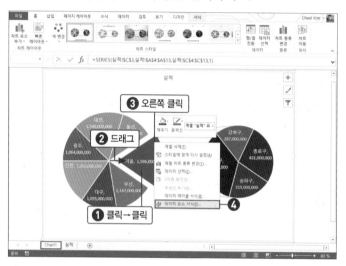

2 화면의 오른쪽에 [데이터 요소 서식] 작업 창이 열리면 [효과]의 '3차원 서식'에서 '위쪽 입체'의 '너비'를 『6 pt』로 지정한 후 [닫기] 단추(☒)를 클릭하여 작업 창을 닫습니다. 그러면 해당 조각에 입체감이 생긴 것을 확인할 수 있어요.

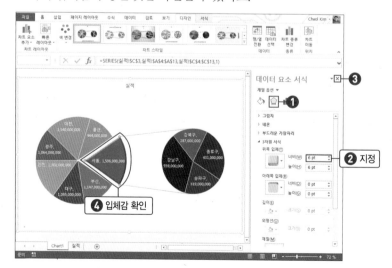

실무
예제 | **04** | # 데이터 시트와 차트 제목 연동시키기

1 [Chart1] 시트에서 차트 제목을 [실적] 시트의 제목과 같게 표시해 볼게요. 차트 제목 자리에
  입력된 '실적'을 선택하고 수식 입력줄에 『=』를 입력하세요.

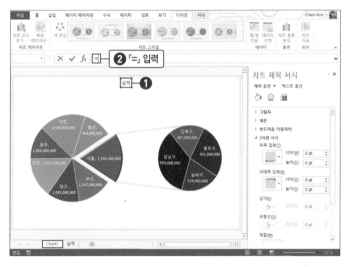

2 [실적] 시트를 선택하고 제목이 입력된 A1셀을 선택한 후 Enter를 누릅니다. 원형 대 원형 차트
  의 제목이 데이터 시트의 제목과 같아졌습니다. 이제 [실적] 시트에서 제목을 변경하면 차트
  제목도 자동으로 변경됩니다.

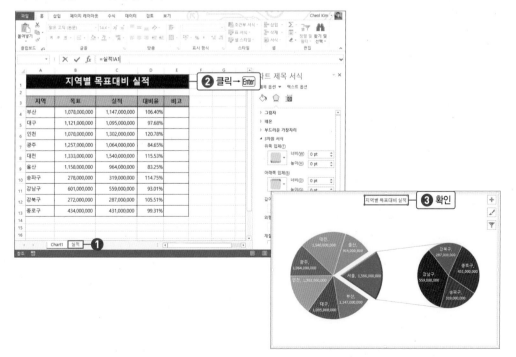

303

매출 분석 차트에 매출 평균선 추가하기

● 예제파일 : 실무예제_데이터계열추가_예제.xlsx   ● 결과파일 : 실무예제_데이터계열추가_완성.xlsx

[실적] 시트의 2014년도 매출 실적을 바탕으로 [Chart1] 시트의 차트에 평균선을 삽입해서 팀별 평균 대비 달성률을 비교해 보세요.

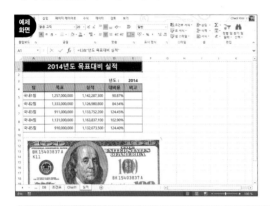 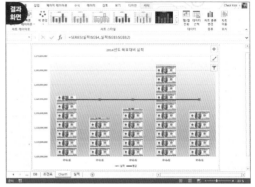

Hint ① [실적] 시트에서 G4셀에 계열 이름 『평균』을 입력하세요.

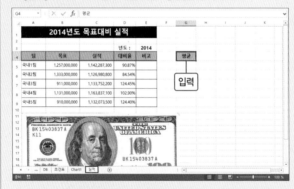

② G5셀에는 매출 실적의 결과를 계산하기 위해 『=AVERAGE($C$5:$C$9)』를 입력하세요. G5셀의 자동 채우기 핸들(+)을 G9셀까지 드래그하여 함수식을 복사하세요.

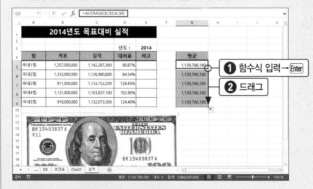

③ [Chart1] 시트에 있는 차트의 그림 영역에서 마우스 오른쪽 단추를 눌러 [데이터 선택]을 선택하세요.

④ [데이터 원본 선택] 대화상자가 열리면 '범례 항목(계열)'에서 [추가]를 클릭하세요. [계열 편집] 대화상자가 열리면 '계열 이름'에는 [실적] 시트의 G4셀을, '계열 값'에는 [실적] 시트의 G5:G9 범위를 지정하고 [확인]을 클릭합니다.

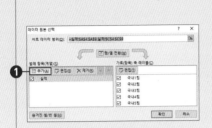
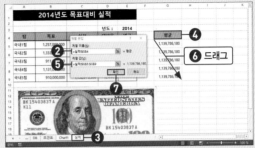

⑤ [데이터 원본 선택] 대화상자로 되돌아오면 '범례 항목(계열)'에 [평균] 계열이 삽입된 것을 확인하고 [확인]을 클릭하세요.

⑥ 차트에 생성된 '평균' 계열에서 마우스 오른쪽 단추를 눌러 [계열 차트 종류 변경]을 선택하세요.

⑦ [차트 종류 변경] 대화상자가 열리면 아래쪽에 있는 '평균' 계열의 '차트 종류'를 [꺾은선형]으로 선택한 후 [확인]을 클릭하세요.

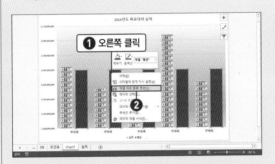

⑧ 차트에 평균선이 보조 축으로 생성된 것을 확인할 수 있어요. 이때 평균선을 좀 더 명확히 나타내기 위해 평균선에서 마우스 오른쪽 단추를 눌러 [데이터 계열 서식] 선택하세요.

⑨ 화면의 오른쪽에 [데이터 계열 서식] 작업 창이 열리면 [채우기 및 선]에서 '선'은 [실선]으로, '색'은 [빨강]으로, '두께'는 [4 pt]로 지정하세요.

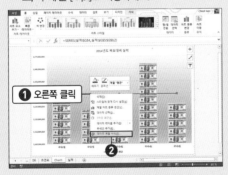
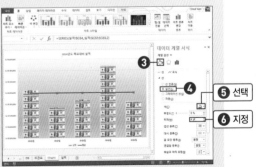

선택 범위의 첫 번째 열 데이터가 숫자라면 순번으로 나타난다!

◉ **예제파일** : 실무노트_가로축_값변경_예제.xlsx　◉ **결과파일** : 실무노트_가로축_값변경_완성.xlsx

Ctrl 을 이용하면 인접한 셀이 아니어도 선택이 가능하고 선택한 범위만 차트로 작성할 수 있다는 것을 익혔어요. 이때 첫 번째로 선택한 데이터는 가로 축 값이 됩니다. 그런데 가로 축의 값이 선택 범위 데이터가 아닌 순번 형태로 나타나는 경우가 있는데, 여기서는 수정 방법에 대해 알려줍니다.

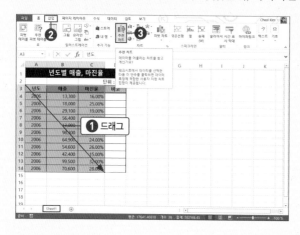

1 첫 번째 열 데이터가 숫자일 경우 [축 레이블] 범위를 별도로 설정해야 합니다. 연도별 매출과 마진율을 차트로 작성하기 위해 [Sheet1] 시트에서 데이터 범위를 드래그하여 선택하고 [삽입] 탭-[차트] 그룹에서 [추천 차트]를 클릭하세요.

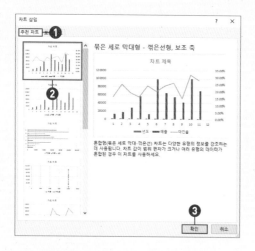

2 [차트 삽입] 대화상자가 열리면 [추천 차트] 탭에서 [묶은 세로 막대형] 차트를 선택하고 [확인]을 클릭하세요.

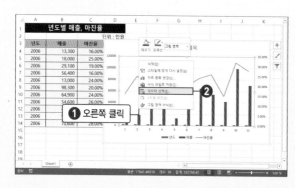

3 차트의 가로 축이 '년도'로 표시되지 않고 순번으로 1, 2, 3의 형태로 입력된 것을 확인할 수 있어요. 이것을 수정하기 위해 가로 축에서 마우스 오른쪽 단추를 눌러 [데이터 선택]을 선택합니다.

가로 축 값은 텍스트 데이터를 선택하는 것이 원칙입니다. 하지만 첫 번째 열 데이터인 연도가 숫자 형태로 입력되었기 때문에 순번 형태로 표시된 거예요.

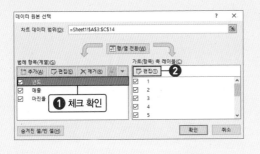

[데이터 원본 선택] 대화상자가 열리면 '범례 항목(계열)'에서 레이블을 변경하려는 계열인 [년도]에 체크되었는지 확인하고 '가로(항목) 축 레이블'에서 [편집]을 클릭하세요.

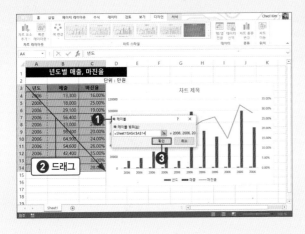

[축 레이블] 대화상자가 열리면 '축 레이블 범위'에 나타내려는 셀 범위를 지정하고 [확인]을 클릭합니다.

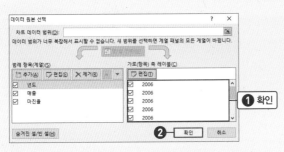

[데이터 원본 선택] 대화상자로 되돌아오면 '가로(항목) 축 레이블'의 값이 변경된 것을 확인하고 [확인]을 클릭하세요.

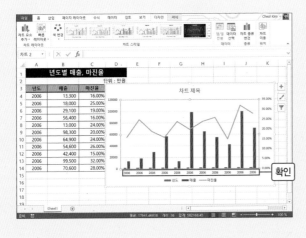

차트의 가로 축 레이블이 정상적으로 나타난 것을 확인할 수 있습니다.

CHAPTER 7 고품질 데이터 활용! 오류 최소화하고 분석 업그레이드하기

엑셀은 데이터를 분석하기 위한 최적의 프로그램입니다. 따라서 피벗 테이블이나 차트, 표 기능을 통해 데이터를 빠르게 분석할 수도 있고, 웹 데이터를 손쉽게 만들 수도 있습니다. 하지만 작업 처리 과정에서 실수를 하면 오류가 발생하거나 원하는 결과값을 도출하지 못하는 상황이 종종 발생하죠. 실제로 공무원 합격자 발표에서 엑셀 담당자의 실수로, 합격자가 뒤바뀌어 발표된 사례도 있었고요. 업무에서 엑셀의 사용 빈도가 높은 만큼 실수도 뒤따릅니다. 이번 챕터에서는 챕터 1부터 챕터 6까지 익힌 내용을 종합적으로 응용 및 활용해 보면서 발생할 수 있는 문제에 대한 해결법을 자세하게 알아봅니다.

Excel 2013

원하는 데이터만 빠르게 변환하기

실무 문서의 데이터는 상황에 따라, 지시에 따라 수정하고 변경해야 하는 일이 많습니다. 데이터를 변경할 때 실수 없이 원하는 값만 정확하게 바꾸려면 변환 패턴을 기억해서 데이터에 적용해야 합니다. 이번 섹션에서는 데이터 입력을 도와주고 피벗 테이블과 차트 작성을 단숨에 끝낼 수 있는 빠른 채우기 기능과 분석 기능에 대해 배워봅니다. 데이터를 제대로 입력하는 작업만큼 정확히 변경 및 수정하는 작업도 중요하다는 점을 명심하세요.

> **PREVIEW**

▲ 빠른 채우기 기능으로 데이터 채우기

▲ 빠른 분석 기능으로 매출 분석하기

> 섹션별
> 주요 내용

실무
예제 **01**　　**빠른 채우기 기능으로 데이터 채우기**

1 [빠른채우기] 시트의 B열 데이터 중에서 '서울시', '대구시', '경기도'의 뒤에 나오는 시/텍스트 부분을 E열에 입력하려고 합니다. 먼저 E4셀을 선택하고 『종로구』를 입력한 후 Enter를 눌러 변경 패턴을 기억시킵니다. 그런 다음 데이터를 채우기 위해 [데이터] 탭-[데이터 도구] 그룹에서 [빠른 채우기]를 클릭하세요.

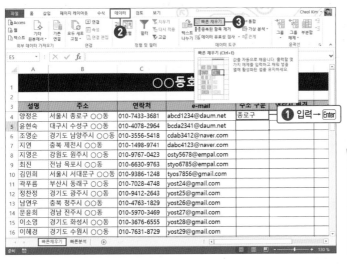

> **Tip**
>
> 엑셀 2010 버전에서는 함수를 이용하거나 '텍스트 나누기' 기능을 사용하여 데이터를 분리해서 입력했지만, 엑셀 2013 버전부터는 '빠른 채우기' 기능으로 쉽게 처리할 수 있게 되었어요.

2 E5:E37 범위에 **1** 과정과 같이 E4셀에 입력한 패턴으로 데이터가 채워진 것을 확인할 수 있어요.

성명	주소	연락처	e-mail	주소 구분	연락처 변경
양정은	서울시 종로구 ○○동	010-7433-3681	abcd1234@daum.net	종로구	
윤현숙	대구시 수성구 ○○동	010-4078-2964	bcda2341@daum.net	수성구	
조영순	경기도 남양주시 ○○동	010-3556-5418	cdab3412@naver.com	남양주시	
지연	충북 제천시 ○○동	010-1498-9741	dabc4123@naver.com	제천시	
지영은	강원도 원주시 ○○동	010-9767-0423	osty5678@empal.com	원주시	
최진	전남 목포시 ○○동	010-6630-9763	styo6785@empal.com	목포시	
김민희	서울시 서대문구 ○○동	010-9386-1248	tyos7856@gmail.com	서대문구	확인
곽푸름	부산시 동래구 ○○동	010-7028-4748	yost24@gmail.com	동래구	
정찬정	경기도 광주시 ○○동	010-9412-2643	yost25@gmail.com	광주시	
남연우	충북 청주시 ○○동	010-4763-1829	yost26@gmail.com	청주시	
문윤희	경남 진주시 ○○동	010-5970-3469	yost27@gmail.com	진주시	
이소영	경기도 화성시 ○○동	010-3676-6555	yost28@gmail.com	화성시	
이혜경	경기도 수원시 ○○동	010-7631-8729	yost29@gmail.com	수원시	

실무 예제 02 **빠른 채우기 기능으로 데이터 변경해 채우기**

1 [빠른채우기] 시트의 C열에 입력된 연락처 중에서 국번 부분을 * 기호로 변경해 볼게요. 먼저 데이터 변경 패턴을 기억시키기 위해 F4셀에 『010-****-3681』을 입력하고 Enter를 누르세요.

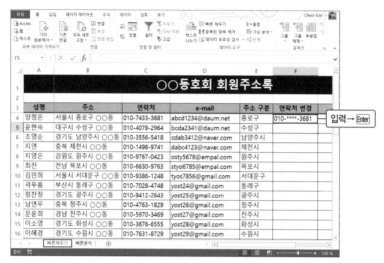

2 나머지 셀에도 데이터를 채우기 위해 [데이터] 탭-[데이터 도구] 그룹에서 [빠른 채우기]를 클릭하세요.

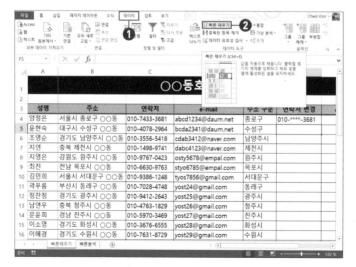

3 F5:F37 범위에 **1** 과정과 같이 F4셀에 입력한 패턴으로 데이터가 채워진 것을 확인할 수 있어요.

4 이번에는 D열의 e-mail 주소도 변경해서 입력해 볼게요. 먼저 데이터 변경 패턴을 기억시키기 위해 G5셀에 『abcd*@daum.net』을 입력하고 Enter를 누르세요. 데이터를 채우기 위해 [데이터] 탭-[데이터 도구] 그룹에서 [빠른 채우기]를 클릭하세요.

5 G5:G37 범위에 **1** 과정과 같이 G4셀에 입력한 패턴으로 데이터가 채워진 것을 확인할 수 있어요. 이와 같이 '빠른 채우기' 기능을 이용하면 특정 패턴을 기억시켜서 한 번에 데이터를 변경 및 입력할 수 있어요.

Tip

23쪽에서 메일 주소에 자동으로 하이퍼링크가 지정되지 않도록 설정하는 방법에 대해 배웠어요. 만약 하이퍼링크가 자동 설정되는 것이 작업하는데 불편하다면 23쪽을 참고하여 하이퍼링크를 해제하세요.

실무
예제 **03** 　 **빠른 분석 기능으로 지역별 매출 분석하기**

1 [빠른분석] 시트에 입력된 지역별 매출을 분석하려고 해요. 데이터가 입력된 임의의 셀을 선택하고 Ctrl + A 를 눌러 모든 데이터를 선택하세요. 선택 영역의 오른쪽 아래에 [빠른 분석] 스마트 태그(圖)가 나타나면 클릭한 후 [차트]에서 [묶은 세로 막대형]을 선택하세요.

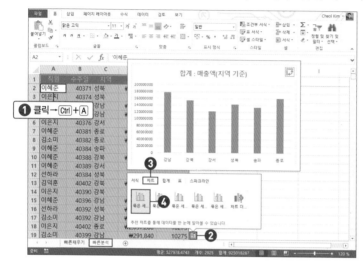

> **Tip**
>
> [빠른 분석] 스마트 태그(圖)를 클릭하고 원하는 항목의 위에 마우스 포인터를 올려놓으면 해당 항목을 미리보기로 확인할 수 있어요.

2 새로운 시트([Sheet1] 시트)에 지역별 매출 피벗 테이블 보고서와 차트 보고서가 생성된 것을 확인할 수 있습니다.

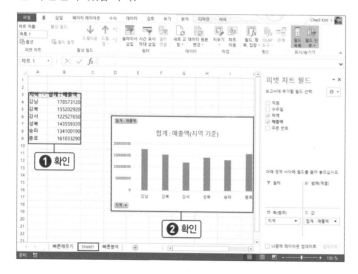

3 빠른 분석을 통해 지역별 매출을 산출하였습니다. 매출액이 높은 지역부터 내림차순으로 매출액을 정렬해 볼게요. 매출액이 입력된 임의의 셀에서 마우스 오른쪽 단추를 눌러 [정렬]-[숫자 내림차순 정렬]을 선택하세요.

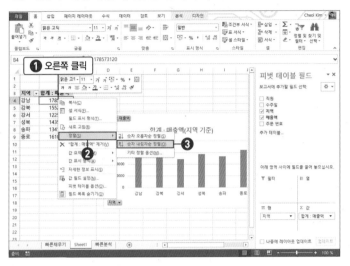

4 이제 마지막으로 삽입한 차트의 스타일을 변경해 볼게요. 차트를 선택하고 [디자인] 탭-[차트 스타일] 그룹에서 [자세히] 단추(▤)를 클릭하여 원하는 차트 스타일을 선택합니다.

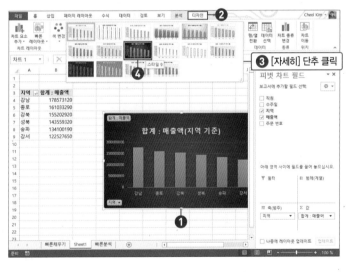

환경설정

데이터기초

데이터분석

데이터관리

실무함수

데이터필터

정보의시각화

데이터활용

특별부록

02 통계 분석시 발생하는 문제 해결

앞에서는 피벗 테이블을 그룹화한 후 엑셀 데이터를 기간별로 분석하는 방법에 대해 배웠어요. 그런데 간혹 그룹을 만들수 없다는 오류가 발생하거나 금액이 합계가 아닌 개수로 산출되는 경우가 발생합니다. 이것은 숫자 데이터(날짜, 금액 등)를 문자로 잘못 인식했기 때문입니다. 이번 섹션에서는 데이터의 속성을 정상적으로 변환한 후 빅데이터를 빠르고 쉽게 분석하는 방법에 대해 배워봅니다.

PREVIEW

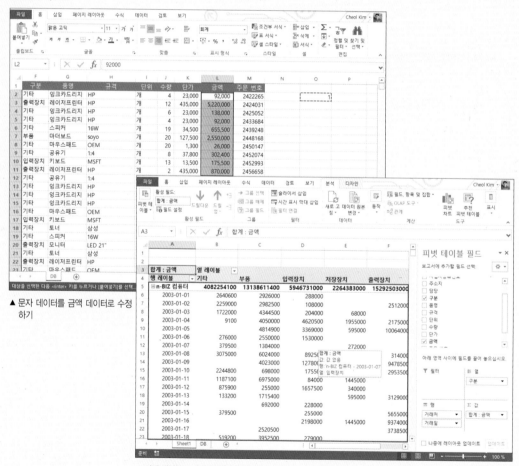

▲ 문자 데이터를 금액 데이터로 수정하기

▲ 피벗 테이블로 기간별 매출 분석하기

예제파일 : 01_날짜데이터수정_예제.xlsx　　　완성파일 : 01_날짜데이터수정_완성.xlsx

실무
예제 **01**

문자 데이터를 날짜 데이터로 수정하기

1 [DB] 시트에서 A열 데이터를 살펴보면 날짜 데이터가 모두 일관성 없는 문자 형태로 입력된 것을 알 수 있어요. 피벗 테이블 그룹 기능을 이용해 데이터를 기간별로 분석하려면 먼저 정상적인 날짜 데이터로 변경해야 하므로 A열의 날짜 데이터를 모두 선택하세요.

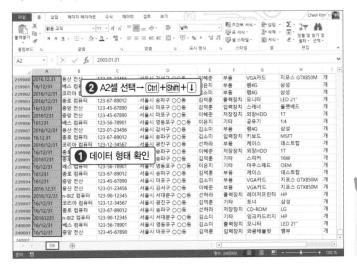

Tip

A2셀을 선택하고 Ctrl+Shift+↓를 누르면 A2셀부터 아래쪽 방향으로 입력된 연속 데이터를 한 번에 빠르게 선택할 수 있어요.

2 A열의 날짜 데이터를 정상적인 날짜 데이터로 변환하기 위해 텍스트 나누기를 실행해 볼게요. [데이터] 탭-[데이터 도구] 그룹에서 [텍스트 나누기]를 클릭합니다.

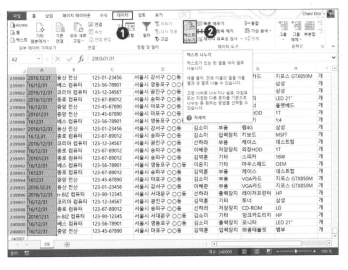

3 [텍스트 마법사 – 3단계 중 1단계] 대화상자가 열리면 [다음]을 클릭해 다음 단계로 넘어가세요. [텍스트 마법사 – 3단계 중 2단계] 대화상자에서도 [다음]을 클릭하세요.

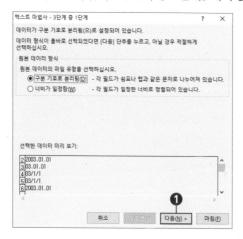
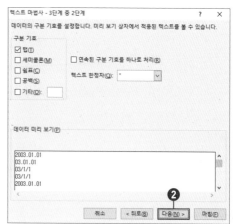

4 [텍스트 마법사 – 3단계 중 3단계] 대화상자가 열리면 '열 데이터 서식'에서 [날짜]를 선택하고 [마침]을 클릭하세요.

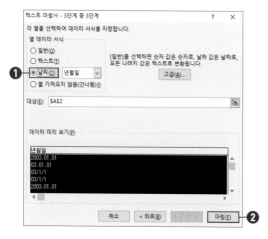

5 A열의 날짜 데이터가 모두 정상적인 날짜 데이터로 변경된 것을 확인할 수 있어요.

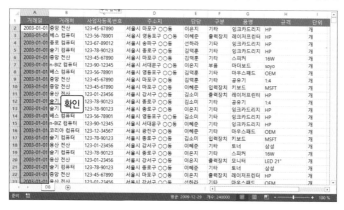

● 예제파일 : 02_숫자데이터수정_예제.xlsx ● 완성파일 : 02_숫자데이터수정_완성.xlsx

실무
예제 **02**

문자 데이터를 숫자 데이터로 수정하기

1 이번에는 L열에 문자 데이터의 형태로 입력된 금액을 숫자 데이터로 변환해 볼게요. [DB] 시트에서 빈 셀인 O2셀에 『1』을 입력하고 Enter를 누르세요. 다시 O2셀을 선택하고 Ctrl + C를 눌러 해당 셀을 복사하세요.

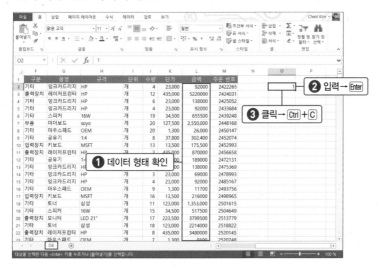

2 L2셀을 선택하고 Ctrl + Shift + ↓를 눌러 변환시킬 데이터를 모두 선택합니다. 이 상태에서 마우스 오른쪽 단추를 눌러 '붙여넣기 옵션'에서 [선택하여 붙여넣기]-[선택하여 붙여넣기]를 선택하세요.

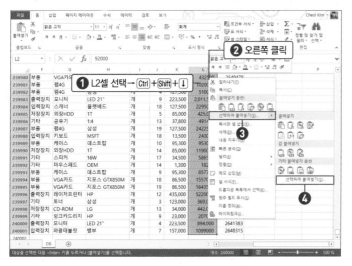

환경설정

데이터기초

데이터분석

데이터관리

실무함수

데이터필터

정부와시각화

데이터활용

특별부록

3 [선택하여 붙여넣기] 대화상자가 열리면 '붙여넣기'에서는 [값]을, '연산'에서는 [곱하기]를 선택하고 [확인]을 클릭하세요.

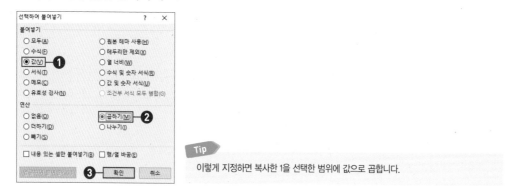

Tip
이렇게 지정하면 복사한 1을 선택한 범위에 값으로 곱합니다.

4 L열 '금액' 항목의 데이터가 숫자 데이터로 모두 정상적으로 수정된 것을 확인할 수 있어요.

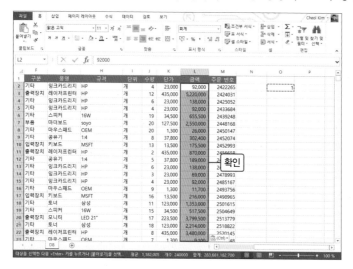

실무
예제 **03**   # 피벗 테이블로 기간별 매출 분석하기

1 [DB] 시트에서 분석할 데이터를 표로 지정하기 위해 데이터가 입력된 임의의 셀을 선택하고
 Ctrl+T를 누르세요. [표 만들기] 대화상자가 열리면 선택 범위와 [머리글 포함]에 체크되었
 는지 확인하고 [확인]을 클릭하세요.

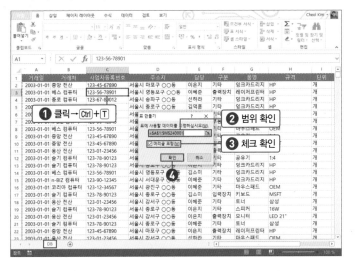

2 기간별 매출을 분석하기 위해 [디자인] 탭-[도구] 그룹에서 [피벗 테이블로 요약]을 클릭합
 니다.

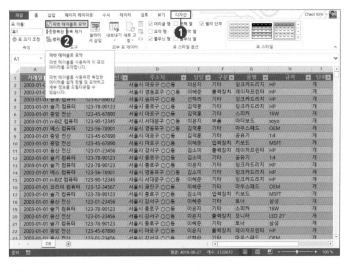

3 [피벗 테이블 만들기] 대화상자가 열리면 피벗 테이블 보고서를 넣을 위치에서 [새 워크시트]를 선택하고 [확인]을 클릭하세요.

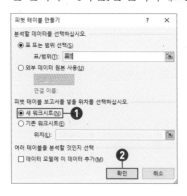

4 새로운 워크시트인 [Sheet1] 시트에 피벗 테이블이 생성되면 매출 보고서를 작성해 볼게요. 화면의 오른쪽에 [피벗 테이블 필드] 작업 창이 열리면 [거래처]와 [거래일]은 '행' 영역으로, [구분]은 '열' 영역으로, [금액]은 '값' 영역으로 드래그하세요.

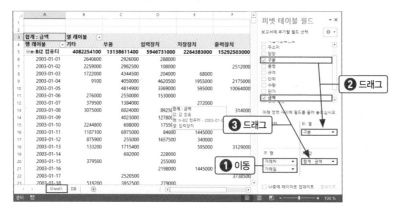

5 연도별, 분기별로 분석하기 위해 A열의 날짜 데이터 중에서 임의의 셀을 오른쪽 마우스 단추로 눌러 [그룹]을 선택하세요.

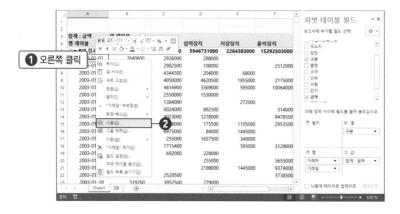

6 [그룹화] 대화상자가 나타나면 연, 분기를 선택하고 [확인]을 클릭하세요.

7 매출액의 통화 형식을 지정하기 위해 값이 입력된 임의의 셀에서 마우스 오른쪽 단추를 눌러 [필드 표시 형식]을 선택하세요.

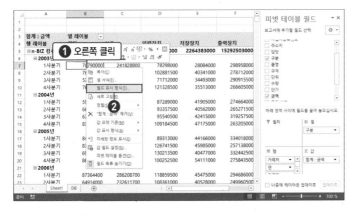

8 [셀 서식] 대화상자가 열리면 [표시 형식] 탭의 '범주'에서 [통화]를 선택하고 '음수'에서 통화 형식을 선택한 후 [확인]을 클릭하세요. 비정상적으로 입력된 날짜와 금액 데이터를 수정했습니다. 기간별 매출 분석 결과가 정확하게 계산된 것을 확인할 수 있어요.

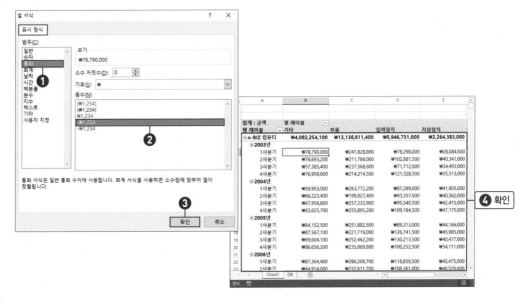

환경설정

데이터기초

데이터분석

데이터관리

실무함수

데이터필터

정보와시각화

데이터활용

특별부록

03 가상 분석 기능으로 목표값 찾기

이제까지 빅데이터를 빠르게 분석하고 활용하는 기능에 대해 배웠으면 이번 섹션에서는 특정 금액을 맞추거나 예상값 또는 조건을 충족시키기 위해 결과값을 찾아가는 형태의 가상 분석을 배워보겠습니다. 그리고 데이터 분석으로 결과를 도출하는 것이 아니라 임의의 결과를 미리 설정해 목표값을 찾아내는 과정에 대해 자세히 설명합니다. 쉽게 이해되지 않는 부분이 생길 수 있으므로 실습 예제를 꼼꼼하게 따라해 보세요.

> **PREVIEW**

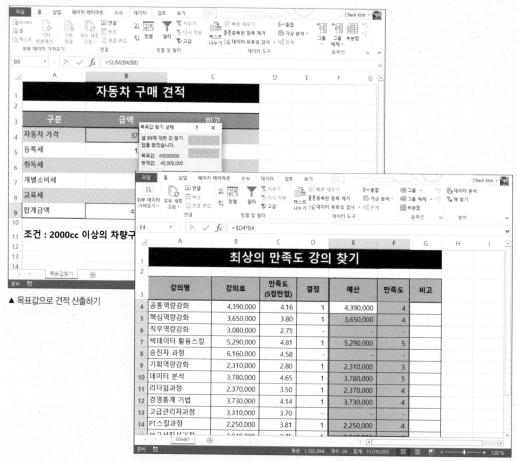

▲ 목표값으로 견적 산출하기

▲ 해 찾기 결과로 예산 내 만족도 높은 교육 선별하기

> 섹션별
> 주요 내용

01 | 목표값 찾기로 자동차 구매 견적 산출하기

02 | 교육 예산 범위에서 만족도 높은 교육만 선별하기

실무
예제 **01** 목표값 찾기로 자동차 구매 견적 산출하기

1 자동차 구매 견적은 자동차 가격에 따라 세금과 함께 바뀌는데, '목표값 찾기' 기능을 사용해 자금에 맞는 자동차 가격을 찾아볼게요. 2000cc 이상의 자동차를 구매하려고 하고 보유 금액은 45,000,000원입니다. [목표값찾기] 시트에서 결과값을 미리 입력하기 위해 B9셀에 『=SUM(B4:B8)』을 입력하고 Enter를 누르세요.

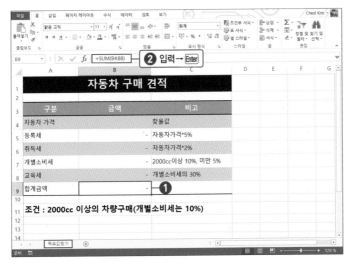

2 [데이터] 탭-[예측] 그룹에서 [가상 분석]을 클릭하고 [목표값 찾기]를 선택하세요.

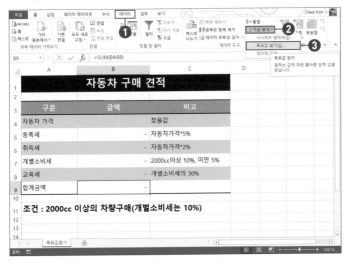

3 [목표값 찾기] 대화상자가 열리면 '수식 셀'에는 최종 금액이 나타날 『B9』를, '찾는 값'에는 보유 금액인 『45,000,000』을 입력합니다. '값을 바꿀 셀'에는 자동차 가격이 나타나는 셀인 B4셀을 선택해 [$B$4]로 지정하고 [확인]을 클릭하세요.

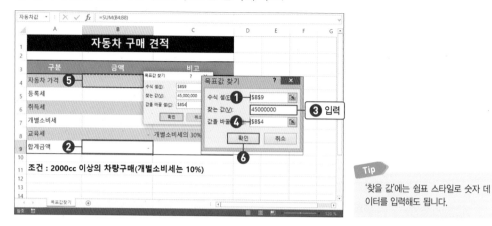

Tip
'찾을 값'에는 쉼표 스타일로 숫자 데이터를 입력해도 됩니다.

4 B9셀 값이 찾는 값으로 지정한 45,000,000원이 되면 [목표값 찾기 상태] 대화상자에서 [확인]을 클릭하세요.

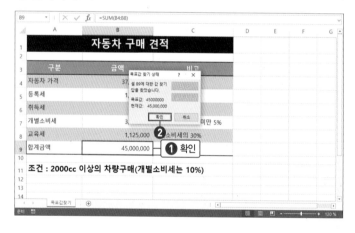

5 세금을 포함해서 합계 금액을 45,000,000원(B9셀)이 되려면 자동차 가격(B4셀)이 37,500,000원인 것을 확인할 수 있어요.

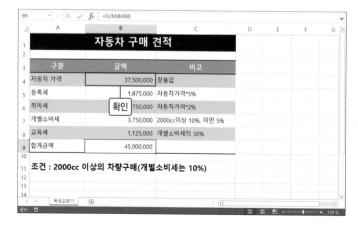

실무
예제 | **02** | # 교육 예산 범위에서 만족도 높은 교육만 선별하기

1　금년도에 진행할 교육 중 예산 범위 안에서 만족도가 가장 높은 교육을 선별하려고 하는데, '해 찾기' 기능을 이용하면 원하는 값을 찾을 수 있어요. 우선 '해 찾기' 기능이 메뉴에 있는지 확인하기 위해 [Sheet1] 시트에서 [데이터] 탭-[윤곽선] 그룹의 오른쪽에 [분석] 그룹이 있는지 살펴보세요. [분석] 그룹이 없다면 아직 해 찾기 추가 기능이 설정되지 않은 상태입니다.

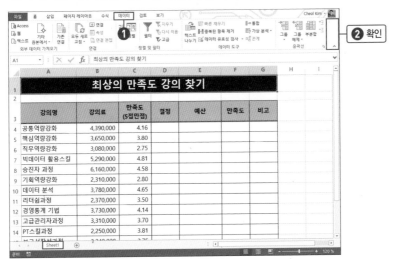

2　해 찾기 추가 기능을 설정하기 위해 [파일] 탭-[옵션]을 선택하세요.

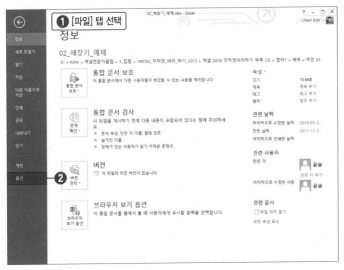

3 [Excel 옵션] 창이 열리면 [추가 기능] 범주를 선택하고 '관리'에서 [Excel 추가 기능]이 선택되었는지 확인하고 [이동]을 클릭합니다.

4 [추가 기능] 대화상자가 열리면 '사용 가능한 추가 기능'에서 [해 찾기 추가 기능]에 체크하세요. 데이터의 분산 분석, 상관 분석, 기술 통계법, F-검정, 회귀 분석, T-검정, Z-검정 등을 사용하려면 [분석 도구]에도 체크하고 [확인]을 클릭하세요.

5 [데이터] 탭-[윤곽선] 그룹의 오른쪽에 [분석] 그룹이 생성되었습니다. [분석] 그룹에는 [데이터 분석], [해 찾기]의 추가 기능이 포함된 것을 알 수 있어요.

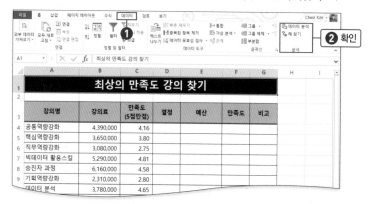

6 D4:D16 범위에서 진행 가능한 강의의 셀에는 '1'을 표시해 볼게요. 강의료와 만족도를 곱해서 합계가 예산을 초과하는지, 만족도가 가장 큰지를 확인하기 위해 E4셀에 『=$D4*B4』를 입력하고 Enter를 누르세요.

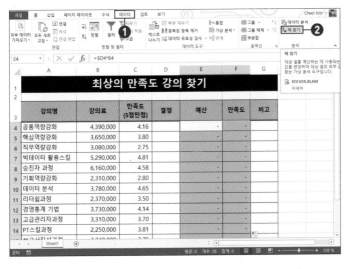

7 E4셀의 자동 채우기 핸들(✚)을 F4셀까지 드래그하세요. 다시 F4셀의 자동 채우기 핸들(✚)을 F16셀까지 드래그하여 나머지 셀에도 수식을 입력하세요.

8 해 찾기를 실행하기 위해 [데이터] 탭-[분석] 그룹에서 [해 찾기]를 클릭하세요.

환경설정

데이터기초

데이터분석

데이터관리

실무함수

데이터편집

정보와시각화

데이터활용

특별부록

9 [해 찾기 매개 변수] 대화상자가 열리면 만족도가 최대가 되는 것이 목표이므로 '목표 설정'에는 F17셀을 선택하여 [$F$17]을 지정하세요. '변수 셀 변경'에는 결과를 나타내는 D4:D16 범위를 드래그하여 지정하고 '제한 조건에 종속'에 조건을 입력하기 위해 [추가]를 클릭합니다.

10 [제한 조건 추가] 대화상자가 열리면 D4:D16 범위에 2진수인 0과 1만 나타나도록 '셀 참조'에는 D4:D16 범위를 드래그하여 '$D$4:$D$16'을 입력하고 가운데 위치한 목록 상자의 내림단추(▼)를 클릭한 후 [bin]을 선택하세요. 두 번째 제한 조건에는 선택된 강의의 강의료가 예산을 초과하지 못한다는 조건을 입력하기 위해 [추가]를 클릭합니다.

11 '셀 참조'에는 선택된 강의료의 합계인 E17셀을 선택하여 '$E$17'을, '제한 조건'에는 2016년 예산금액이 입력된 B19셀을 선택하여 '=$B$19'를 입력하면 강의료의 합계가 예산을 초과할 수 없다는 조건이 완성됩니다. 더 이상의 제한 조건이 없으므로 [확인]을 클릭합니다.

12 [해 찾기 매개 변수] 대화상자로 되돌아오면 '제한 조건에 종속'에서 최종 입력된 변수의 셀 범위와 제한 조건을 확인하고 [해 찾기]를 클릭하세요.

13 [해 찾기 결과] 대화상자가 열리면 설정된 기본값이 그대로 유지된 상태에서 [확인]을 클릭 하세요.

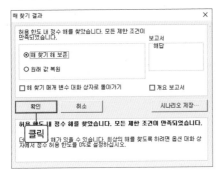

14 D4:D16 범위에 '1'로 입력된 내용의 강의만 선택하면 예산을 초과하지 않고 만족도가 가장 높은 강의만 진행할 수 있습니다.

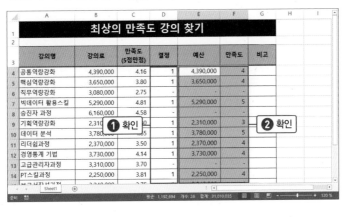

환경설정

데이터기초

데이터분석

데이터관리

실무함수

데이터필터

정보의시각화

데이터활용

특별부록

매출 자료 관리 및 분석

지금까지 피벗 테이블을 활용하여 매출 데이터를 집계하고 분석해 봤어요. 이번 섹션에서는 이제까지 배운 내용을 바탕으로 '2080법칙'으로 부르는 파레토법칙을 이용해 매출 기여도 분석인 ABC 분석에 대해 자세히 익혀보겠습니다. 또한 데이터 변환 및 매출 목표를 일괄적으로 변경하는 방법에 대해서도 다시 한 번 복습해 봅니다. 이번 실습은 이 책의 모든 내용을 마무리하는 종합 과정과 같으므로 실제 업무라고 생각하고 잘 따라해 보세요.

> **PREVIEW**

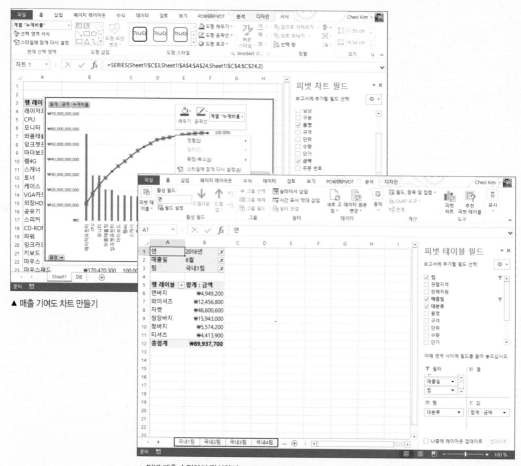

▲ 매출 기여도 차트 만들기

▲ 팀별 매출 수정하여 작성하기

예제파일 : 01_ABC_분석_예제.xlsx   완성파일 : 01_ABC_분석_완성.xlsx

실무
예제 **01**

파레토법칙으로 매출 기여도 분석하기

– ABC 분석

1 [DB] 시트에서 분석할 데이터를 표로 지정하기 위해 데이터가 입력된 임의의 셀을 선택하고
Ctrl + T를 누르세요. [표 만들기] 대화상자가 열리면 선택 범위와 [머리글 포함]에 체크되었
는지 확인하고 [확인]을 클릭합니다.

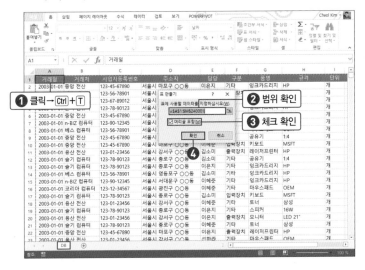

2 피벗 테이블로 요약하기 위해 [디자인] 탭-[도구] 그룹에서 [피벗 테이블로 요약]을 클릭하
세요.

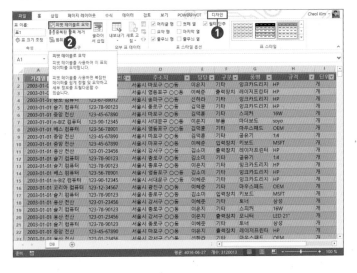

333

3 [피벗 테이블 만들기] 대화상자가 열리면 피벗 테이블 보고서를 넣을 위치에서 [새 워크시트]를 선택하고 [확인]을 클릭하세요.

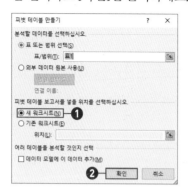

4 새로운 워크시트인 [Sheet1] 시트에 피벗 테이블이 생성되면 항목별 매출 보고서의 작성에 맞게 필드의 레이아웃을 지정해 볼게요. [피벗 테이블 필드] 작업 창에서 [품명]은 '행' 영역으로, [금액]은 '값' 영역으로 드래그하세요.

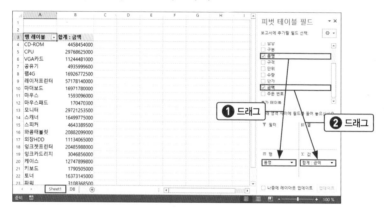

5 매출액의 통화 형식을 지정하기 위해 값이 입력된 임의의 셀에서 마우스 오른쪽 단추를 눌러 [필드 표시 형식]을 선택합니다.

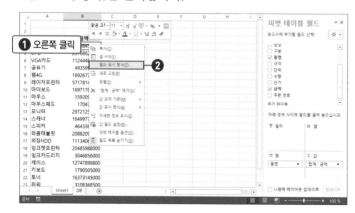

6 [셀 서식] 대화상자가 열리면 [표시 형식] 탭의 '범주'에서 [통화]를 선택하고 '음수'에서 통화 형식을 선택한 후 [확인]을 클릭하세요.

7 매출 누계 비율을 나타내기 위해 [피벗 테이블 필드] 작업 창에서 [금액]을 '값' 영역으로 드래 그하세요.

8 C3셀의 이름을 『누계비율』로 변경하세요. '누계 비율' 항목의 표시 형식을 지정하기 위해 C4:C23 범위 중 임의의 셀에서 마우스 오른쪽 단추를 눌러 [값 표시 형식]-[누계 비율]을 선 택합니다.

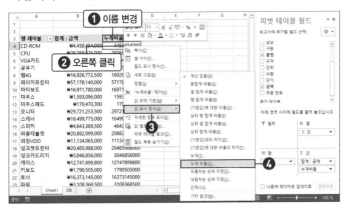

9 [값 표시 형식 (누계비율)] 대화상자가 열리면 '기준 필드'에서 [품명]을 선택하고 [확인]을 클릭하세요.

10 매출 비율이 높은 항목을 위쪽에 배치하기 위해 내림차순으로 정렬해 볼게요. C4:C23 범위 중 임의의 셀에서 마우스 오른쪽 단추를 눌러 [정렬]-[숫자 내림차순 정렬]을 선택하세요.

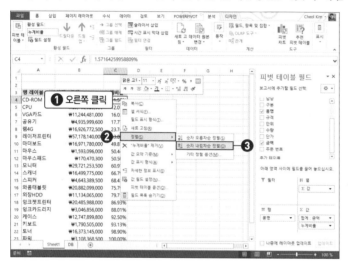

11 '누계비율' 항목이 내림차순으로 정렬되었으면 품명별 매출 금액과 매출 누계 비율을 바탕으로 ABC 분석 차트를 작성해 볼게요. [분석] 탭-[도구] 그룹에서 [피벗 차트]를 클릭하세요.

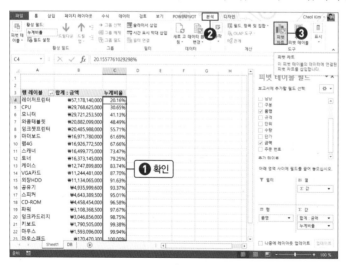

12 [차트 삽입] 대화상자가 열리면 [모든 차트] 탭에서 [콤보] 범주를 선택하세요. 데이터 계열에 대한 차트의 종류와 축을 선택하기 위해 '누계비율'에서 [보조 축]에 체크하고 '차트 종류'에서는 [표식이 있는 꺾은선형]을 선택한 후 [확인]을 클릭하세요.

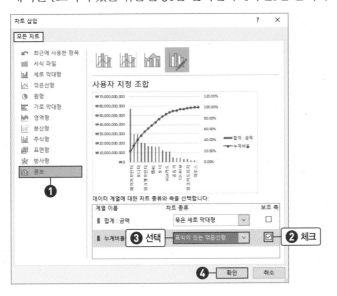

13 표식이 있는 꺾은선형 차트가 생성되면 차트의 꺾은선에서 마우스 오른쪽 단추를 눌러 [데이터 레이블 추가]-[데이터 레이블 추가]를 선택하여 누계 비율을 표시합니다.

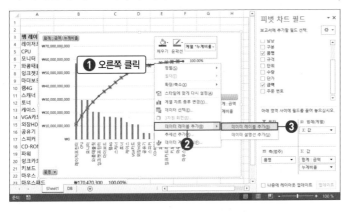

잠깐만요 **ABC 분석 해석하기**

일반적으로 ABC 분석에서 다음과 같은 기준으로 매출 누계 비율을 적용합니다.

	기준 1	기준 2	기준 3
A군	0~70%까지	0% 이상, 74%까지	0% 이상, 80%까지
B군	70% 이상, 90%까지	74% 이상, 94%까지	80% 이상, 95%까지
C군	90% 이상, 100%까지	94% 이상, 100%까지	95% 이상, 100%까지

환경설정

데이터기초

데이터분석

데이터관리

실무함수

데이터편집

정보의시각화

데이터활용

특별부록

실무예제 02 　 비정상적 데이터 변환 및 팀별 매출 자료 작성하기

1 317~320쪽에서 다룬 날짜 및 숫자 데이터의 변환은 업무에서 실수하기 쉬운 부분이므로 실무 예제를 통해 제대로 익혀보겠습니다. [DB] 시트에서 D열에 입력된 비정상적인 날짜 데이터를 모두 선택하세요.

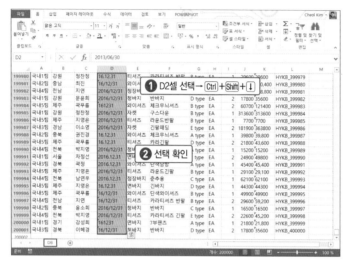

Tip

D2셀을 선택하고 Ctrl+Shift+↓를 누르면 D2셀부터 아래쪽 방향으로 입력된 연속 데이터를 한 번에 빠르게 선택할 수 있어요.

2 D열의 날짜 데이터를 정상적인 날짜 데이터로 변환하기 위해 [데이터] 탭-[데이터 도구] 그룹에서 [텍스트 나누기]를 클릭하세요.

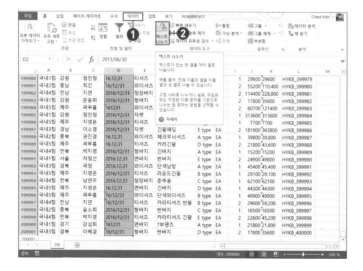

3 [텍스트 마법사] 대화상자가 열리면 1단계와 2단계는 [다음]을 클릭해 다음 단계로 넘어갑니다.

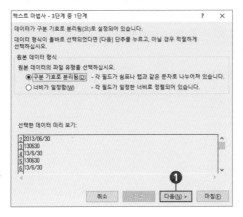 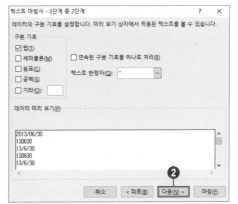

4 [텍스트 마법사 - 3단계 중 3단계] 대화상자가 열리면 '열 데이터 서식'에서 [날짜]를 선택하고 [마침]을 클릭하세요.

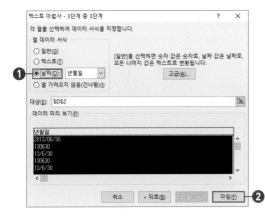

5 정상적으로 변경된 D열의 날짜 데이터를 확인하세요. 금액을 변환하기 위해 사용하지 않는 빈 셀인 N2셀에『1』을 입력하고 Ctrl + C 를 눌러 셀을 복사하세요.

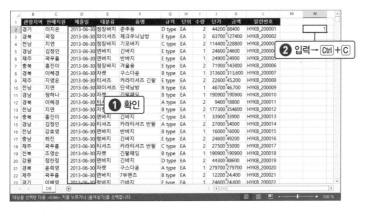

환경설정

데이터기초

데이터분석

데이터관리

실무함수

데이터필터

정보의시각화

데이터활용

특별부록

6 K열에 입력된 비정상적인 숫자 데이터를 모두 선택하세요.

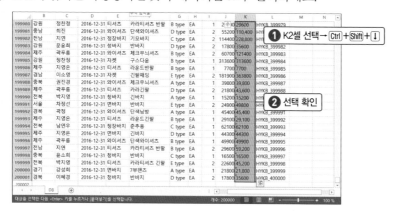

7 선택한 범위에 있는 임의의 셀에서 마우스 오른쪽 단추를 눌러 [선택하여 붙여넣기]-[선택하여 붙여넣기]를 선택합니다.

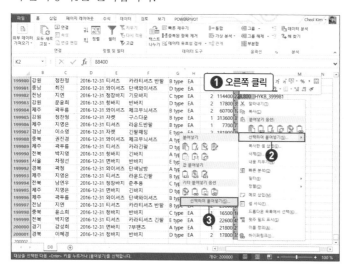

8 [선택하여 붙여넣기] 대화상자가 열리면 '붙여넣기'에서는 [값]을, '연산'에서는 [곱하기]를 선택하고 [확인]을 클릭하세요.

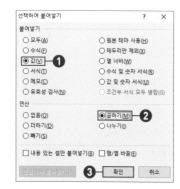

9 데이터를 분석하기 위해 임의의 셀을 선택하고 [Ctrl]+[T]를 누르세요. [표 만들기] 대화상자가
열리면 선택 범위와 [머리글 포함]에 체크되었는지 확인하고 [확인]을 클릭하세요.

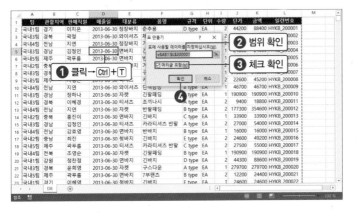

10 [디자인] 탭-[도구] 그룹에서 [피벗 테이블로 요약]을 클릭하세요.

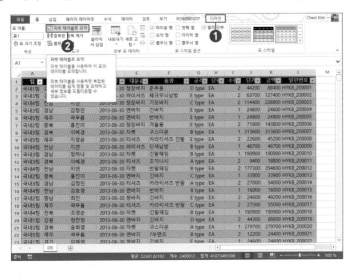

11 [피벗 테이블 만들기] 대화상자가 열리면 피벗 테이블 보고서를 넣을 위치에서 [새 워크시
트]를 선택하고 [확인]을 클릭하세요.

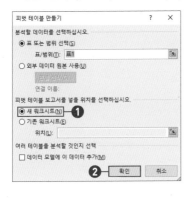

12 새로운 워크시트인 [Sheet1] 시트에 피벗 테이블이 생성되면 [피벗 테이블 필드] 작업 창에서 [매출일]을 '행' 영역으로 드래그하세요.

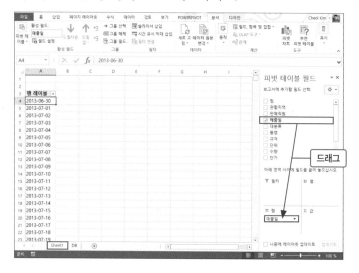

13 연도별, 월별로 분석하기 위해 A열의 날짜 데이터 중에서 임의의 셀을 오른쪽 마우스 단추로 눌러 [그룹]을 선택하세요.

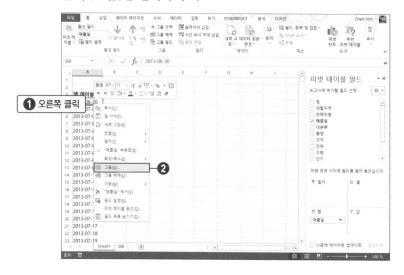

14 [그룹화] 대화상자가 나타나면 월, 연을 선택하고 [확인]을 클릭하세요.

15 2016년 6월의 팀 분류별 매출을 나타내기 위해 [피벗 테이블 필드] 작업 창에서 [연]과 [매출일]은 '필터' 영역으로 드래그하세요.

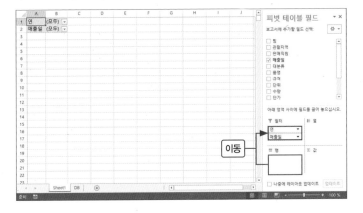

16 B1셀의 내림 단추(▼)를 클릭하고 분석할 연도인 [2016]을 선택한 후 [확인]을 클릭하세요.

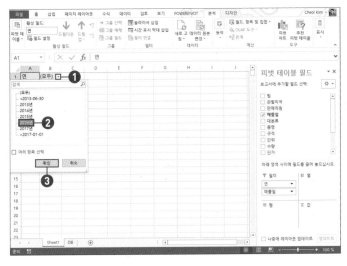

17 이와 같은 방법으로 B2셀의 내림 단추(▼)를 클릭하고 [6월]을 선택한 후 [확인]을 클릭하세요.

환경설정

데이터기초

데이터분석

데이터관리

실무함수

데이터필터

정보의시각화

데이터활용

특별부록

18 [피벗 테이블 필드] 작업 창에서 [대분류]는 '행' 영역으로, [금액]은 '값' 영역으로 드래그하세요.

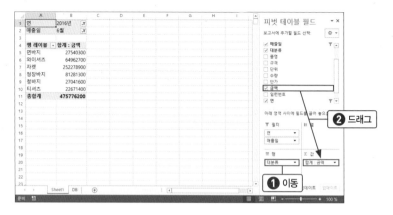

19 피벗 테이블의 값 영역 중 임의의 셀에서 마우스 오른쪽 단추를 눌러 [필드 표시 형식]을 선택하세요.

20 [셀 서식] 대화상자가 열리면 [표시 형식] 탭에서 [통화] 범주를 선택하고 '음수'에서 통화 형식을 선택한 후 [확인]을 클릭합니다.

21 [피벗 테이블 필드] 작업 창에서 [팀]을 '필터' 영역으로 드래그하세요.

22 [분석] 탭-[피벗 테이블] 그룹에서 [옵션]을 클릭하고 [보고서 필터 페이지 표시]를 선택하세요. [보고서 필터 페이지 표시] 대화상자가 열리면 [팀]을 선택하고 [확인]을 클릭하세요.

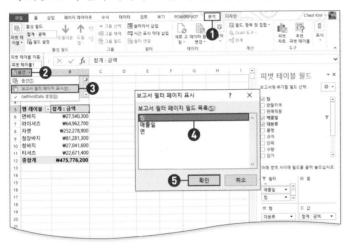

23 2016년 6월의 매출 내역이 팀별로 각 시트에 분리되어 작성된 것을 확인할 수 있어요.

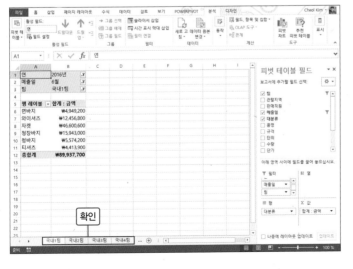

환경설정

데이터기초

데이터분석

데이터관리

실무함수

데이터필터

정보와시각화

데이터활용

특별부록

실무 예제 03   # 일괄적으로 매출 목표 상향 조정하기

---

1 매출 목표가 3%씩 인상되었을 때 '선택하여 붙여넣기' 기능을 이용해서 값을 한꺼번에 변경할 수 있어요. [값변경] 시트에서 사용하지 않는 임의의 셀(I4셀)에 『1.03』을 입력하고 Enter를 누르세요. 다시 I4셀을 선택하고 Ctrl + C를 눌러 복사하세요.

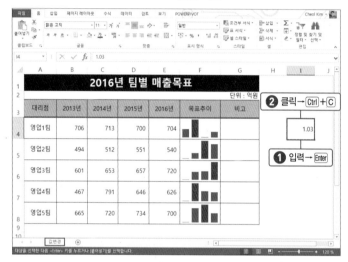

Tip

I4셀에 『1.03』을 입력하는 이유는, 매출 목표가 3%씩 인상될 경우 3%는 0.03%이므로, 1을 기준으로 했을 때 1.03% 인상되는 것이기 때문입니다.

2 3%씩 상향 조정할 2016년 매출 목표 영역인 E4:E8 범위를 드래그하여 선택하세요. 선택 영역에서 마우스 오른쪽 단추를 눌러 [선택하여 붙여넣기]–[선택하여 붙여넣기]를 선택하세요.

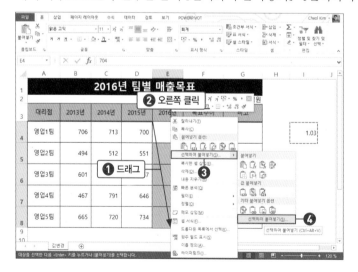

3 [선택하여 붙여넣기] 대화상자가 열리면 '붙여넣기'에서는 [값]을, '연산'에서는 [곱하기]를 선택하고 [확인]을 클릭하세요.

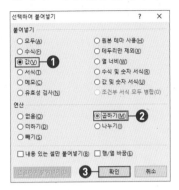

4 2016년 매출이 2015년 매출에 비해 3%씩 일괄적으로 상향 조정된 것을 확인할 수 있어요.

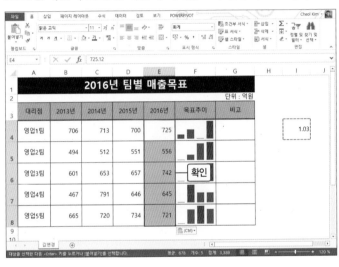

환경설정
데이터기초
데이터분석
데이터관리
실무함수
데이터필터
정보의시각화
데이터활용
특별부록

무작정 따라하기
독자를 위한 특별부록

챕터 1부터 챕터 7까지 모두 따라해 보았다면 특별 부록에서 알려주는 엑셀 알짜 노하우도 익혀보세요. 마이크로소프트 MVP 김철 저자가 엄선한 12가지 예제로 구성되어 있어, 실무에서 요긴하게 사용할 수 있는 업무 기술을 익힐 수 있어요. 또한 언제 어디서나 장소에 구애받지 않고 엑셀 문서 작업을 할 수 있는 원드라이브 사용법에 대해서도 배울 수 있습니다. 또한 엑셀 온라인으로 설문 조사지를 작성할 수 있는 방법과 새로 추가된 여섯 가지 함수의 활용법도 알려줍니다. 특별 부록까지 완벽하게 따라하기를 끝낸다면 이제 엑셀을 자유자재로 다룰 수 있을 것입니다.

Excel 2013

엑셀 고수들만 아는 업무 기술 **12**

실무에서 엑셀 데이터를 다루고 가공할 때마다 매번 쉽게 하는 방법이 무엇인지, 시간을 단축하는 노하우가 무엇인지 궁금할 것입니다. 하지만 매번 원하는 답을 찾지 못해 엑셀 단순 노동을 하면서 야근을 하고 있진 않나요? 특별 부록에서는 엑셀 데이터를 20년 이상 현업에서 다루면서 몸으로 익힌 저자의 특급 노하우를 독자 여러분께 공개합니다. 따라해 보면 별 것 아닌 것 같지만 자투리 시간이 조금씩 모아지면 좀 더 건설적이고 생산적인 일을 할 수 있는 원동력이 되어 업무 능률을 단숨에 높일 수 있어요.

업무
기술 **01**   # 시트 간에 빠르게 이동하기

하나의 파일에 시트를 많이 만드는 것은 추천할 만한 작업 형태가 아닙니다. 하지만 가끔 작업일지처럼 매일의 일정을 각 워크시트마다 나누어서 작성하는 경우가 있는데, 이때 원하는 시트로 빠르게 이동하는 방법에 대해 알아봅니다.

1 열 개의 시트로 구성되어 있는 현재 시트에서 [20161007] 시트로 빠르게 이동해 볼게요. 엑셀 창의 왼쪽 아래에 있는 시트 이동 단추(◀, ▶)에서 마우스 오른쪽 단추를 누르세요. 현재 파일의 모든 시트명이 표시된 [활성화] 대화상자가 열리면 이동할 시트명을 선택하고 [확인]을 클릭하세요. 여기에서는 [20161007]을 선택하세요.

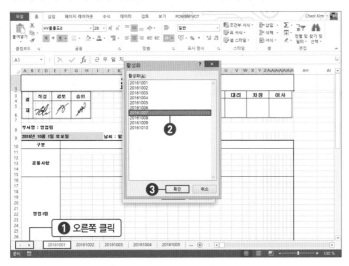

> **Tip**
>
> 이동하려는 시트명을 더블클릭해도 됩니다.

2 [20161007] 시트로 곧바로 이동하여 2016년 10월 7일의 근무일지가 표시됩니다.

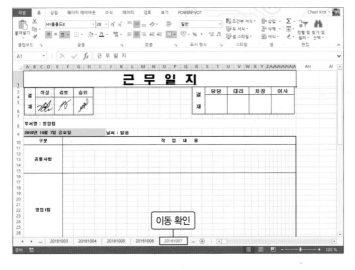

업무기술 **02** # 다른 열에 영향 주지 않고 행 삽입 및 삭제하기

엑셀에서 데이터를 다룰 때 하나의 시트에 여러 개의 테이블을 만들어서 작업하는 경우가 많습니다. 이때 행을 추가하면 전체 행이 추가되어 다른 테이블의 자료를 다시 정리해야 해서 번거롭습니다. 이번에는 원하는 범위에만 행을 삽입하거나 삭제하는 방법에 대해 알아봅니다.

1 [성과급] 시트에는 특정 기준에 의해 팀별로 성과급을 표시했는데, A열 데이터를 자세히 살펴보니 '국내3팀' 데이터가 누락되었네요. 이 경우 '국내3팀'을 추가하기 위해 행 전체를 삽입하면 '성과급 조견표'도 수정해야 해서 번거롭습니다. 행 삽입은 삽입하려는 행의 이전 데이터를 먼저 선택해야 해요. 여기서는 A5:E5 범위를 드래그하여 선택하고 Shift 를 누른 상태에서 E5셀의 자동 채우기 핸들(+)을 행을 삽입하려는 만큼 아래쪽으로 드래그하세요.

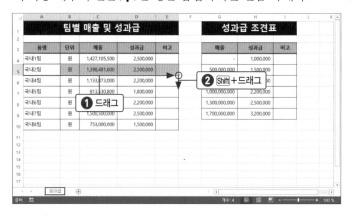

2 '성과급 조견표' 표의 범위에 영향을 주지 않고 '팀별 매출 및 성과급' 표의 범위에 행이 추가된 것을 확인할 수 있어요.

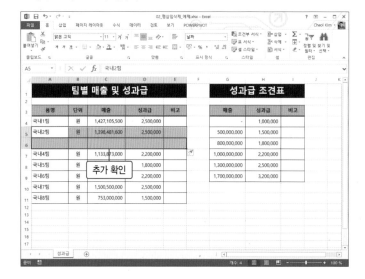

3 이번에는 다른 테이블에 영향을 주지 않고 행을 삭제해 볼게요. '국내5팀' 데이터를 삭제하기 위해 A8:E8 범위를 드래그하여 선택하고 Shift를 누른 상태에서 E8셀의 자동 채우기 핸들(➕)을 한 행만큼 위쪽으로 드래그하세요.

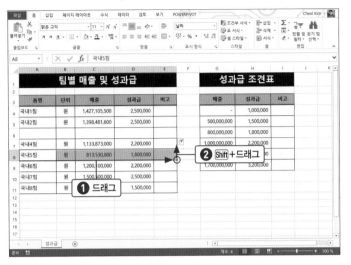

4 '성과급 조견표' 표의 범위에 영향을 주지 않고 '국내5팀' 데이터만 삭제된 것을 확인할 수 있어요.

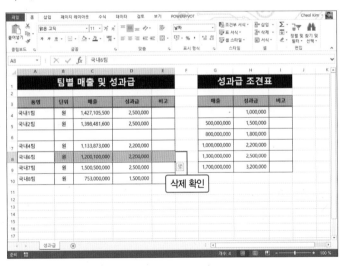

🔵 예제파일 : 03_빈행삭제_예제.xlsx　🔵 완성파일 : 03_빈행삭제_완성.xlsx

업무
기술 **03** # 열 또는 행에 있는 빈 셀 삭제하기

작업 데이터 중에서 임의의 열이나 행에 빈 셀이 있을 때 나머지 데이터를 유지하면서 불필요하게 삽입된 특정 빈 셀만 삭제하는 방법을 알아봅니다. '이동' 기능을 활용하여 빈 셀을 선택하기만 하면 삭제되므로 매우 간단한 실습입니다.

1 삭제하려는 빈 셀이 포함된 범위를 모두 선택해 볼게요. [DB] 시트에서 I열 머리글을 클릭하여 I열에서 수량이 포함된 셀과 빈 셀을 모두 선택하고 [홈] 탭-[편집] 그룹에서 [찾기 및 선택]을 클릭한 후 [이동]을 선택하세요. [이동] 대화상자가 열리면 [옵션]을 클릭하세요.

> **Tip**
>
> 이동 기능의 단축 글쇠는 Ctrl+G 또는 F5 입니다.

2 [이동 옵션] 대화상자가 열리면 [빈 셀]을 선택하고 [확인]을 클릭하세요.

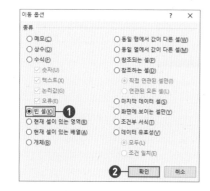

3 시트의 전체 범위 중에서 빈 셀만 선택된 것을 확인할 수 있어요. 임의의 빈 셀에서 마우스 오른쪽 단추를 눌러 [삭제]를 선택하세요.

4 [삭제] 대화상자가 열리면 [행 전체]를 선택하고 [확인]을 클릭하세요.

> **Tip**
>
> [셀을 위로 밀기]를 선택하면 빈 셀만 위로 밀리고 빈 셀의 아래쪽 셀이 해당 셀을 채우면서 데이터가 섞이게 되므로 주의하세요.

5 빈 셀이 포함된 데이터의 전체 행이 삭제된 것을 확인할 수 있어요.

난이도 1 2 3 4 5

업무
기술 **04** 두 개의 표에서 변경된 자료만 빠르게 찾기

양식이 같은 두 개의 표에서 서로 값이 다른 데이터만 빠르게 찾아야 할 때 사용하는 방법으로, '이동' 기능의 또 다른 활용 방법입니다. 이 기능은 방대한 양의 데이터를 검토할 때 유용하게 사용할 수 있어서 업무 시간을 단축시킬 수 있어요.

1 [DB] 시트에 있는 양식이 같은 두 개의 표에서 비교할 데이터를 먼저 선택해 볼게요. 비교할 데이터가 인접한 셀이 아니면 결과를 표시할 데이터부터 선택해야 하는데, 여기서는 P열 데이터를 먼저 선택하고 Ctrl 을 누른 상태에서 F열 데이터를 선택하세요.

2 선택 범위 중 값이 다른 셀만 선택하기 위해 F5 를 눌러 [이동] 대화상자를 열고 [옵션]을 클릭하세요.

3 [이동 옵션] 대화상자가 열리면 선택하려는 데이터를 옵션에서 선택하기 위해 [동일 행에서 값이 다른 셀]을 선택하고 [확인]을 클릭하세요.

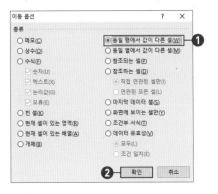

4 선택한 셀의 채우기 색을 변경해 볼게요. [홈] 탭-[글꼴] 그룹에서 [채우기 색]의 내림 단추(▼) 를 클릭하고 '표준 색'에서 [주황]을 선택하세요. 그러면 변경된 셀에만 적용한 주황색이 나타 납니다.

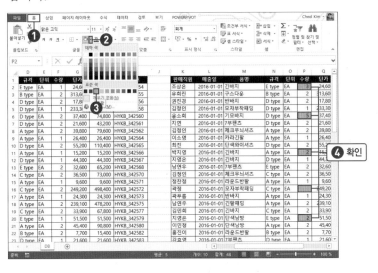

업무 기술 05 참조 범위가 필요 없는 VLOOKUP 함수 사용하기

VLOOKUP 함수는 활용 빈도가 가장 높은 함수입니다. 하지만 VLOOKUP 함수는 사용할 때마다 조건표를 만들어야 해서 사용할 때 꺼려지기도 해요. 이번에는 조건표의 참조 범위 없이 배열 상수를 이용해서 원하는 검색을 해 볼게요.

1 [성과급] 시트에서 C4셀을 선택하세요. 수식 입력줄에서 '성과급'의 기준이 되는 VLOOKUP 함수의 두 번째 인수인 '$G$4:$H$9' 부분을 드래그하여 선택하고 F9 를 누르세요.

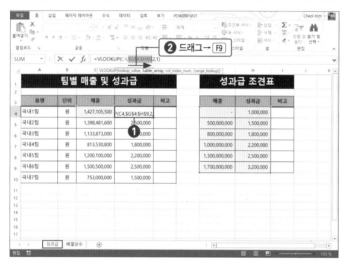

2 배열 상수로 변환되면 Enter 를 누르세요.

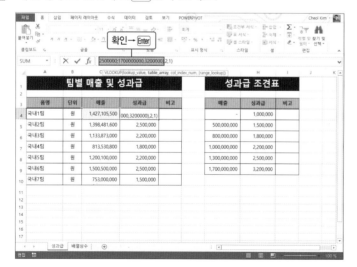

3 D4셀의 자동 채우기 핸들(✚)을 D10셀까지 드래그해서 함수식을 복사하세요. 이때 해당 함수식의 성과급 조견표 범위는 해당 셀 값이 그대로 나타나는 배열 상수 형태로 변환된 것을 확인할 수 있어요.

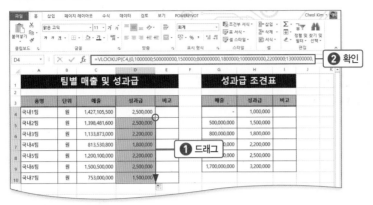

4 조견표 범위를 삭제하기 위해 G열 머리글부터 I열 머리글을 드래그하여 선택하고 마우스 오른쪽 단추를 눌러 [삭제]를 선택하세요.

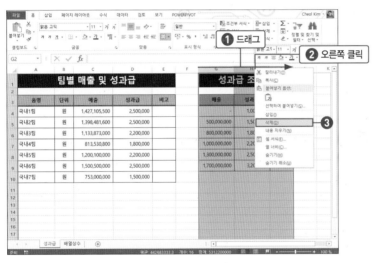

5 D열의 성과급 수식에 오류가 발생하지 않고 그대로 유지되는 것을 확인할 수 있어요.

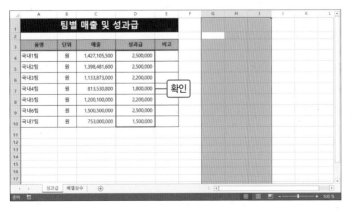

환경설정

데이터기초

데이터분석

데이터관리

실무함수

데이터필터

데이터시각화

데이터활용

특별부록

6 배열 상수의 또 다른 활용 방법을 살펴볼게요. [배열상수] 시트에서 K4셀에 '납기'부터 '윤리 경영'까지의 점수 중 가장 점수가 높은 세 개의 항목에 대한 평균을 산출하려고 합니다. K4셀 을 선택하고 함수식『=AVERAGE(LARGE(C4:G4,{1,2,3}))』을 입력한 후 [Enter]를 누르세요.

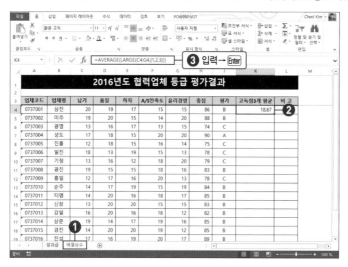

7 K4셀에 결과값을 구했으면 K4셀의 자동 채우기 핸들(✛)을 K20셀까지 드래그하여 함수식을 복사하세요.

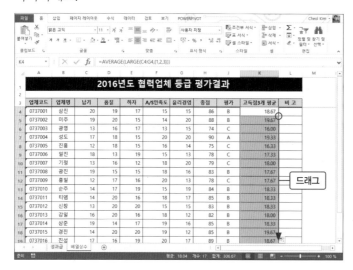

배열 상수 이해하기

배열 상수는 데이터를 2차원 배열 형태로 나열한 것으로, 중괄호({ })로 표시됩니다. 데이터는 콤마(,)와 세미콜론(;)으로 구분하는데, 콤마(,)는 열 방향으로 이동한다는 의미이고 세미콜론(;)은 개행의 의미입니다.

358쪽 **2** 과정의 함수에서 두 번째 인수인 배열 상수는 {0,1000000;500000000,1500000;800000000,1800000;1000000000,2200000;1300000000,2500000;1700000000,3200000}으로 나타나 있는데, 이것을 분해해 보면 처음에 0이 나타납니다. 0은 G4셀에 대응되는 값이고 그 다음에는 콤마(,)가 나타났으므로 열 방향으로 이동해서 H4셀에 1000000이란 숫자가 나왔습니다. 그리고 그 다음에는 세미콜론(;)이 나타났으므로 새로운 행으로 개행해서 G5셀의 500000000 데이터가 나타나는 것입니다.

3차원 참조를 지원하는 함수식 알아보기

배열 상수는 3차원 참조 내부에서 순환 요소로 사용되고 3차원 참조를 지원하는 함수식은 다음과 같습니다.

함수	기능
AVERAGE	수의 산술 평균을 계산합니다.
AVERAGEA	텍스트와 논리값 등을 포함하여 수의 산술 평균을 계산합니다.
COUNT	값을 포함하는 셀의 개수를 셉니다.
COUNTA	비어 있지 않은 셀의 개수를 셉니다.
MAX	값 집합에서 가장 큰 값을 찾습니다.
MAXA	텍스트와 논리값 등을 포함하여 값 집합에서 가장 큰 값을 찾습니다.
MIN	값 집합에서 가장 작은 값을 찾습니다.
MINA	텍스트와 논리값 등을 포함하여 값 집합에서 가장 작은 값을 찾습니다.
PRODUCT	수를 곱합니다.
SUM	수를 더합니다.
STDEV	표본의 표준 편차를 계산합니다.
STDEVA	텍스트와 논리값 등을 포함하여 표본의 표준 편차를 계산합니다.
STDEVP	전체 모집단의 표준 편차를 계산합니다.
STDEVPA	텍스트와 논리값 등을 포함하여 전체 모집단의 표준 편차를 계산합니다.
VAR	표본의 분산을 예측합니다.
VARA	텍스트와 논리값 등을 포함하여 표본의 분산을 예측합니다.
VARP	전체 모집단의 분산을 계산합니다.
VARPA	텍스트와 논리값 등을 포함하여 전체 모집단의 분산을 계산합니다.

환경설정

데이터기초

데이터분석

데이터관리

실무함수

데이터필터

데이터시각화

데이터활용

특별부록

● 예제파일 : 06_사진파일발췌_예제.xlsx   ● 완성파일 : 06_사진파일발췌_완성.zip

난이도 1 2 3 4 5

업무
기술 **06**

엑셀 파일에서 이미지 추출하기

엑셀 파일에 삽입한 이미지를 파워포인트나 다른 프로그램에서 사용하는 경우가 많아요. 이때 그림판을 이용하지 않고도 쉽게 이미지를 추출할 수 있는 방법이 있는데, 이 방법은 이미지뿐만 아니라 모든 미디어 파일에도 똑같이 적용할 수 있어요.

1 이미지 파일을 추출하기 전에 파일 확장자가 표시되도록 윈도우 탐색기의 옵션을 변경해 볼 게요. 윈도우 탐색기를 열고 [보기] 탭-[표기/숨기기] 그룹에서 [파일 확장명]에 체크하세요.

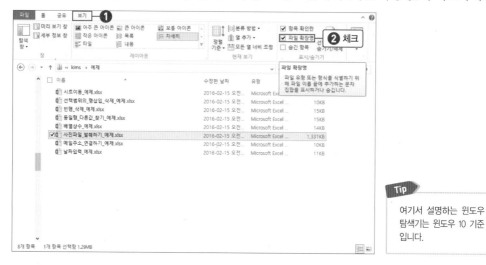

> **Tip**
>
> 여기서 설명하는 윈도우 탐색기는 윈도우 10 기준 입니다.

2 파일 확장자를 수정하기 위해 이미지를 추출할 파일을 선택하고 F2를 눌러 파일 확장자를 zip으로 변환한 후 Enter를 누르세요. [이름 바꾸기] 경고 메시지 창이 열리면 [예]를 클릭하여 zip 파일로 변환하세요.

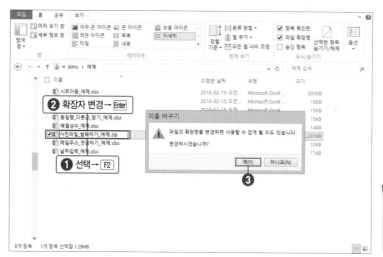

> **Tip**
>
> 파일을 선택하고 F2를 누르면 이름을 바꿀 수 있는 상태가 됩니다.

3 압축한 파일에서 마우스 오른쪽 단추를 눌러 특정 폴더에 압축을 풀어주세요.

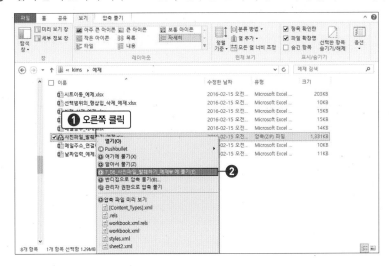

4 압축이 풀리면 생성된 폴더를 확인하세요. 엑셀 파일을 zip 파일로 변환해서 압축을 풀면 폴더의 아래쪽에 'xl' 폴더가 생기는데, 이 폴더를 더블클릭하세요.

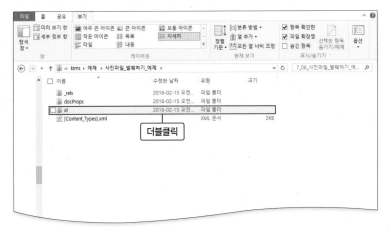

5 하위 폴더 중에서 'media' 폴더를 찾아 더블클릭하세요.

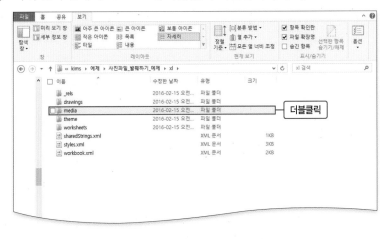

환경설정

데이터기초

데이터분석

데이터관리

실무함수

데이터필터

데이터시각화

데이터활용

특별부록

6 파일에 포함되어 있는 그림 파일은 엑셀 파일에서 추출되었다는 것을 확인할 수 있어요.

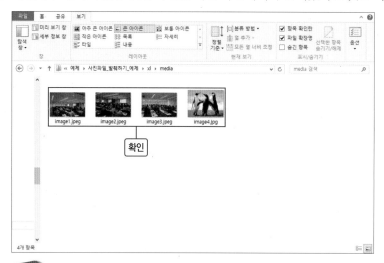

Tip

엑셀 외에도 MS 오피스 프로그램에서는 파일에 포함된 미디어 자료를 쉽게 추출할 수 있어요. 각 오피스 프로그램으로 작업한 파일마다 압축을 풀고 미디어 자료를 추출하는 폴더는 다음과 같습니다.

프로그램	해당 폴더
엑셀	파일명\xl\media
파워포인트	파일명\ppt\media
워드	파일명\word\media

◉ 예제파일 : 07_메일주소연결_예제.xlsx　　◉ 완성파일 : 07_메일주소연결_완성.xlsx

난이도 ①②③④⑤

업무
기술 **07**

단체 메일 주소 연결해 한 번에 메일 보내기

엑셀로 업무와 관련된 데이터를 정리하고 관련자들에게 단체 메일을 보낼 때 포털에 메일을 받을 사람들의 주소를 일일이 복사 및 입력하는 것은 매우 번거로운 일입니다. 이번에는 대량의 메일을 쉽게 보낼 수 있는 메일 주소 연결 스트링을 만들어 보겠습니다.

1 주소록 중에서 동호회 사람들에게 단체 메일을 보내기 위해 자동 필터를 이용해서 동호회 사람 메일만 필터링해 볼게요. [주소록] 시트에서 데이터가 입력된 임의의 셀을 선택하고 [데이터] 탭-[정렬 및 필터] 그룹에서 [필터]를 클릭하세요.

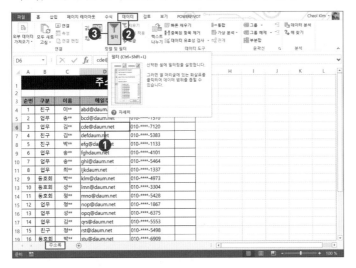

2 동호회 데이터만 필터링하기 위해 '구분' 필드의 내림 단추(▼)를 클릭하고 [(모두 선택)]의 체크를 해제하세요. [동호회]에만 체크하고 [확인]을 클릭하세요.

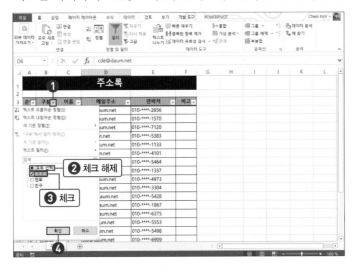

3 필터링한 데이터에서 메일 주소만 드래그하여 복사(Ctrl+C)하고 D28셀을 선택하여 붙여넣기(Ctrl+V)하세요.

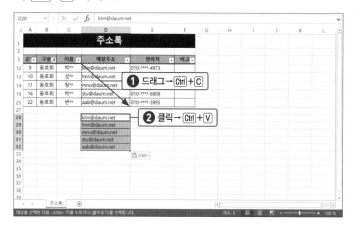

4 메일 주소 간 구분 기호를 입력할 것인데, 여기서는 다중 메일의 구분 기호를 콤마(,)라고 가정해 볼게요. 메일 주소가 있는 셀 개수보다 하나 적은 E28:E31 범위를 드래그하여 선택하고 메일 구분 기호인 『,』를 입력한 후 Ctrl+Enter를 눌러 셀에 모두 같은 값을 입력하세요.

> **Tip**
> 연결할 메일 주소가 모두 다섯 개이므로 구분 기호인 콤마(,)는 네 개가 필요합니다.

5 D34셀을 선택하고 『=PHONETIC(D28:E32)』를 입력하고 Enter를 누르세요.

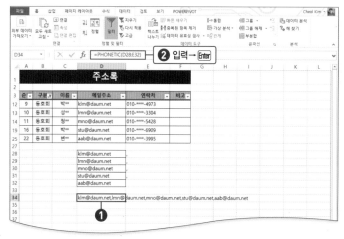

> **Tip**
> PHONETIC 함수는 여러 셀에 나누어 입력된 문자를 하나의 셀로 합해주는 함수입니다.

6 D34셀을 선택하고 [Ctrl]+[C]를 눌러 복사하세요. D36셀에서 마우스 오른쪽 단추를 눌러 '붙여 넣기 옵션'에서 [값](📋)을 클릭하여 값을 복사하세요.

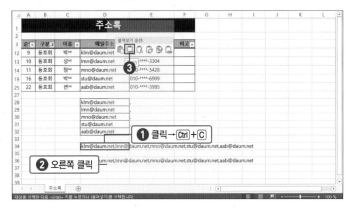

7 D36셀을 선택하고 수식 입력줄에서 값으로 변경된 내용을 드래그하여 모두 선택한 후 [Ctrl]+ [C]를 눌러 복사하세요.

8 메일을 발송할 때 '받는 사람' 부분을 선택하고 [Ctrl]+[V]를 눌러 메일을 받을 사람들의 주소를 쉽게 입력할 수 있어요.

환경설정

데이터기초

데이터분석

데이터관리

실무함수 업무함수

데이터필터

데이터시각화

데이터활용

특별부록

난이도 1 2 **3** 4 5

업무
기술 **08**

날짜 데이터 빠르게 입력하기

임의의 기간만큼만 날짜 데이터를 입력할 경우 마우스 드래그를 이용하면 초과 입력되거나 덜 입력될 수 있어요. 이번에는 초과되거나 누락되는 날짜 없이 날짜 데이터를 빠르게 입력하는 방법을 알아봅니다.

1 [날짜입력_1] 시트에서 A열에 2016년 1월 1일부터 12월 31일까지의 날짜 데이터를 입력하려고 합니다. 먼저 A4셀에 시작 날짜인 『2016-01-01』을 입력하고 Enter 를 누른 후 다시 A4셀을 선택하세요.

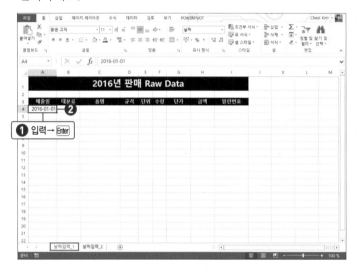

2 계열 채우기를 실행하기 위해 [홈] 탭-[편집] 그룹에서 [채우기]를 클릭하고 [계열]을 선택하세요.

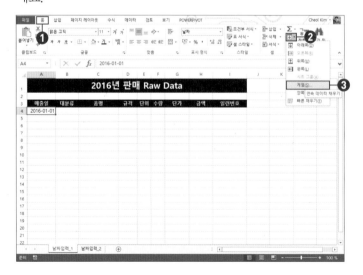

3 [연속 데이터] 대화상자가 열리면 데이터가 입력될 '방향'에서 [열]을 선택하고 '종료 값'에 『2016-12-31』을 입력한 후 [확인]을 클릭하세요.

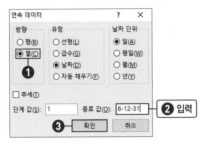

4 A4셀을 선택한 상태에서 Ctrl + ↓ 를 눌러 마지막 셀로 이동한 후 입력 날짜를 확인하세요.

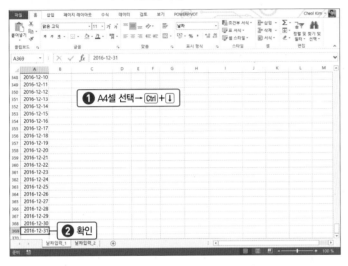

5 [날짜입력_2] 시트의 A열에는 토요일과 일요일을 제외한 2016년의 근무일만 채우려고 합니다. A4셀에 『2016-01-01』을 입력하고 Enter 를 누른 후 다시 A4셀을 선택하세요.

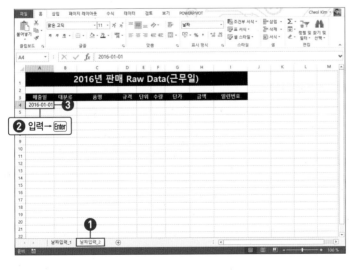

6 계열 채우기를 실행하기 위해 [홈] 탭-[편집] 그룹에서 [채우기]를 클릭하고 [계열]을 선택하세요.

7 [연속 데이터] 대화상자가 열리면 데이터가 입력될 '방향'에서 [열]을 선택하세요. '날짜 단위'에서 [평일]을 선택하고 '종료 값'에 『2016-12-31』을 입력한 후 [확인]을 클릭하세요.

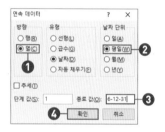

8 '매출일' 항목에 2016년 12월 31일까지 최종 입력된 날짜 데이터 중 토요일과 일요일은 모두 제외하고 입력된 것을 확인할 수 있습니다.

업무 기술 09 문서에 워터마크 삽입하기

엑셀로 견적서를 작성하거나 증명서를 발급해야 할 때 배경에 워터마크를 삽입해서 출력할 수 있어요. 자주 사용하는 기능은 아니지만, 실무에서 문서 제출용으로 필요한 경우가 종종 생길 수 있으므로 워터마크를 삽입하여 페이지를 설정하는 방법에 대해 알아봅니다.

1 [파일] 탭-[인쇄]를 선택하면 화면의 오른쪽에서 인쇄할 문서를 미리 확인해 볼 수 있어요.

미리 보기 단축키는 Ctrl + F2 입니다.

2 재직증명서에 회사 로고를 워터마크 효과로 넣으려면 그림 파일을 삽입해야 하므로 [페이지 설정]을 선택하세요.

3 [페이지 설정] 대화상자가 열리면 [머리글/바닥글] 탭에서 [머리글 편집]을 클릭하세요.

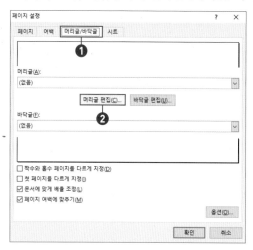

4 [머리글] 대화상자가 열리면 [머리글] 탭에서 '가운데 구역'에 커서를 올려놓고 [그림 삽입]
단추(▣)를 클릭합니다.

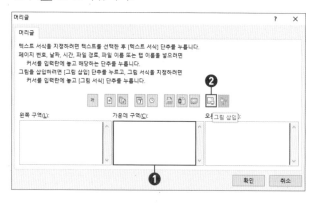

5 [그림 삽입] 창이 열리면 [파일에서]의 [찾아보기]를 선택하세요.

6 [그림 삽입] 대화상자가 열리면 워터마크로 사용할 회사 로고 파일을 선택하고 [삽입]을 클릭하세요.

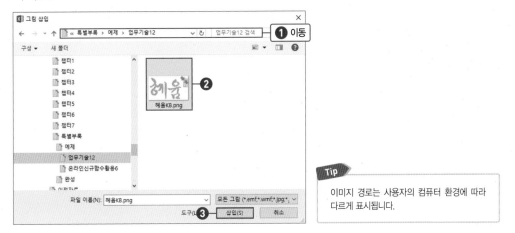

Tip
이미지 경로는 사용자의 컴퓨터 환경에 따라 다르게 표시됩니다.

7 [머리글] 대화상자로 되돌아오면 '가운데 구역'에 '&[그림]'이 입력된 것을 확인하고 [확인]을 클릭하세요.

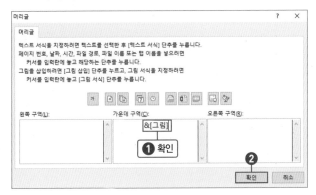

8 [페이지 설정] 대화상자로 되돌아오면 [확인]을 클릭하여 대화상자를 닫습니다.

환경설정
데이터기초
데이터분석
데이터관리
실무함수
데이터필터
데이터시각화
데이터활용
특별부록

9 인쇄 미리 보기 화면에서 문서 배경으로 회사 로고가 들어간 것을 확인할 수 있어요. 삽입된 워터마크의 위치를 조정해 볼게요. 화면의 오른쪽 아래에 있는 [여백 표시] 단추(▦)를 클릭하여 여백선을 표시하세요.

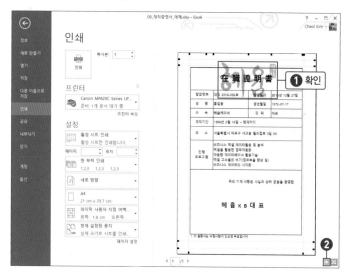

10 표시된 여백선 중 가장 위쪽에 있는 여백선을 아래쪽으로 드래그하면 워터마크용으로 삽입한 회사 로고의 위치가 변경되는 것을 확인할 수 있어요. 이 상태에서 [인쇄]를 클릭하면 워터마크 이미지가 삽입된 문서가 출력됩니다.

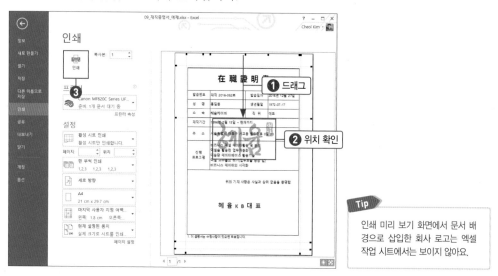

> **Tip**
>
> 인쇄 미리 보기 화면에서 문서 배경으로 삽입한 회사 로고는 엑셀 작업 시트에서는 보이지 않아요.

업무
기술 **10** 난이도 1 2 **3** 4 5

셀의 오류 표시를 인쇄하지 않기

데이터를 다루다 보면 셀에 불필요한 오류가 표시되는 경우가 많아요. 작업하는 데 문제는 없지만, 엑셀 문서를 출력할 때 오류까지 함께 표시되어 출력된다면 보기에 불편할 수 있습니다. 오류를 무시하고 정상적인 값만 출력하려면 다음의 과정을 잘 따라해 보세요.

1 [합계_1] 시트에서 문서의 일부분에 '#N/A'와 같은 오류가 표시된 셀들이 많네요. 출력할 때 이 셀들을 나타나지 않게 작업해 보겠습니다.

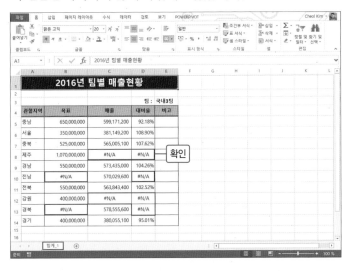

2 [파일] 탭-[인쇄]를 선택하세요. 화면의 오른쪽에 인쇄 미리 보기 화면이 나타나면 문서를 출력할 때 오류 셀이 모두 표시되는지 확인해 보세요. 오류 셀을 제외하고 출력하기 위해 [페이지 설정]을 선택합니다.

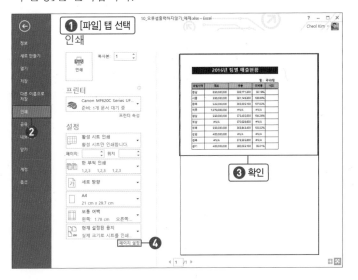

375

3 [페이지 설정] 대화상자가 열리면 [시트] 탭을 선택하고 '셀 오류 표시'의 내림 단추(⌄)를 클릭하여 [〈공백〉]을 선택한 후 [확인]을 클릭하세요.

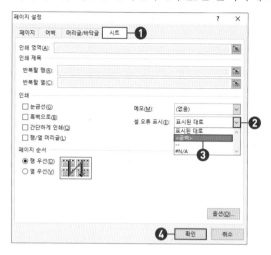

4 인쇄 미리 보기 화면으로 되돌아오면 오류가 표시되었던 셀의 값이 사라진 것을 확인할 수 있어요.

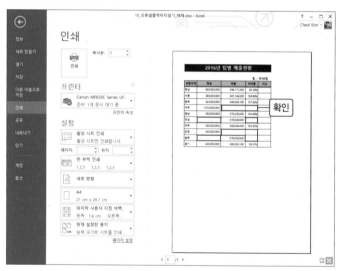

> **Tip**
>
> 인쇄 상태에서는 오류가 나타난 셀이 표시되지 않았지만, 실제 엑셀 작업 시트에서는 오류 셀이 그대로 표시됩니다.

난이도 ①②③④⑤

업무
기술 | **11** | **매크로 기록기의 기록 확인하기**

요즘에는 회사마다 ERP나 사내 문서의 서식이 잘 구축되어 있어서 매크로를 잘 쓰지 않거나 매크로를 알지 못해도 함수만으로도 해결할 수 있는 경우가 많아요. 하지만 매크로를 기록하고 확인하는 정도의 기초 작업에 대해서는 알아두는 것이 좋아요. 여기서는 아주 간단하지만 매크로의 필수인 기록기 확인에 대해 배웁니다.

1 리본 메뉴에 [개발 도구] 탭이 표시되지 않았다면 [개발 도구] 탭을 표시하기 위해 [파일]-[옵션]을 선택하세요.

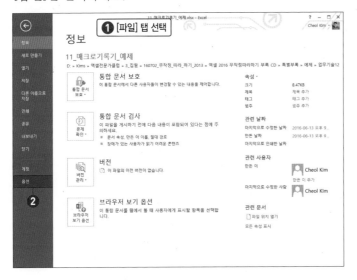

2 [Excel] 옵션 창이 열리면 [리본 사용자 지정] 범주를 선택하고 '리본 메뉴 사용자 지정'에서 [개발 도구]에 체크한 후 [확인]을 클릭합니다.

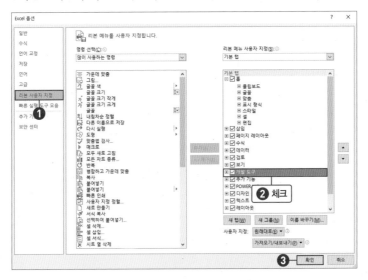

377

3 이제 매크로 기록기에 작업 내용이 어떻게 기록되는지 확인해 볼게요. [Sheet1] 시트에서 [개발 도구] 탭-[코드] 그룹의 [Visual Basic]을 클릭하세요.

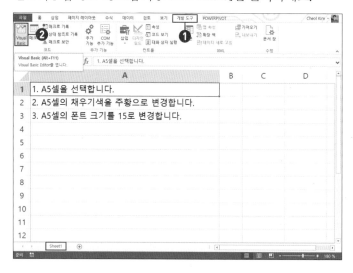

4 [Visual Basic Editor] 창이 열리면 다음의 그림과 같이 엑셀 작업창의 크기를 적절하게 조절하여 한 화면에 두 개의 창이 모두 들어갈 수 있게 조정하세요.

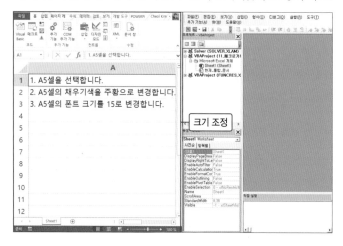

5 [개발 도구] 탭-[코드] 그룹에서 [매크로 기록]을 클릭합니다.

6 [매크로 기록] 대화상자가 열리면 '매크로 이름'에 『기록확인』을 입력하고 [확인]을 클릭하세요.

7 A5셀을 선택하고 [Visual Basic Editor] 창의 [프로젝트] 탐색기 창을 살펴보면 해당 파일에 '모듈'이 생성된 것을 확인할 수 있어요. '모듈'의 ⊞를 눌러 확장한 후 'Module1'을 더블클릭하면 A5셀을 선택했을 때 매크로 기록기에 어떻게 기록되었는지 확인할 수 있습니다.

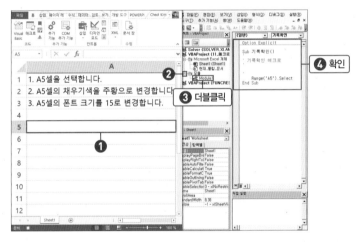

8 이번에는 A5셀의 채우기 색을 [주황]으로 지정했을 때 [Visual Basic Editor] 창에 코드가 어떻게 기록되는지 확인해 보세요.

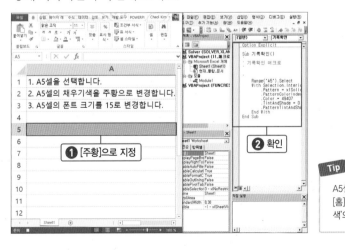

Tip

A5셀의 채우기 색을 주황으로 지정하려면 [홈] 탭-[글꼴] 그룹의 [채우기 색]에서 '표준 색'의 [주황]을 선택합니다.

9 A5셀에 입력할 글자 크기를 [15]로 지정하면 [Visual Basic Editor] 창에 코드가 어떻게 기록 되는지 확인해 보세요.

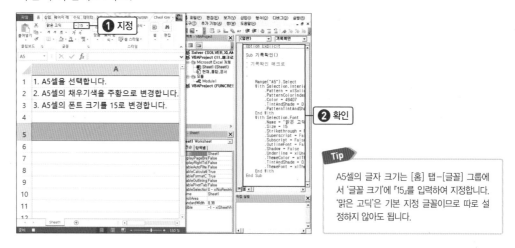

> **Tip**
>
> A5셀의 글자 크기는 [홈] 탭-[글꼴] 그룹에서 '글꼴 크기'에 『15』를 입력하여 지정합니다. '맑은 고딕'은 기본 지정 글꼴이므로 따로 설정하지 않아도 됩니다.

10 매크로 기록을 마무리하기 위해 [개발 도구] 탭-[코드] 그룹에서 [기록 중지]를 클릭하세요.

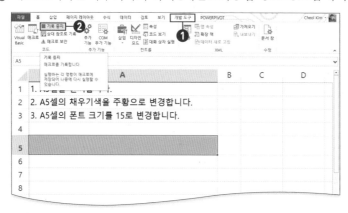

11 기록한 매크로를 저장하기 위해 [파일] 탭-[다른 이름으로 저장]을 선택하세요.

12 [다른 이름으로 저장] 대화상자가 열리면 '파일 형식'에서 [Excel 매크로 사용 통합 문서 (*.xlsm)]
를 선택하세요.

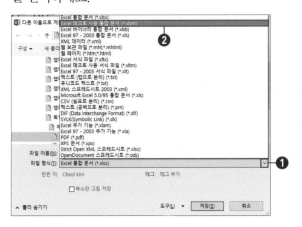

13 '파일 이름'에 사용자가 원하는 파일명을 입력하고 [저장]을 클릭합니다.

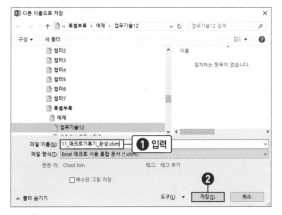

Tip

간단해 보이는 작업이지만, 매크로로 작업하거나 매크로가 들어간 문서 파일을 받으면 [Visual Basic Editor] 창에서 어떠한 작업이 진행
되었는지 곧바로 확인해 볼 수도 있고, 매크로에 사용된 코드를 쉽게 이해할 수도 있어요.

환경설정

데이터기초

데이터분석

데이터관리

실무함수

데이터필터

데이터시각화

데이터활용

특별부록

난이도 ① ② ③ ④ ⑤

업무
기술 | **12** | 피벗 테이블을 자동으로 새로 고침하기

앞의 예제에서 매크로를 기록하고 확인하는 방법에 대해 배웠어요. 이번에는 이것을 응용하여 자주 사용하는 피벗 테이블에 데이터가 추가되거나 삭제 또는 변경되었을 때 자동으로 새로 고침할 수 있는 자동화 코드에 대해 배워보겠습니다.

1 [DB] 시트의 마지막 행에 『김덕훈』, 『강북』, 『₩1』, 『2016-08-01』, 『99999』를 차례대로 각 셀에 맞게 입력하세요.

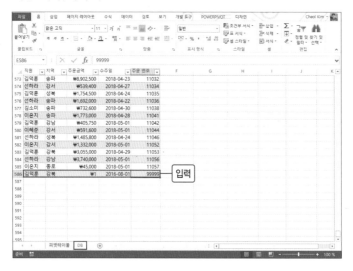

2 [피벗테이블] 시트에서 [개발 도구] 탭-[코드] 그룹의 [매크로 기록]을 클릭합니다. [매크로 기록] 대화상자가 열리면 '매크로 이름'을 확인하고 [확인]을 클릭하세요.

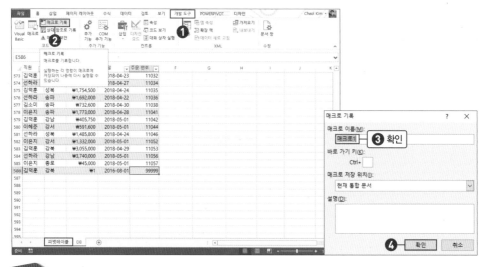

> **Tip**
>
> '매크로 이름'에 사용자가 원하는 이름을 직접 입력해도 됩니다.

3 [피벗테이블] 시트의 B7셀에서 마우스 오른쪽 단추를 눌러 [새로 고침]을 선택하세요.

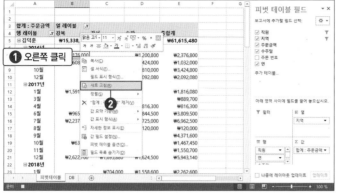

4 [개발 도구] 탭-[코드] 그룹에서 [기록 중지]를 클릭합니다.

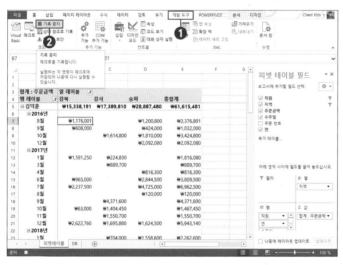

5 기록된 코드를 확인해 보기 위해 [개발 도구] 탭-[코드] 그룹에서 [Visual Basic]을 클릭하세요.

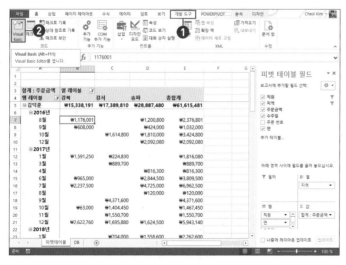

환경설정

데이터기초

데이터분석

데이터관리

실무함수

데이터필터

데이터시각화

데이터활용

특별부록

6 [Visual Basic Editor] 창에서 해당 파일의 'Module1' 모듈을 더블클릭하면 기록된 코드를 확인할 수 있어요.

7 기록된 코드 중 피벗 테이블을 새로 고침한 부분의 코드를 드래그하여 선택하고 Ctrl + C 를 눌러 복사합니다.

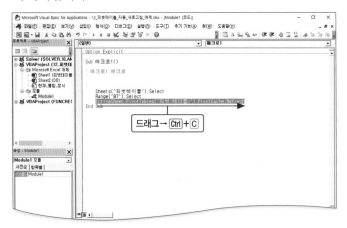

8 [프로젝트] 창에서 해당 파일의 피벗 테이블이 있는 [Sheet1 (피벗테이블)]을 더블클릭하면 화면의 오른쪽에 시트 모듈이 나타납니다.

9 시트 모듈에서 [(일반)]의 내림 단추(▼)를 클릭하고 [Worksheet]를 선택하세요.

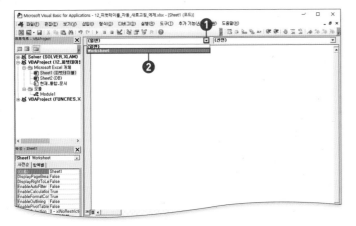

10 시트 모듈에서 [(선언)]의 내림 단추(▼)를 클릭하고 [Activate]를 선택하세요. 이것은 해당 시트가 활성화될 때마다 특정 코드를 실행하기 위해 선택하는 것입니다.

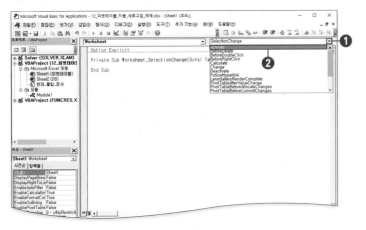

11 시트 모듈에서 'Private Sub Worksheet_Activate()' 이벤트의 아랫줄에 **7** 과정에서 복사한 코드를 Ctrl+V를 눌러 붙여넣기하세요. [닫기] 단추(X)를 클릭하여 [Visual Basic Editor] 창을 닫으세요.

12 엑셀의 [피벗테이블] 시트로 되돌아오면 2016년 8월 김덕훈의 강북지역 매출의 끝자리가 1원으로 바뀐 것을 확인할 수 있어요.

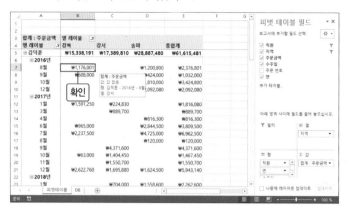

13 이번에는 [DB] 시트의 C586셀의 값을 『3』으로 바꿉니다.

14 [피벗테이블] 시트를 클릭하여 바뀐 값이 자동으로 새로 고침된 것을 확인할 수 있어요.

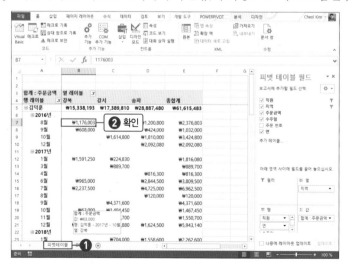

엑셀 온라인 설문 조사 작성 5

업무를 하다보면 설문 조사를 통해 다양한 사람들의 의견을 취합하여 결과를 산출해야 할 경우가 많아요. 가득이나 처리해야 할 업무도 많은데, 질문 내용을 뽑아 예상 답변에 맞춰 답안을 만들고, 대상자에게 설문 조사지를 첨부 파일로 넣어 메일을 발송한 후 회신 메일을 수집하여 결과를 도출하는 일이 쉽지만은 않습니다. 이럴 때 엑셀 온라인에서 제공하는 설문 조사 양식을 활용해 보세요. 이렇게 하면 질문과 답변 양식을 만들기 위해 엑셀 양식 도구 모음을 어렵게 사용할 필요가 없습니다. 그리고 완성한 설문 조사 양식을 링크로 공유하여 답변이 수집되면 차트나 그래프로 결과를 쉽게 분석할 수 있어서 매우 편리합니다.

설문 조사 **01** 원드라이브 계정 만들기

원드라이브(OneDrive)는 마이크로소프트에서 제공하는 클라우드 저장소입니다. 원드라이브 계정을 만들어두면 작업중인 엑셀 파일을 온라인 공간에 저장하여 언제, 어디서나 열어보고 수정할 수 있으며, 여러 사람들과 파일을 공유할 수도 있습니다. 여기서는 온라인 설문 조사를 작성하기 전에 아직 원드라이브 계정이 없는 사용자를 위해 계정을 만드는 방법부터 설명합니다.

1 웹 브라우저를 실행하고 주소 표시줄에 『www.onedrive.com』을 입력한 후 Enter 를 누르세요. 원드라이브 계정을 만들기 위해 [계정을 만드세요.]를 선택하세요.

2 사용하려는 아이디를 입력해 보세요. 이미 사용중인 아이디를 입력하면 중복된 아이디이므로 다른 아이디를 입력하라는 메시지가 표시됩니다.

3 중복되지 않은 아이디를 입력했으면 로그인 계정에 필요한 암호를 입력하고 [다음]을 클릭합니다.

4 온라인 클라우드 서비스인 원드라이브(OneDrive) 페이지로 이동합니다. 무료로 사용할 수 있는 클라우드 공간을 확인하기 위해 [설정] 단추(⚙)를 클릭하고 [옵션]을 선택하세요.

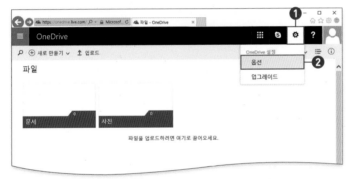

5 개인당 5GB까지 무료로 클라우드 공간을 사용할 수 있네요. 필요에 따라 추가 요금을 지불하고 용량을 늘릴 수 있습니다.

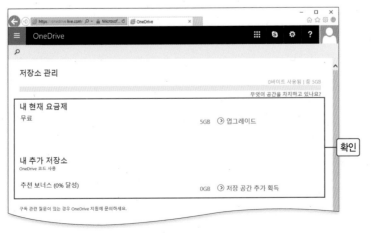

환경설정
데이터기초
데이터분석
데이터관리
실무함수
데이터필터
데이터시각화
데이터활용
특별부록

설문 조사 02 온라인 설문 조사의 질문 작성하기

새로운 기획을 준비하다 보면 여러 사람들의 의견을 취합하여 근거 자료를 만들어야 할 때가 많지만, 원드라이브에서는 온라인 설문 조사 양식을 손쉽게 만들 수 있어요. 이번 예제에서는 설문 조사의 제목과 이유, 선택 가능한 다양한 질문 형태를 직접 만들어 보겠습니다. 예제를 시작하기 전에 원드라이브를 미리 실행해 두세요.

1 엑셀 온라인에서 설문 조사 양식을 만들기 위해 원드라이브의 [타일] 단추(▦)를 클릭하고 [Excel]를 선택하세요.

> **Tip**
>
> 해당 예제를 실습하려면 원드라이브에 로그인한 상태여야 합니다. 아직 원드라이브 계정이 없다면 388쪽의 도움을 받아 새 계정을 만들어 보세요.

2 Excel Online 화면이 열리면 [새 통합 문서]를 클릭하세요.

3 새로운 엑셀 통합 문서가 열리면 [홈] 탭-[테이블] 그룹에서 [설문조사]를 클릭하고 [새 설문 조사]를 선택하세요.

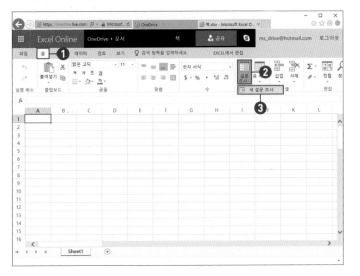

4 [설문 조사 편집] 창이 열리면 제목에 『2016년 하계 워크샵 상의티 사이즈 조사』를 입력하세요.

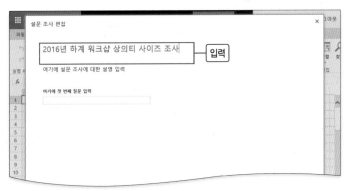

5 설문 조사에 대한 설명을 입력하기 위해 설문 조사 제목의 아래에 위치한 칸에 『2016 하계 워크샵 단체티 조사표』를 입력합니다. 설문 조사 항목을 만들기 위해 '여기에 첫 번째 질문 입력'을 선택하세요.

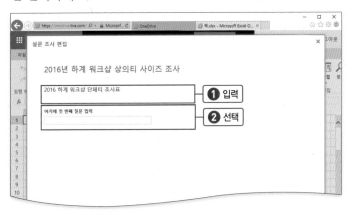

6 오른쪽에 [질문 편집] 창이 열리면 다음의 그림과 같이 입력하세요. 반드시 입력해야 하는 항목이라면 [필수]에 체크하고 '기본 답변'에 『ABC12345』를 입력한 후 [완료]를 클릭하세요.

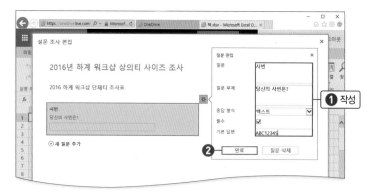

7 [새 질문 추가]를 선택해서 두 번째 질문을 입력해 볼게요. '질문'에는 『이름』을, '질문 부제'에는 『당신의 이름은?』을 입력하고 '응답 형식'에서 [텍스트]를 선택하세요. '필수'에 체크하고 '기본 답변'에 『홍길동』을 입력한 후 [완료]를 클릭하세요.

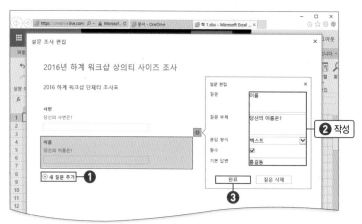

8 세 번째 질문을 입력하기 위해 [새 질문 추가]를 선택합니다. 세 번째 질문으로 '질문'에는 『사이즈』를, '질문 부제'에는 『당신의 사이즈는?』을 입력하세요.

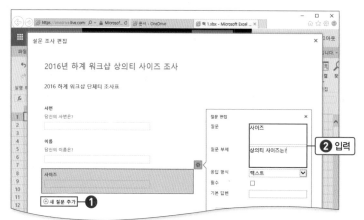

9 세 번째 질문에서 사이즈를 입력하는 부분에는 데이터 유효성 기능처럼 사이즈를 선택할 수 있도록 지정해 볼게요. '응답 형식'의 내림 단추(▼)를 클릭하고 [선택]을 선택하세요.

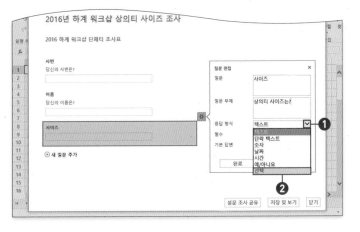

10 '필수'에 체크하고 '선택 항목'에 사이즈인 『S』, 『L』, 『XL』, 『XXL』을 각각 입력하고 [Enter]를 눌러 다음의 그림과 같이 입력하세요. '기본 답변'에는 『XL』을 입력하고 [완료]를 클릭하세요.

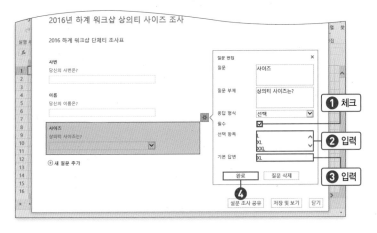

11 [저장 및 보기]를 클릭하여 작성한 설문 조사를 저장하세요.

설문
조사 | **03** | # 온라인 설문 조사 공유하기

앞의 예제에서 만든 온라인 설문 조사를 시행할 대상자들에게 공유해 볼게요. 설문 조사를 메일로 첨부하여 보내는 것보다
설문 조사지를 곧바로 열어볼 수 있는 링크를 만들어서 공유하는 것이 훨씬 더 편리합니다. 우선 작성한 설문 조사 양식이
제대로 입력되었는지 확인해 보세요.

1 앞의 예제에서 작업한 내용이 제대로 입력되었는지 확인하고 설문지 배포를 위해 [설문 조사
공유]를 클릭하세요. 설문 조사 링크를 만들 수 있는 창이 열리면 [링크 만들기]를 클릭하세요.

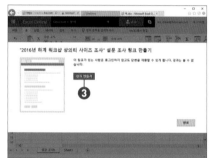

2 원드라이브에 계정이 없는 사람도 설문 조사에 참여할 수 있는 설문 조사 링크(URL)가 만들
어졌습니다. 설문 조사 대상자에게 메일로 링크 주소를 보내기 위해 복사(Ctrl+C)하고 [완
료]를 클릭하세요.

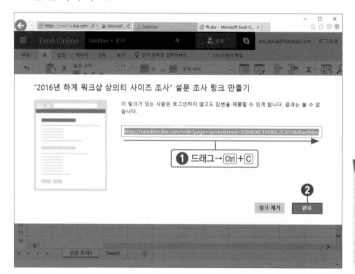

> **Tip**
>
> 각자 사용중인 메일 계정에 로그인
> 하여 보낼 사람의 메일 주소를 적
> 고 내용에 해당 링크를 붙여서 메일
> 을 보내면 설문 조사 발송이 완료됩
> 니다. 여기서는 메일 보내기 과정은
> 생략합니다.

난이도 1 2 3 4 5

설문
조사

04 설문 조사 양식 저장하기

설문 조사 양식을 만들어서 대상자에게 공유하는 과정까지 배웠습니다. 앞의 예제에서 만든 온라인 설문 조사 양식을 저장해 두면 설문 조사 결과를 해당 파일에서 곧바로 확인해 볼 수도 있고, 다음 설문 조사 때 양식을 좀 더 빠르고 쉽게 만들 수도 있어서 편리합니다.

1 작성한 설문 조사 양식을 저장하기 위해 [파일] 탭-[다른 이름으로 저장]을 선택하고 [다른 이름으로 저장]을 클릭합니다.

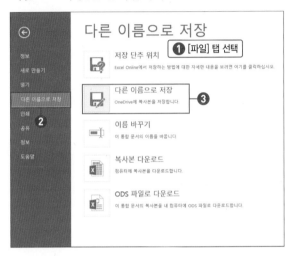

2 원드라이브의 폴더 중 저장할 위치를 선택하고 [저장]을 클릭하면 저장된 내용을 확인할 수 있어요.

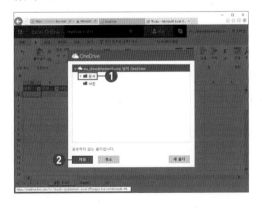

난이도 1 2 **3** 4 5

설문 조사 | **05** | # 설문 조사 답변 제출하고 결과 확인하기

설문 조사 링크가 담긴 메일이 제대로 도착했는지 확인하려면 보내는 사람에 내 메일 주소도 입력해 두는 것이 좋아요. 설문에 대한 답변 작성은 데스크톱이나 스마트폰기기 등에 상관없이 모두 가능합니다.

1 메일로 받은 링크를 클릭하여 설문 조사 양식이 열리면 다음의 그림과 같이 답변을 입력하고 [제출]을 클릭하세요. 제출이 완료되면 다음의 그림과 같은 안내 메시지 화면이 나타납니다.

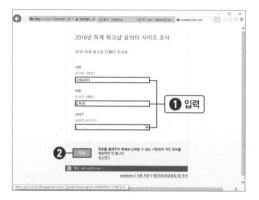

2 설문 조사 답변을 확인하려면 원드라이브에 저장된 파일을 열어보세요. [설문 조사1] 시트에 설문 조사 결과가 곧바로 업데이트되어 표시됩니다.

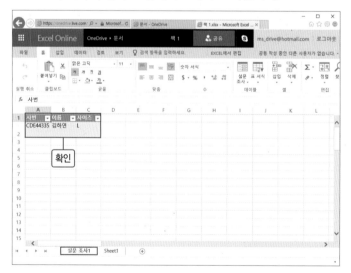

엑셀 온라인
신규 함수 활용

6

원드라이브에 업로드한 파일을 엑셀 온라인(Excel Online)에서 활용하는 방법에 대해 알아볼 게요. 특히 2016년 2월 23일에 새로 업데이트된 여섯 개의 신규 함수에 대해 자세히 살펴봅니다. 여기서 설명하는 함수는 오피스 365 구독자이면서 최신 버전의 오피스(엑셀 2013)가 설치되어 있어야 사용할 수 있어요. 최신 버전의 오피스만 설치되어 있다면 엑셀 온라인과 모바일, 휴대폰 및 태블릿 등 모든 기기에서 편리하게 사용할 수 있습니다.

난이도 1 2 **3** 4 5

신규
함수 | **01** 단체메일 연결 주소 쉽게 만들기 – **TEXTJOIN 함수**

TEXTJOIN 함수는 여러 범위 및/또는 문자열의 텍스트를 결합하고 결합할 각 텍스트 값의 사이에 지정되는 구분 기호를 포함하고 있어요. 구분 기호가 빈 텍스트 문자열인 경우 TEXTJOIN 함수는 범위를 효율적으로 연결해 줍니다.

1 부록 CD에서 제공하는 예제를 사용자의 원드라이브에 업로드하고 해당 예제를 선택하세요.

2 엑셀 온라인(Excel Online)이 실행되면서 해당 파일이 열리면 주소록에 있는 메일 주소로 메일을 한 번에 보낼 수 있도록 B9셀을 선택하고 『=TEXTJOIN(",",1,B4:B7)』을 입력한 후 Enter를 누르세요.

=TEXTJOIN(",",1,B4:B7)
❶❷ ❸

❶ TEXTJOIN 함수의 첫 번째 인수로, 데이터를 연결할 문자열
❷ TEXTJOIN 함수의 두 번째 인수로, TRUE나 1을 입력하면 세 번째 인수로 지정한 범위 중 빈 셀 무시
❸ TEXTJOIN 함수의 세 번째 인수로, 연결할 데이터

성과 이름을 한꺼번에 표시하기 – CONCAT 함수

CONCAT 함수는 여러 범위 및/또는 문자열의 텍스트를 결합하지만 구분 기호는 제공하지 않아요. 결합할 텍스트의 사이에 구분 기호(간격 또는 &)를 포함하고 결합된 텍스트 결과에 표시하지 않는 빈 인수를 제거하려면 TEXTJOIN 함수를 사용하세요.

1 [Sheet1] 시트에서 A열에 입력된 성과 B열에 입력된 이름을 합해서 C열에 전체 이름을 입력하려고 합니다. C4셀을 선택하고 『=CONCAT(A4:B4)』를 입력한 후 Enter를 누르세요.

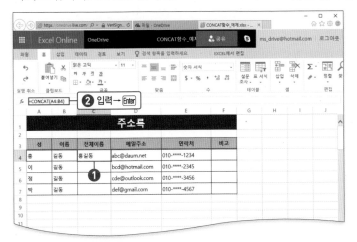

2 C4셀에 전체 이름이 입력되면 C4셀의 자동 채우기 핸들(+)을 C7셀까지 드래그해서 함수식을 복사하세요.

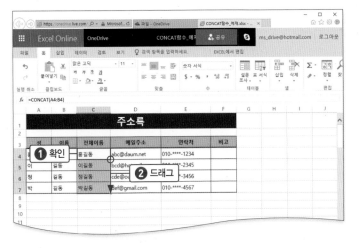

=CONCAT(A4:B4)
❶

❶ CONCAT 함수의 인수로 연결할 문자가 있는 범위. TEXTJOIN 함수와 사용법은 비슷하지만 TEXTJOIN 함수는 데이터의 연결 문자열 지정

신규 함수 | 03 | 조건에 따라 개인 매출 평가하기 – IFS 함수

IFS 함수는 하나 이상의 조건이 충족되는지의 여부를 확인하고 첫 번째 TRUE 조건에 해당하는 값을 반환합니다. IFS 함수는 여러 개의 중첩된 IF문 대신 사용할 수 있고 다양한 조건을 사용해도 읽기가 더 쉬워요. 하지만 여러 가지 조건을 올바른 순서로 입력해야 하고 빌드와 테스트 및 업데이트를 수행하기가 매우 어려울 수 있습니다. 일반적으로 IF문이나 IFS문에서 조건을 너무 많이 사용하는 것은 좋지 않습니다.

1 [Sheet1] 시트에서 E4셀을 선택하고 함수식 『=IFS(D4<40000000,"저조",D4<50000000,"보통", D4>50000000,"우수")』를 입력한 후 Enter를 누르세요.

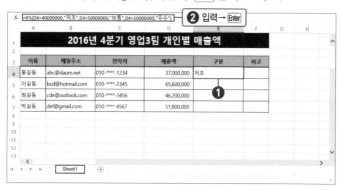

2 E4셀에 매출액 구분이 표시되면 E4셀의 자동 채우기 핸들(✚)을 E7셀까지 드래그해서 함수식을 복사합니다.

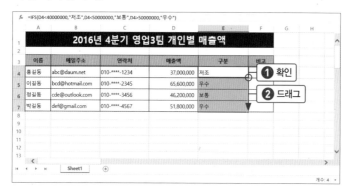

=IFS(D4<40000000,"저조",D4<50000000,"보통",D4>50000000,"우수")
❶ ❷ ❸ ❹ ❺ ❻

❶ IFS 함수의 첫 번째 인수로, D4셀 값이 4천만 원 미만인 경우
❷ IFS 함수의 두 번째 인수로, 첫 번째 인수의 조건이 참이면 나타낼 값
❸ IFS 함수의 세 번째 인수로, D4셀 값이 5천만 원 미만인 경우
❹ IFS 함수의 네 번째 인수로, 세 번째 인수의 조건이 참이라면 나타낼 값
❺ IFS 함수의 세 번째 인수로, D4셀 값이 5천만 원 초과인 경우
❻ IFS 함수의 여섯 번째 인수로, 다섯 번째 인수의 조건이 참이면 나타낼 값
➡ 4천만 원 미만이면 '저조', 5천만 원 미만이면 '보통', 5천만 원 초과이면 '우수'로 나타냅니다. 참고로 IFS 함수는 하나 이상의 조건이 충족되는지 확인한 후 첫 번째 TRUE 조건에 해당하는 값을 나타내는데, 최대 127가지의 조건을 입력할 수 있어요.

난이도 1 2 **3** 4 5

신규
함수 | **04**

업체별 결제일 표시하기 – SWITCH 함수

SWITCH 함수는 값의 목록에 대한 식을 계산하고 첫 번째 일치하는 값에 해당하는 결과를 반환합니다. 일치하는 항목이 없으면 선택적 기본값이 반환될 수 있습니다. 여기서는 업체마다 다른 결제일 날짜를 정리하여 표시해 봅니다.

1 업체별 결제일을 '10일', '20일', '말일'로 구분하여 표시하려고 합니다. [Sheet1] 시트에서 C4
셀을 선택하고『=SWITCH(B4,1,"10일",2,"20일",3,"말일")』을 입력한 후 Enter 를 누르세요.

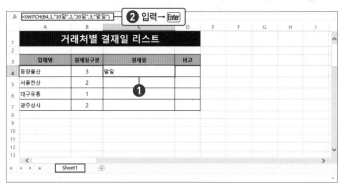

2 C4셀에 결제일이 표시되면 C4셀의 자동 채우기 핸들(**+**)을 C7셀까지 드래그해서 함수식을
복사하세요.

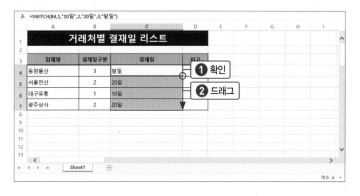

=SWITCH(B4,1,"10일",2,"20일",3,"말일")
❶❷❸❹❺❻❼

❶ SWITCH 함수의 첫 번째 인수로, 구분 기준
❷ SWITCH 함수의 두 번째 인수로, 첫 번째 인수인 B4셀이 1인 경우
❸ SWITCH 함수의 세 번째 인수로, 세 번째 인수가 참일 때 나타낼 값. 따라서 B4셀이 1이면 '10일' 표시
❹ SWITCH 함수의 네 번째 인수로, 첫 번째 인수인 B4셀이 2인 경우
❺ SWITCH 함수의 다섯 번째 인수로, 네 번째 인수가 참일 때 나타낼 값. 따라서 B4셀이 2이면 '20일' 표시
❻ SWITCH 함수의 여섯 번째 인수로, 첫 번째 인수인 B4셀이 3인 경우
❼ SWITCH 함수의 일곱 번째 인수로, 여섯 번째 인수가 참일 때 나타낼 값. 따라서 B4셀이 3이면 '말일' 표시

난이도 1 2 **3** 4 5

신규
함수 | **05**

부품 단가 중 최대값 나타내기 – MAXIFS 함수

MAXIFS 함수는 주어진 조건에 맞는 셀에서 최대값을 반환하는 통계 함수로, 여기서는 거래처별 부품 단가표에서 가장 비싼 자재값은 얼마인지 결과를 산출해 보겠습니다. MAXIFS 함수 구문은 MAXIFS(max_range,criteria_range1,criteria1, [criteria_range2,criteria2], …)입니다.

거래처의 자재 중 가장 비싼 가격을 표시해 볼게요. [Sheet1] 시트에서 B9셀을 선택하고 『=MAXIFS (C4:C7,B4:B7,"ABC123")』을 입력한 후 Enter 를 누르세요.

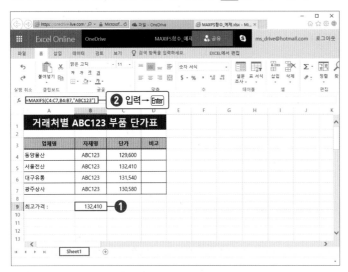

=MAXIFS(C4:C7,B4:B7,"ABC123")
❶　　　❷　　　❸

❶ MAXIFS 함수의 첫 번째 인수로, 최대값이 들어있는 범위
❷ MAXIFS 함수의 두 번째 인수로, 찾으려고 하는 값(부품명)이 들어있는 범위
❸ MAXIFS 함수의 세 번째 인수로, 찾으려고 하는 값(부품명)
➡ B4:B7 범위의 'ABC123'의 최대값을 C4:C7 범위에서 찾습니다.

환경설정

데이터기초

데이터분석

데이터관리

실무함수
업무함수

데이터필터

데이터시각화

데이터활용

특별부록

난이도 1 2 **3** 4 5

신규
함수 | **06**

부품 단가 중 최소값 나타내기 – MINIFS 함수

MINIFS 함수는 주어진 조건 집합에 맞는 셀에서 최소값을 반환하는 통계 함수로, 여기서는 거래처별 부품 단가표에서 가장 저렴한 자재값은 얼마인지 결과를 산출해 보겠습니다. MINIFS 함수 구문은 MINIFS(min_range,criteria_range1,criteria1, [criteria_range2,criteria2], …)입니다.

거래처의 자재 중 가장 저렴한 가격을 표시해 볼게요. [Sheet1] 시트에서 B9셀을 선택하고 『=MINIFS (C4:C7,B4:B7,"ABC123")』을 입력한 후 Enter를 누르세요.

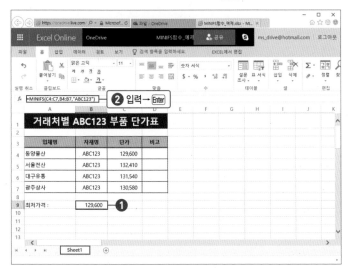

=MINIFS(C4:C7,B4:B7,"ABC123")
❶　　　❷　　　❸

❶ MINIFS 함수의 첫 번째 인수로, 최소값이 들어있는 범위
❷ MINIFS 함수의 두 번째 인수로, 찾으려는 값(부품명)이 들어있는 범위
❸ MINIFS 함수의 세 번째 인수로, 찾으려는 값(부품명)
➡ B4:B7 범위의 'ABC123'의 최소값을 C4:C7 범위에서 찾습니다.

찾아보기

EXCEL 2013